愛日本！

此生必玩的10條微奢華路線

風格旅宿＋絕景祕湯＋舌尖美味，
小資族也能負擔得起的超夢幻之旅

《商業周刊》美食作家、部落格「胖狗過生活」版主
吳燕玲◎著

商周出版

目錄

【前言】旅行，一種感官與金錢的平衡遊戲

與其說，這是一本日本旅遊書，不如說，這是一本針對日本旅遊的企劃書。

在寫這本書的時候，我一直問自己一個問題：「現在網路上資訊這麼發達，隨便google一下，任何你想找的交通資訊、景點資訊，統統都有，幹嘛還要寫旅遊書？」我問自己，也問朋友。

一直到我看到PC Home董事長詹宏志的一句話，他說：「過去的編輯，是在缺乏當中主導。在互聯網的時代，編輯是在豐富中主導。」

一語驚醒夢中人，旅遊，何嘗不是如此？

過去缺乏資訊，想去日本自助旅行，連訂旅館都成問題，現在訂房網站興起，景點介紹、交通資訊，都有詳盡的中文翻譯，當資訊不再是問題，困難的反而是，如何將分散於各處的「點」，經過篩選、整理，變成一條具體可行的路線。

既然經過篩選，當然包含了我實地走訪後，主觀的品評，因此它像是一本企劃書，歸納了十條我曾經走訪過的路線，有山有海，有歷史有文學，有祕湯有美食……但是，沒有大家熟悉的東京與京都。

東京的現代摩登、京都的萬千風情，確實很迷人，它們也是許多日本自助旅行者的起點，但是走出東京與京都之外，日本還有很多好玩的地方，例如比京都更古老神祕的奈良、楊柳依依的倉敷、觀看富士山絕佳地點的河口湖……，日本的魅力，不只是東京與京都！

每個人遊日本，都有自己的喜好，許多背包客以景點為目的，找到一間便宜的商務旅館，利用一張JR Pass每天搭新幹線出發，在便利商店裹腹，深夜再返回旅館，揮別青春後，總覺得這樣的旅行太辛苦了，旅行，之所以令人嚮往，不就是要有別於日常生活的一切，讓感官得到解放與休息嗎？

所以我在規劃自己的旅行時，從不虐待自己，我想要體驗極上之宿的寵愛，也想品嚐廚師悉心烹調的美味，又要考慮自己的荷包，總不能一趟旅行就把家給敗光了吧？

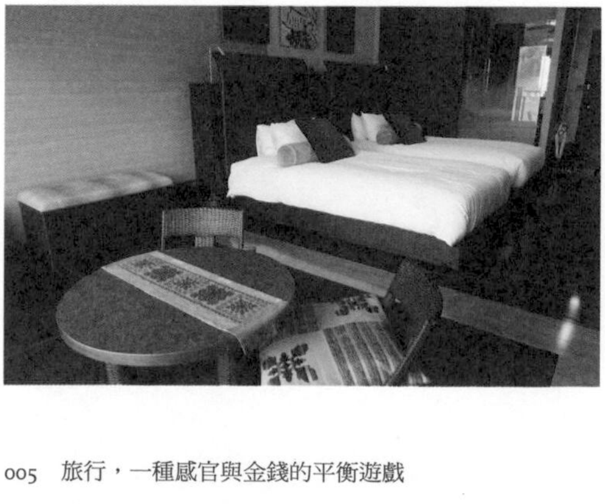

因此，我逐漸發展出我的M型旅遊法。M型的一端，代表著極致奢華的享受，另一端，則是精心選擇後的平價消費，我把旅行預算做兩極的分配，從不浪費在那些小貴、有點好，但又不是一百分滿意的旅宿或餐廳。

在三、五天的行程中，我寧可花一半的預算，集中入住一晚憧憬已久的極上之宿，純粹地「玩旅館」，或是安排一頓難得品味的美食大餐，徹底地放縱自己；日本有太多具有特色的頂級旅館，加上季節性強，廚師職人常精心研究如何把各種食材表現得淋漓盡致，那不僅是滿足口腹之慾，更是一種對於飲食文化的尊重，當然，體驗極致奢華，代價並不便宜。

夢幻總歸要落入凡間，你我大多數人都不是富豪，不可能夜夜住頂級旅館，也不可能天天吃大餐（事實上，天天吃大餐也會受不了），所以我把其餘的一半預算，分配在其他的旅行天數之中，選擇顧及荷包的平價旅宿或庶民美食。平價旅館不一定都要選擇東橫Inn，庶民美食中亦有匠心獨具的料理，因此在每一條路線上，我也分享一些曾經住過的特色民宿，或是別具風味又好吃的庶民料理。

這樣的M型旅遊預算分配法則用多了，會變得格外挑剔，特別是在高檔旅館的「湯」、「食」、「宿」的評斷上，到後來，我總要這三項條件都能達到吸引自己的標準，才甘願花大把銀子去「一泊二食」。

例如，像奈良的吉田屋旅館，「食」並不特別吸引人，但房間與地理位置都好，那麼就選擇「素泊」的住宿方案；例如，箱根的Auberge au Mirado，「食」極其講究，但沒有「湯」，那麼就去吃晚餐就好，在附近找另一家有「湯」的平價旅館住。

我總是在想去的景點、憧憬的旅宿、舌尖的美味之間游移，找出自己最滿意的搭配方案，有些人嫌麻煩，但我依然樂此不疲。

沒辦法，旅行，不正是一種感官與金錢的平衡遊戲嗎？

最後，我要感謝商周出版的編輯翊茹耐心地來回溝通，在構想到編寫的過程，讓她多了好幾根白頭髮；意筑也盡心地畫了許多手繪地圖；怡嫺悉心的編排只為了讓圖文做最完美的呈現；當我整理照片時，才發現自己玩瘋了，有些地方根本沒拍到，還好楊咩咩、珍珍、懿鏡、懿瑩，貢獻了自己的私藏，為本書補充了許多照片；如果沒有她們，這本「企劃書」不可能面世。

鎌倉 愛大佛，更愛次郎

如果沒有日本作家大佛次郎在《朝日新聞》的專欄，一連五天寫下保護古都的文章、發起「鎌倉景觀維護協會」，今天的鎌倉，早已不見古都風情；我們愛鎌倉大佛，更愛保護鎌倉的大佛次郎。

行程重點：

Day1

東京—鎌倉駅—小町通—おざわ玉子焼—段葛—鶴岡八幡宮—創作料理「近藤」。宿：Hotel New Kamakura

Day2

北鎌倉散步：北鎌倉駅—圓覺寺—明月院及葉祥明繪本美術館—去來庵—建長寺—備屋咖啡館—錢洗弁財天。宿：Hotel New Kamakura

Day3

江之電一日遊：鎌倉駅—長谷寺—高德院—鎌倉文學館—腰越—江之島—返回東京

最適合的季節：

- 4月初櫻花季，第二個週日是鎌倉祭、靜舞祭，第三個週日是流鏑馬祭
- 6月繡球花季

M型旅遊：

- 排隊吃絕品玉子燒
- 品嚐價格僅東京1/2的創作懷石料理「近藤」
- 與芥川龍之介同住「Hotel New Kamakura」
- 小貴但其實很划算的「去來庵」牛肉燴飯
- 「江之島」海鮮滿喫

交通：

東京駅出發：坐JR橫須賀線直達鎌倉駅，890日圓
新宿駅出發：坐JR湘南新宿線直達鎌倉，890日圓；若坐小田急線，需在「藤澤」轉江之電到鎌倉駅，新宿到藤澤570日圓，藤澤到鎌倉駅290日圓

Tips:

第三天購買江之電一日券，不限次數任意搭乘，票價580日圓

明月院本堂奧庭園可賞花菖蒲

鎌倉高德院的大佛

6月時，明月院開滿了紫陽花（繡球花）

鎌倉，怎麼能只玩一天

「關東的小姐，都會夢想著去一趟京都；關西的小姐，一輩子至少會去鎌倉一次。」我的日本老師曾經說過這樣的一句話，讓我印象非常深刻。

我的日本老師是奈良人，標準的關西小姐，她記得，念女校時，同學們票選要去旅行的地點，鎌倉，永遠是第一名。

但鎌倉能保有今日氣質古都的風貌，要感謝一個人——日本作家大佛次郎。

一九六〇年代，鎌倉正經歷如火如荼的住宅開發潮，一個住宅開發計畫擴展到古城聖地——鶴岡八幡宮的保護林，大佛次郎一連五天在《朝日新聞》中的專欄，以「破壞中的自然」為題，描述了奈良、京都、鎌倉等古都山水遭破壞的情形，還有系統地介紹英國的國民信託運動，引起廣大的迴響；不僅如此，他還發起「鎌倉景觀維護協會」，號召市民保護古都景觀，並將募得的一千五百萬日圓，買下原住宅計畫的一．五公頃土地，成功地阻止了開發計畫。

因此，今日想走出東京喧鬧的人，只要花一小時車程，就能到鎌倉享受古都氣氛。大多數人把鎌倉當作是個一日遊的地點，早上出發，傍晚回到東京，繼續享受東京的繁華。

但是，鎌倉，怎麼可能是個只玩一天的地方？

鎌倉不只是小町通、鶴岡八幡宮！北鎌倉古寺林立，不同的季節，每個古寺都有自己的季節花曆，六月，明月院的紫陽花（繡球花），總是吸引著大批遊客。

長谷，又是另一個重點區域。長谷寺與鎌倉大佛距離很近，鎌倉文學館裡，有一張文學家地圖，你叫得出名字的日本文學家，或長或短，都在鎌倉住過一段時間。

如果只以一日遊來對待鎌倉，你將很難體會，那些文學家為什麼會選擇住在這裡（當然，還有松嶋菜菜子與反町隆史）。

因為鎌倉的白天，是觀光客的；夜晚，觀光客散去，鎌倉又重新回到了當地居民的手上，街道上偶有幾家餐廳還亮著燈，幾桌客人小酌聊天，完全是一派輕鬆的小鎮生活。

當然，鎌倉還有著名的江之島。屹立於海中的這座島嶼，是滿滿的海鮮、神祕的女神與自然景觀，三者融為一體的組合，絕對值得花一個下午的時間慢慢閒逛。

或許有一個原因可以解釋，為什麼許多人都用一日遊來對待鎌倉；因為從鎌倉駅步行可達的旅館，不但少，而且貴；價格合理的商務旅館，大多位於周邊的藤澤、大船，至少要花二、三十分鐘坐一段鐵道，那還不如回東京算了。

我卻找到距離鎌倉駅步行只要二分鐘的Hotel New Kamakura，解決了一切的問題。鵝黃色的洋樓，是大正時期的建築，芥川龍之介還曾下榻於此寫作；與文學家同住一間旅館，成了鎌倉此行最大的期待。

鎌倉還有許多不吃會後悔的美食，本以為這個有錢人的別墅區，消費一定不便宜，誰料到竟暗藏許多超乎市場行情的享受。

古寺與花，山與海，文學與歷史。不待個三天兩夜，怎能好好品味鎌倉！

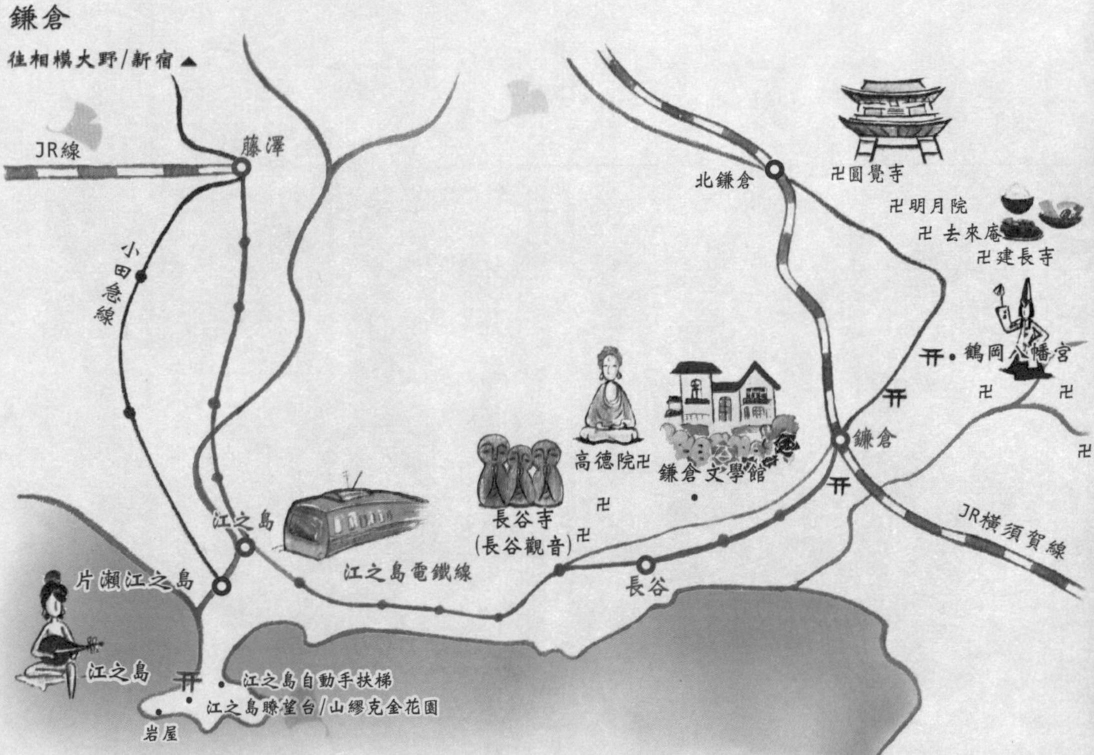

Day 1：

從東京駅出發，坐橫須賀線直達鎌倉，先到Hotel New Kamakura放行李，逛逛小町通，吃絕品玉子燒，接著轉往鶴岡八幡宮，沿著若宮大路散步回旅館，晚上吃創作懷石料理「近藤」。宿：Hotel New Kamakura。

小町通，迷死東京ＯＬ

如果你問東京時髦的ＯＬ，你最喜歡鎌倉什麼地方？十個有八個會說：「小町通！」熟悉的程度像是在說自己家的巷子。小町通只有五百公尺，卻聚集了上百家店，懷舊的氣氛、傳統的風味、手工的創意，讓這條小街無論何時都人山人海。

小町通裡有文學家里見淳愛吃的炸豬排店「小滿ち」、俄國料理店「露西亞亭」、以芋頭霜淇淋打出名號的「いも吉館」，「源吉兆庵」除了店鋪外，還有一間博物館。

剛好看到一家電視台正在採訪昭和年間就開業的理髮廳，想起自己也曾經在緯來日本台看過旅遊節目介紹小町通，我想，東京的ＯＬ對小町通的店家如此熟悉，應該就是這個原因吧！

充滿高湯的絕品玉子燒おざわ

小町通裡有一家很好吃的玉子燒，還吸引遊客特別買回去當伴手。每天中午十二點開始營業的「おざわ」在二樓，小小的店面一次只能招待十一位客人，十二點十分抵達，玉子燒的木招牌堂而皇之地放在地上，已經有一群人在排隊！

鎌倉駅前

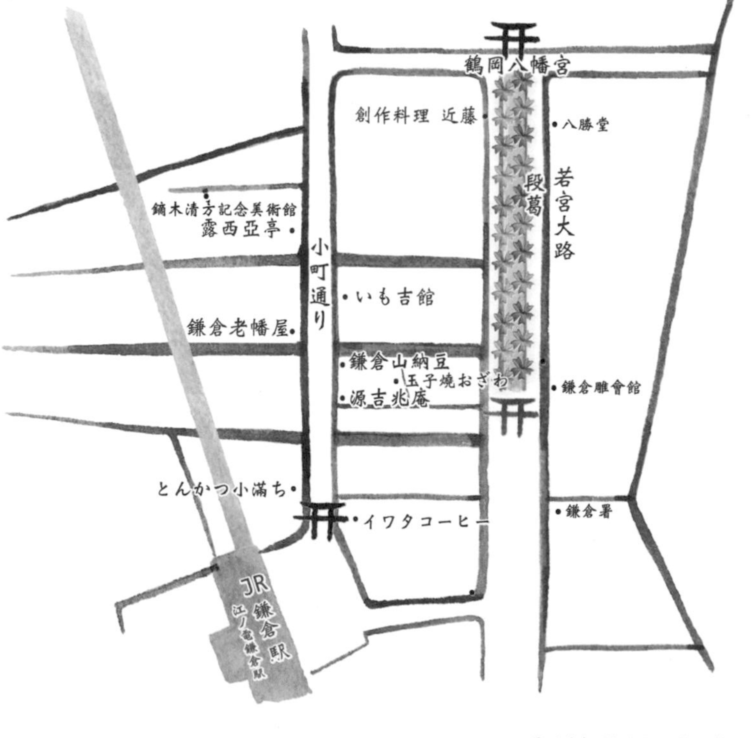

おざわ的玉子燒，高湯多得都溢出來了

イワタ咖啡館超人氣的熱蛋糕，但是不怎麼好吃

小町通短短500公尺，不論何時都人山人海

菜單非常簡單，單點玉子燒或玉子燒御膳。所謂的玉子燒御膳，就是玉子燒＋味噌汁＋明太子與漬物的白飯。我只吃一口，就完全被這玉子燒征服！高湯的風味與柔軟的煎蛋，巧妙地融合在一起，淡淡的鹹與甜，形成一種高雅的味道，這是以高湯為主角的玉子燒，和一般砂糖加很多的壽司玉子燒，完全不一樣。難怪老闆會自信地在厚厚的玉子燒上，烙印著「おざわ」三個字。

一份玉子燒，用四顆雞蛋做成，即使膽固醇飆高，也要把它吃個精光。

吃了絕對會後悔的イワタ熱蛋糕

位於小町通口的イワタ コーヒー，創業於昭和年間，是鎌倉許多文人雅士喜歡的咖啡館，門面看來很有舊時代氣息，開門進去，哇——人氣還真是強強滾！店內縱深極長，最深處有一個綠意盎然的小花園，阿公級的褐色皮椅訴說著它的歷史悠久，這裡最出名的甜點，是現烤的熱蛋糕，由於現點現做，最少要等二十分鐘。

足足等了四十分鐘，我的熱蛋糕才香噴噴地端上來。熱蛋糕一份有兩塊，附上兩大塊奶油與蜂蜜，滿心期待地吃下一口，啥，這熱蛋糕，竟然烤得這麼乾？難怪要給你這麼多奶油，吃完它，不肥死才怪！

熱蛋糕讓我想起了台北街頭小販的雞蛋糕，每次都被它的香味吸引，但是每次吃，都覺得實在不怎麼好吃。

おざわ
地址：小町2-9-6 アルカディアビル　2Ｆ（在小町通的「源吉兆庵」旁的巷子右轉進去，看到第一條巷子再左轉，營業時，「玉子燒」的木招牌才會拿出來）
營業時間：12:00-17:00，週二休
價格：玉子燒御膳1,200日圓，單點玉子燒600日圓

イワタコーヒー
地址：鎌倉市小町1-5-7（小町通入口處）
價格：熱蛋糕800日圓

鶴岡八幡宮是鎌倉的地標，櫻花季總吸引許多人來參拜

被風吹倒的銀杏，沒有舞者的舞殿

八幡神是源家武士的守護神，若宮大路的盡頭，就是由源賴朝所建，屬於源氏家廟的鶴岡八幡宮。時至今日，鶴岡八幡宮已成為日本三大八幡宮之一。

雖然建造得頗有氣勢，要到正殿還得爬六十層的階梯，但是我卻覺得，這是一個充滿了悲劇的地方。

即便建造得如此華麗，但是源賴朝只傳了三位將軍，就滅亡了，顯然這座鶴岡八幡宮並沒有守護到源家。

更何況，這裡還發生過「銀杏慘案」。爬上正殿的階梯旁，原本有棵大銀杏樹，源賴朝的次子源實朝在擔任第三代將軍時，被京都的天皇任命為右大臣，源實朝秉持古禮在夜間舉行就職大典，就在他走下階梯的那一刻，銀杏樹後面跳出一個人，把他給殺了，而這個人，正是他的親姪子公曉。

這棵活了千年的大銀杏樹，現在已經看不到了。二〇一〇年銀杏樹被強風吹倒斷了三截，許多專家說，復原希望渺茫，但是大家不死心，還是將原木移枝在旁邊，期待它能再重新孕育出幼木。

八幡宮前的《舞殿》，也有一段淒美的故事。看過大河劇《義經》的人，不會忘記源賴朝的弟弟源義經，與他舞者出身的妻子靜子之間，那段浪漫的愛情。當源賴朝為鞏固自己的權位，對義經展開追殺時，連對被俘的靜子也要羞辱一番，他命靜子在舞殿跳舞娛樂百官，靜子不得不從，但她卻在敵人面前，一面跳舞，一面唱出對義經的思念，這份勇氣與歌聲中的哀戚，令源賴朝尷尬不已。

現在的舞殿已經不是當時的舞殿，但是感佩於靜子的勇氣，新建成的舞殿還是成為所有觀光客最喜歡的一個景點。平時空盪盪的舞殿，只有在每年四月的週日「鎌倉祭」的時候，會有一個身著古代服裝的舞者，表演「靜之舞」，以表達對靜子的紀念。

古蹟太鼓橋的兩側，有兩座池子，大的是「源池」，小的是「平池」，象徵了源家與平家，這兩大武士家族在平安末期勢力消長的結果，還好，美麗的湖面，完全看不出源、平兩家的斑斑血淚。

鶴岡八幡宮是賞櫻勝地

八幡宮前的紅色鳥居，剛好在三方交會口

鶴岡八幡宮
官網：http://www.hachimangu.or.jp/
交通：從JR鎌倉駅站，沿若宮大路步行約10分鐘，走到盡頭即達
開放時間：6:00-21:30，無須門票

平池旁邊是神奈川縣近代美術館，顯得格外清麗

舞殿雖已不是原來的舞殿，仍吸引許多人在此佇足

從段葛看到源賴朝心機很重

若宮大路的「段葛」，是通往鶴岡八幡宮的參道，也是關東著名的賞櫻名所。在看ＮＨＫ大河劇《義經》與《平清盛》時，對於源賴朝從一個被流放的罪人之子，到成為武家首腦、創建鎌倉幕府，他究竟具備了什麼樣的能力？我一直有滿腹疑問。

論打仗，他沒有弟弟源義經會打；論政治實力，他也不及北条時政，即使北条時政讓女兒嫁給了他，做岳父的，也沒有要聽女婿的道理。

漫步在「段葛」上，突然地，我明白了源賴朝之所以能崛起的關鍵。細心一點的人會發覺，咦，這條路怎麼愈走愈窄？

原來，這是源賴朝刻意之舉。他想到，作戰時，源家軍守在八幡宮這頭，所以他把遠方二鳥居的路面建得比較寬，八幡宮三鳥居這頭的路面建得比較窄。人的視覺是近寬遠窄，當敵人從遠方進攻時看到這條路，必定會覺得，這條路好大、好深、好長，似乎沒有盡頭；仗還沒開打，士氣就洩了一半。反之，八幡宮這頭的源家軍，路面較窄，不但抵消了視線上的錯覺，對於敵方的動態，也看得比較清楚。

這樣的心機與謀略，無怪乎源賴朝能崛起。

從鎌倉駅這頭往八幡宮看，覺得路好大好長

從八幡宮往鎌倉駅的方向看，窄路面抵消了視線的錯覺

白肉魚煮物搭配櫻花糯米飯

非常新鮮的生魚片

近藤位於若宮大路的一幢大樓內

不吃精進料理，吃創作料理

鎌倉最具代表性的料理，是精進料理。從鎌倉時代開始，味噌、豆腐等製作方法已趨成熟，所以鎌倉的僧侶們，發展出以豆類製品為主角的精進料理。精進料理講究五色（黃青赤白黑）、五味（甜酸鹹辣苦）、五法（生煮炸烤蒸），既然到了鎌倉，本該嚐嚐精進料理。

正統的精進料理是素食，大致是胡麻豆腐、烤田樂、炸豆皮、根莖類燉煮物、野菜天婦羅等，講究一點的，來個菇類炊飯，雖然不會不好吃，卻很怕吃不飽，於是，在鎌倉第一天的晚餐，精進料理，「out!」。

挑了一家在若宮大路上的創作料理「近藤」，這一吃，嘿，還真沒選錯！老闆近藤元人，近年來在鎌倉提倡「鎌倉料理」，以傳統「一汁三菜」的精神，在中午提供一些健康又精緻的「和惣菜」（日本家常菜）給客人，引起好評。

晚餐的創作料理，充滿了季節色彩，且口味變化多元，雖沒用什麼特別高檔的食材，滋味卻令人回味無窮。這樣一席八道菜的創作懷石，四千八百日圓，幾乎是東京價格的一半。

老闆娘知道我從台灣來，特地拿出她華麗的手繪九谷燒茶具，泡了一壺烏龍茶請我喝，我滿懷感激地不斷地對她說：「ありがとう！」心裡想的卻是，來到日本，我比較想喝的是抹茶啊！

近藤創作和食
官網：http://www.kamakura-kondo.com/
地址：鎌倉市雪ノ下1-8-36津多屋ビル1F（若宮大路右側，近八幡宮），週二及每月第二個週四休
電話：0467-25-0301
價格：午間懷石3,500日圓起，晚間懷石4,800日圓起。「近藤和惣菜」分店就在旁邊：午餐便當1,500日圓起，另有外帶家常菜

剛好遇到一對新人結婚，在旅館前面拍照

與芥川龍之介同住 Hotel New Kamakura

這是一間讓人第一眼就會愛上的小民宿。

會愛上的理由很多，理由之一，它是建造於大正時期、別具風格的鵝黃色木造兩層樓洋房。

理由之二，是旅館前方，有一棵很大很大的櫻花樹。

理由之三，這是芥川龍之介曾經下榻過的旅館，旅館的說明上寫著，芥川龍之介就是在這裡與日本女歌人岡本かの子相遇。

對於岡本かの子與芥川龍之介之間，是怎樣的情愫，眾說紛紜，但岡本かの子晚年所發表的《鶴は病みき》，故事中的男主角麻川，則被公認是以芥川龍之介為原型而創作。至於文章中描述男女主角相遇的鎌倉旅館H屋，會不會也是影射Hotel New Kamakura，讓這間小民宿染上了更多引人遐想的色彩。

坦白說，如果不是找到這家旅館，規劃鎌倉的行程時，我差一點要放棄住在鎌倉的念頭。鎌倉駅周邊，步行可達的旅館屈指可數，更讓人覺得不平的是，明明是商務旅館的設備，卻是度假旅館的消費，難道古都的一切，就非得比較貴不可？

不死心的我，發揮蒐尋的本事，終於讓我找到了它。它之所以這麼難找，是因為它幾乎沒有與任何訂房網站合作，所以要訂這家旅館，只能寫e-mail，或是直接打越洋電話去訂。

Hotel New Kamakura的前身，是鎌倉有名的「山縣ホテル」，如今更被鎌倉市指定為重要建築物。吱吱作響的木地板、玻璃的壁燈、氣派的階梯，散發出沒落的貴族氣息，看得出它曾經有一段風光的歲月。

而且，它的房價實在令人驚喜！雖然只提供純素泊，雖然家具也有些上了年紀，但二人一室的房價約在一萬日圓上下，且出乎意料的寬敞，比起東京那些連轉個身都嫌擠的商務旅館，這樣的房間只能用「奢侈」來形容。

旅館只有少數房間附有衛浴設備，大部分的房客要共用廁所及浴室，即使如此，也不必擔心，因為它的廁所簡直像五星級飯店的廁所一樣豪華、乾淨。浴室則像一般日本家庭的浴室，因為有二間，也不擔心洗澡要排隊。

比較怪異的是，在這裡住了兩晚，除了check in時看到旅館的工作人員之外，其他時間，完全看不見人影，連check out的時候，也是把鑰匙交給在停車場看守的小弟，就算完成了退房手續。這種超節省人事支出的做法，或許就是可以提供如此平實房價的最主要原因。

芥川龍之介的短篇小說《蜜柑》，最後有一句話：「就在這個時候，我第一次感覺到，能將無法言喻的疲勞與倦怠感，以及無法理解的低級、無聊的人生，稍微地遺忘。」

我沒有芥川龍之介那麼憂鬱的性格，但是住在Hotel New Kamakura，頭一沾枕，就呼呼大睡，確實消除了在鎌倉散步一天的疲勞。

除了check in時，其餘時間都見不到工作人員

Hotel New Kamakura
官網：http://www.newkamakura.com/
地址：鎌倉市御成町13-2（從JR鎌倉駅西口出來，立刻往右轉，沿著鐵道邊走，看到第一個巷子即達）
電話：0467-22-2230
價格：雙人房10,000日圓起，單人房4,200日圓起

Hotel New Kamakura流露出大正時代的貴族氣息

房間家具雖然樸實，卻非常寬敞

Day 2：

今天的重點是北鎌倉散步！買「光泉」的豆皮壽司帶進「圓覺寺」，從視覺與味覺同步體會禪意；順著山坡往下走，6月務必去「明月院」賞紫陽花，「葉祥明繪本美術館」適合買一些紀念品，午餐不可錯過「去來庵」的紅燴牛肉飯，「建長寺」對面就是「備屋咖啡館」，若有時間，可前往「錢洗弁財天」洗錢。宿：Hotel New Kamakura。

用眼睛與舌尖體會禪意——圓覺寺與光泉豆皮壽司

「走進圓覺寺寺院後，菊治還猶豫著，到底該不該去參加這個茶會，他已經遲到了。」這是川端康成著名的作品《千羽鶴》中的第一句話。

圓覺寺，是日本文學家非常喜愛的一座古寺，《千羽鶴》書中的茶會地點，就是圓覺寺的「佛日庵」；除了川端康成之外，夏目漱石在對於文學之路開始產生迷惘時，曾經跑來這裡參禪，夏目漱石後來寫成著名的小說《門》，裡頭描述主角宗助的參禪過程，就是他的親身體驗。

圓覺寺就在北鎌倉駅後方。內行人逛鎌倉古寺，會從北鎌倉駅開始，因為從北鎌倉往鎌倉駅的方向走，是下坡，走起來比較輕鬆，所以可以在鎌倉駅前坐一小段公車，或是坐一站的JR，從北鎌倉駅做為散步的起點。

到了北鎌倉駅，可別急著直奔圓覺寺而去，車站旁邊的「光泉」，可是一家傳承了一百五十年的豆皮壽司名店。豆皮壽司的日文

圓覺寺經常出現在日本許多文學作品中

是いなり寿司，也就是稻荷壽司的意思，這種經過醬油、糖、醋，滷製過的豆皮，做成口袋包裹著醋飯，雖說不是什麼稀奇之物，但是好吃與不好吃，可有天壤地別。

「光泉」小小的門面，一點也沒有百年老店的氣派，它的營業時間從早上十點開始，很有個性的老闆，就算你提早來他也不賣給你，而且一賣完就打烊，絲毫沒情分可講。它的稻荷壽司是長型的，油亮亮的豆皮，淡淡的甜、鹹、酸，融合著米飯與豆皮的香味，滋味很清爽。

在寺廟裡吃豆皮壽司，這個點子實在很棒！豆皮壽司的素雅，與圓覺寺的氣氛非常「速配」，望著圓覺寺的山門，口中吃著豆皮壽司，眼睛與舌尖，同步體會著禪意。

圓覺寺是鎌倉五山之中，排名第二的寺廟（第一建長寺，第二圓覺寺，第三壽福寺，第四淨智寺，第五靜妙寺），它不只與文學家很有緣分，也與北条家的關係很深。圓覺寺是由曾經擔任鎌倉幕府執權（鎌倉時代後期實際掌握權力的人）的北条時宗開基，當時成吉思汗的蒙古軍曾經遠征日本，北条時宗就率領幕府武士，二次擊退慓悍的蒙古軍，因此被認為是挽救日本的英雄人物；北条時宗後來在圓覺寺出家，結果當天就病死在圓覺寺中。

圓覺寺腹地頗大，寺裡不但有國寶級的「梵鐘」、國寶級建築「舍利殿」（平時不開放），整座寺院被高大的杉木與奇花異卉圍繞，風情十足。

圓覺寺內的佛像神情安祥

圓覺寺有許多奇花異卉

要看國寶「梵鐘」，得先爬一段小山坡

百年老店「光泉」的豆皮壽司是長型的

光泉
地址：鎌倉市山ノ內501（JR北鎌倉站一出來，左手邊）
電話：0467-22-1719，週二公休

圓覺寺
交通：JR北鎌倉駅下車，穿越車站即達圓覺寺
開放時間：4月-10月 8:00-17:00，11月-2月 8:00-16:00
拜觀料：300日圓

紫陽花季，北鎌倉人潮洶湧

鎌倉有兩個花季常常吸引大批遊客，一個是春天的櫻花季，一個是初夏的紫陽花季。

北鎌倉的明月院，是賞紫陽花的重鎮，山門前的石梯，藍色的紫陽花（繡球花）開滿了兩側，讓明月院有了另外一個名字——「紫陽花寺」。別以為日本人只愛櫻花，六月紫陽花盛開的季節，北鎌倉必定人潮洶湧，如果遇到假日，那更不得了，連交通都打結。

明月院還不只紫陽花，後方本堂奧庭園中的花菖蒲也在六月盛開，所以造訪明月院，別忘了到本堂奧庭園參觀。不過，本堂奧庭園只有在六月花菖蒲盛開與十一月紅葉季時，才對外開放。

從圓覺寺走出來，會先經過東慶寺，如果覺得明月院的人太多，想靜靜地欣賞紫陽花，東慶寺是個不錯的選擇，這裡的紫陽花雖然沒有那麼多，但是東慶寺卻是個地位很特殊的寺廟。

它是鎌倉著名的女尼寺，開山當時就針對被家暴的婦女，或是婚姻出問題的女性，提供保護；這在日本是相當罕見的，也許是因為東慶寺的歷任住持，都是皇女或是掌權者的家眷，所以才有辦法對女性提供庇護吧！

從東慶寺出來繼續往下走，另一側有條巷子可以通往明月院，在到明月院之前，一幢粉紅色的小洋房很引人注意，那是日本有名的繪本作家葉祥明的美術館。即使沒有看過葉祥明的繪本，進來之後，也會被他的繪本所吸引，粉彩與寧靜的畫風充滿了療癒氣息，這裡的明信片、和紙、馬克杯、L夾，非常容易讓人荷包失血，是個買紀念品的好地方。

江之電賞紫陽花之地——成就院

江之電極樂寺駅附近，有另外一個賞紫陽花的重鎮——成就院。不同於明月院的山門多是藍色的紫陽花，成就院前參道的紫陽花，則是粉紅、白、藍相間，繽紛許多。

在成就院賞紫陽花，可以從上往下眺望，遠方就是美麗的海景。

明月院「別有洞天」

捧著紫陽花的佛像格外有趣

明月院是賞紫陽花的勝地

葉祥明的繪本美術館是個買紀念品的好地方

東慶寺
官網：http://www.tokeiji.com/
交通：從北鎌倉駅往鎌倉方向走4分鐘
開放時間：3月-10月 8:00-17:00，11月-2月 8:00-16:00 拜觀料：200日圓

葉祥明美術館
官網：http://www.yohshomei.com/museum_kita.html
交通：從北鎌倉駅往鎌倉方向走7分鐘
開放時間：10:00-17:00 入館料：700日圓

明月院
交通：從北鎌倉駅往鎌倉方向走10分鐘
開放時間：9:00-16:30 拜觀料：300日圓，本堂奧庭園6月、11月開放（500日圓）

大家都衝著這紅燴牛肉飯而來

去來庵的起士蛋糕好吃的不得了

去來庵的大門看來像是日式料亭

二千多日圓的去來庵紅燴牛肉飯不算貴

北鎌倉最著名的美食，就是「去來庵」的紅燴牛肉飯。

從明月院走出來鎌倉街道，繼續往建長寺的方向前進，沒過多久，有一家外觀看起來像古民風豪宅的餐廳，可別被它的外表給騙了，它不是那種門檻極高的日式料亭，而是賣洋食的去來庵。

去來庵的建築建造於昭和年間，現在已經被指定為鎌倉市重要建築物。偌大的庭園，要到餐廳前還得爬一段階梯，只做午餐的去來庵，從十一點營業時間開始，就會有人在排隊，因為大家都衝著它的紅燴牛肉飯而來。

野菜沙拉＋白飯或麵包＋紅燴牛肉＋咖啡或紅茶，索價二千六百二十五日圓，很多人覺得實在不便宜。

但細究起來，先不說它那經過長時間熬煮的祕製醬汁，要耗費多少心力了，仔細數一數，碗中的牛肉竟有五、六塊之多，每一塊都很大，並且是用相當不錯的和牛！牛肉塊輕輕一咬，立刻散開，雖是瘦肉，燉煮得卻相當軟嫩，和牛價格本來就昂貴，分量如此多的和牛肉塊，認真說來，二千六百二十五日圓其實並不算貴。

值得一提的是它的起士蛋糕。外表看起來像布丁，吃下去，卻是超級柔軟的起士蛋糕。如果去來庵不賣紅燴牛肉飯，只賣這個起士蛋糕，我相信，一樣會有很多人為它而排隊。

去來庵
交通：從JR北鎌倉駅往建長寺的方向走路10分鐘
營業時間：11:00-15:00，週六、日延長到17:00，週五休
價格：紅燴牛肉飯套餐2,625日圓，起士蛋糕＋咖啡840日圓

只有黑天狗，沒有建長汁的建長寺

建長寺名列鎌倉五山之首，是巨福山臨濟宗建長寺派的總本山。很多人到了建長寺，看到正面匾額「巨福山」時，常會懷疑，是不是寫錯字了？說它是個「巨」字，明明多了一點，說它是個「臣」字，又少了一點。

其實這是建長寺第十代住持所提的字，多出來的這一點，讓許多書法家認為，使得這三個字變得更渾厚有力，反而增添了百貫的價值，因此，就有人稱這一點為「百貫點」。

同樣是禪林寺院，但是建長寺的格局，不像圓覺寺那樣幽雅，反而讓人覺得比較莊正肅穆。造訪時，正好有一群日本上班族集體來此參禪，果然不負其鎌倉五山之首的盛名。

但是我對建長寺印象最深刻的，不是它的庭園，也不是它的櫻花路徑，反而是後山半僧坊前的天狗神像。日本電視劇常常出現許多神祕的「天狗殺人」故事，半僧坊祭祀的就是鼻子長長的天狗，下面還有一群鳥嘴型的鴨天狗，形成一種奇異的景觀。

建長寺另一個很出名的地方，是建長寺僧侶所研製出來的「建長汁」（けんちん汁）。這種用大根、紅蘿蔔、牛蒡、芋頭、油豆皮，不用鰹魚高湯，用醬油或味噌調味的雜燴湯，在鎌倉的精進料理中，扮演了重要的角色。

只是在建長寺閒逛了半天，沒有看到有人在賣這種建長汁啊？

多了一點的「巨福山」，反而價值百貫

長鼻子的天狗，很神祕

從門口進來到山門前，是一段櫻花小徑

建長寺
官網：http://www.kenchoji.com/
交通：從北鎌倉駅走路約20分鐘
開放時間：8:30-16:30
拜觀料：300日圓

迷人的炭火培煎咖啡——備屋珈琲館

建長寺斜對面，有一家「備屋珈琲店」，黑色的日式木屋、磚色的圍牆，一副在呼喚人進去喝杯咖啡的模樣。

在北鎌倉逛了半天，咖啡蟲早已蠢蠢欲動，受不了誘惑，開門進去，咖啡的香氣溢滿了整個空間；牆壁上、吧台上，吊掛著各式花色的Wedgwood咖啡杯，如果你看中哪一只咖啡杯，還可以特別請店家拿下來，用你喜愛的杯子來享用咖啡。

備屋珈琲店標榜自己是使用備長炭來培煎咖啡豆，是我在鎌倉喝到品質最優的咖啡。後來去江之島，在通往江之島大橋的路上，也看到了另一家備屋珈琲店的招牌，裝潢雖然不一樣，但一樣是用Wedgwood的杯子，咖啡也一樣好喝。

備屋珈琲店
北鎌倉店：鎌倉市山ノ內1520（建長寺斜對面）
江之島店：藤澤市片瀨海岸1-9-8（江電「江之島」站下車，往江之島方向走路1分鐘
價格：500日圓

黑色的外觀吸引人想走進去

備屋珈琲館用Wedgwood咖啡杯來招待客人，也拿來作裝飾

錢洗弁財天，真正的名稱是「宇賀福神社」

錢洗弁財天，公開洗錢不犯法

聽說「錢洗弁財天」是個求財開運的好地方，從岩石湧出來的靈水，能帶來財運，吸引許多生意人來此求財。旅行所費不貲，當然要來拜一拜，不過，求財需要誠意，從鎌倉駅西口走過來，到「錢洗弁財天」之前得先爬上一段山坡，這個山坡有點陡，還沒求到財，就先氣喘噓噓。

「錢洗弁財天」其實是在一個洞窟內，走過黑暗的洞窟，再穿越一連串木鳥居，突然豁然開朗。傳說中，用這裡的靈水洗錢，財富會倍增，很多遊客來到這裡，都把自己口袋裡的紙幣、硬幣全都掏出來，開始合法的「洗錢」。

「洗錢」的程序是這樣的：

•花一百日圓買線香，並取得小竹籃。

•點香後，進入山洞內參拜。

•參拜完之後，把你要洗的錢（紙幣、硬幣皆可）放在小竹籃之中。

•來到泉水旁邊，用勺子舀起泉水，慢慢地朝竹籃內的錢淋下去。

如此，就完成了「洗錢」的過程。把洗好的錢，放回皮包內，等待財神的降臨吧！

公開示範「洗錢」的動作

錢洗弁財天
交通方式：如果從鎌倉駅直接到「錢洗弁財天」，從西口出來往「鎌倉市役所」的方向，在「法務局前」右轉上山，整段路程至少走20分鐘買江之電一日券玩江之電沿線。先在「長谷」下車，「長谷寺」與「高德院」距離很近；「鎌倉文學館」收藏了許多文學家的手稿；到「腰越」看義經「淚的腰越狀」，接著到江之島，拿著琵琶的裸體女神像，是必看的重點。傍晚在江之島的海鮮商店街大啖海鮮，再返回東京。

長谷寺，良緣地藏超級卡哇伊

鎌倉的長谷觀音寺，與奈良的長谷觀音寺齊名，所供奉的國寶木製十一面觀音像，根本就是雙胞胎，都是在西元七二一年由德道上人所雕製。不過，現在十一面觀音像已變成金色的，它在室町時代被足利尊氏貼滿了金箔。

但是想起長谷寺，想到的不是名震四海的十一面觀音像，反而想到的是它的親和力。

因為長谷寺很容易讓人感受它的美。看到大門的第一眼，四十五度角的老松配上紅燈籠，一副與世無爭的神態；進門之後，映入眼簾的妙智池與放生池花木扶疏，差一點以為來到的不是古寺，而是日式庭園。

再來，長谷寺的地藏菩薩很可愛。釋迦牟尼在《地藏菩薩本願經》中說：「地藏菩薩以無數方便教化眾生」，地藏菩薩在一般的想像中，本該「安忍不動如大地，靜慮深祕如地藏」，但是長谷寺打破了這

長谷寺既幽美又可愛，是我最喜歡的鎌倉古寺

種形象，庭園中三尊圓潤潤的「良緣地藏」，長得超級卡哇伊！良緣嘛，Q版一點又何妨？

長谷寺的平易近人，從「見睛台」也可以看得出來。寬敞的平台刻意擺滿了桌椅、販賣機，邀請遊客們拿出便當、飯糰，一邊野餐，一邊眺望三浦半島的美景，真是貼心！

長谷觀音寺還有一個有趣的地方「弁天窟」；這個洞窟內黑漆漆的，祭祀的是弁財天與十六童子；十六童子掌管各項生活所需，我找到主管食物的「飯櫃童子」與酒神「酒泉童子」，誠敬地膜拜，祈求在未來的每一天，都能吃到美味的料理。

長谷寺的平易近人，從「見睛台」就可看得出來

大黑堂旁邊的竹林，清靜優雅

良緣地藏超級卡哇伊

長谷寺
官網：http://www.hasedera.jp/index2.html
交通：坐江之電，在「長谷」下車，沿長谷通走路5分鐘
開放時間：3月-9月 8:00-17:00，10月-2月 8:00-16:30
拜觀料：300日圓

心甘情願被鎌倉大佛吃下肚

明治時代的詩人與謝野晶子，曾經這樣歌誦鎌倉大佛：「鎌倉大佛釋迦牟尼，彷彿美男子矗立在森林中。」鎌倉大佛與富士山一樣，是日本形象的代表，來到鎌倉，當然得去看看大佛到底是不是美男子？

其實，鎌倉大佛的身世充滿了謎霧，最常見的說法，是根據記載鎌倉幕府的史書《吾妻鏡》中，淨光僧為了完成源賴朝之願，先在寬元元年完成了木造大佛，到了建長四年，又開始建造八丈高的金銅釋迦如來佛。但是，木造大佛與金銅大佛之間有何關聯？金銅大佛又是否就是今天看到的青銅大佛？淨光僧此人究竟是何方神聖？建造大佛的過程又是如何？完全沒有記載。

十三世紀要蓋這樣一座高達十三公尺以上的大佛，要動員多少人力、物力，怎可能毫無記載？所以這尊大佛究竟從何而來，至今仍是一團謎。

但可以確定的是，鎌倉大佛原本不是露天而坐。十五世紀末的室町時代，地震引發了海嘯，把佛殿摧毀了，大佛從此就以天為幕，席地而坐，成為我們今天所看到的模樣。

近看大佛，會覺得他的面容慈祥和藹，但我更喜歡大佛的肚子。只要多付二十日圓，就可以鑽進大佛的肚子裡，大佛的肚子沒有想像中的大，但是可以看到青銅鍍接的痕跡，上方的兩扇氣窗，成了大佛肚子中，唯一的天光；想到自己身在大佛肚中，彷彿被大佛吞進去，就覺得煞是有趣。

高德院鎌倉大佛
官網：http://www.kotoku-in.jp/
交通：從江之電「長谷」站下車，沿著長谷通直走7分鐘
開放時間：4月-9月 8:00-17:30，10月-3月 8:00-17:00
拜觀料：200日圓，大佛肚內參觀20日圓

大佛背後的氣窗

大佛的肚子沒有想像中大

鎌倉文學館曾經是前田家別邸

鎌倉文學館，文學家地圖很嚇人

因為住在鎌倉大佛的後方，日本小說家野尻清彥就把自己的筆名，取為「大佛次郎」；白樺派作家有島五郎也曾經用鎌倉海濱「由比ヶ濱」的名稱，為自己取名「由比ヶ濱兵六」；被三島由紀夫喻為「搬家名人」的川端康成，直到四十七歲那年，搬到鎌倉的長谷居住，才停下腳步結束一生的飄泊。

太多的日本文學家住在鎌倉、太多的日本文學作品裡出現過鎌倉的身影，到底有多少文學家與鎌倉發生關係？走一趟「鎌倉文學館」，你會得到這個答案。

那是一張「文學家地圖」，密密麻麻的標誌，不是觀光景點，而是一個個日本文學家的名字，凡是你叫得出名字的文學家，幾乎都曾經在鎌倉佇足過一段時間，連太宰治自殺的地點，有兩次都選在這裡。

如今鎌倉文學館裡，還看得到川端康成、大佛次郎等文學家的手稿，在欣賞這些文學家手稿的同時，也別忘了欣賞「鎌倉文學館」這棟建築。

這幢有著藍色屋頂的洋房，來頭可不小，它本來是前田家的別墅，唐澤壽明與松嶋菜菜子所主演的《利家與松》轟動一時，講述的就是加賀百萬石大名，前田利家的故事。

劇中有一段，阿松散盡前田家的所有家財，借錢給秀吉的老婆寧寧，寧寧向阿松承諾，必使前田家與秀吉一起共享榮華富貴；前田家的富有，從秀吉時代一直延續到戰後，後來更將這棟別墅捐給鎌倉市，做為鎌倉文學館。

爬上鎌倉文學館的小山坡前，注意一下左手邊有另一幢深宅大院，門口掛著「前田」兩個字，顯然前田家的後代，時不時地還住在這裡呢！

鎌倉文學館
官網：http://www.kamakurabungaku.com/index.html
交通：在江之電「由比ヶ濱」站下車，從由比濱大道，沿著緩坡的山路往上走，徒步約7分鐘
開放時間：3月-9月 9:00-17:00，10月-12月 9:00-16:30，週一休
入館料：300日圓起（依企劃展而定）

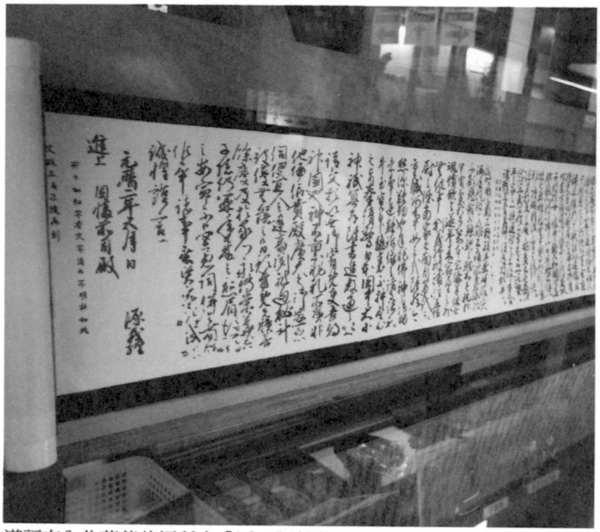

滿福寺內收藏著義經所寫「涙の腰越狀」

後人以義經的盔甲推算，義經只有150幾公分高

悲劇英雄源義經，涙の腰越狀

相較於開創鎌倉幕府的源賴朝，日本人喜愛他的弟弟源義經，似乎比源賴朝多出很多，因為義經的一生，可說是標準悲劇英雄的寫照。

江之電沿線有一站「腰越」，小小的漁村風貌，出了車站走路三分鐘，有一座「滿福寺」，是義經的粉絲們必來的朝聖地。

義經在日本有「戰神」的美譽，他協助賴朝在源平兩家數次戰役中，把聲勢如日中天的平家打敗，著名的壇之浦大戰，更一舉殲滅平家，戰功彪炳的他，卻引起賴朝的猜忌。

源賴朝命義經留守京都，狡猾的後白河法皇，故意任命義經擔任「左衛門少尉兼檢非違史」一職，賴朝對於義經沒有經過自己的同意，就接受了這項任命，大為震怒，當義經一行人浩浩盪盪返回鎌倉時，賴朝竟下令義經不准進城，義經只好待在城外的腰越滿福寺，苦苦等候兄長的召見，滿腹委屈地寫信給賴朝，以表明自己的心跡。

義經寫給賴朝的這封信，被稱為「涙の腰越狀」，至今還保存於滿福寺中。

「幸天憐助，木曾伏殊，平家敗亡，或險崖縱馬而不顧命，或怒海凌波而罔惜身，枕甲而戰，無日忘志，惟慰父靈，以遂宿望，……臣無貳心，尚祈御宥，紙短情長，望垂聖察。」

我敢肯定，看完「涙の腰越狀」，討厭源賴朝的人，一定會更多。

滿福寺
交通：江之電「腰越」下車，走路3分鐘
開放時間：9:00-17:00
拜觀料：200日圓

裸女神像與海鮮滿喫的江之島

從江之電的「江之島」站下車，徒步走過江之島大橋，踏上這座屹立於海中的島嶼，一座斑駁的青銅鳥居宣告著，整座江之島都是江島神社的範圍。

自古以來，江之島就是人們絡繹不絕前來參拜的靈島，參道兩旁是生猛活跳的海產店、散發著蒸氣的饅頭店，還有一大堆土產店，定力不夠的人，踏上江之島，首先就迷失在這裡。

晚餐要在江之島解決，當然要先「偵察」一番，所以我不受誘惑地大步往前走，本以為要遊逛島上神社，得要爬百層階梯，誰知道，玩江之島一點也不累。

因為這裡有戶外電梯，而且一共四層，遊玩一區，坐一層手扶梯到達另一區，實在太貼心了！

島上有三座神社：邊津宮、中津宮、奧津宮，合稱為江島神社，分別供奉守護漁民的三位女神，但是江島神社最出名的，不是這三位女神，而是邊津宮旁邊所供奉的另一位女神——妙音弁財天。

相信所有人看到這座妙音弁財天，都會嚇一大跳，手抱著琵琶蹺著二郎腿坐在石頭上，屁股下面還舒舒服服地鋪著軟墊，她……竟然沒穿衣服！

如此形態，就知道這座妙音弁財天，是個藝術之神，所以

江之島的稚兒淵，海蝕地形與斷崖是觀賞日落的地點

她不但成為江島神社中，名氣最大的女神，也特別受到日本藝能界的崇拜。

慢慢地拾級而上，來到島的最頂端，是明治時代英國商人Samuel Cocting所建造的植物園，可以看到這位商人當時栽培各種植物的溫室遺跡；風景絕佳的Lon Café，絕對是江之島上人氣最旺的咖啡館，島上風大，服務人員還會提供毛毯給客人，但是位子不多，想在此欣賞風景喝杯咖啡，還真得碰運氣。

園內最醒目的是瞭望塔，鋼骨結構的外觀，與神社古風有些不搭調，但是登高望遠，瞭望塔上視野遼闊，三浦半島的美景一覽無遺。

島上還有個神祕的地方——岩屋，被海浪侵蝕的自然洞窟，傳說弘法大師曾在此修行，現在裡面展示了許多浮世繪的作品。岩屋就在稚兒淵，稚兒淵旁邊是觀賞日落的最佳地方，傍晚時分，總是聚集了一堆攝影同好，架起腳架，耐心地捕捉夕陽的美景。

飢腸轆轆的我，隨便拍了幾張，趕快飛奔到入口的商店街，衝進「たい丸仙水」的店內，想要大啖海鮮。

江之島這一帶，最出名的鄉土料理是吻仔魚與竹莢魚蓋飯，這當然是必點的，兩個人吃，看看伊勢龍蝦也很吸引人，點！紅燒金目鯛看起來也不錯，點！等到定食一端上來，嚇了一跳，定食內竟然還附章魚味噌沙拉及烤蛤蜊，滿滿的一桌海鮮，好吃又便宜，吃完這頓海鮮大餐，才心滿意足地返回東京。

江之島
官網：http://www.enoshimajinja.or.jp/
交通方式：江之電「江之島」站，徒步約15分鐘

たい丸仙水
營業時間：11:30-19:30，週二休
價格：吻仔魚竹莢魚蓋飯定食2,100日圓、伊勢龍蝦定食2,625日圓

全身赤裸的妙音弁財天是藝術之神

「たい丸仙水」的蓋飯定食非常豐盛

從江之島這頭，望向日本本島

紅地毯上的富士山

河口湖、西湖、本栖湖

同樣是紅色，浮世繪名家葛飾北齋筆下的「赤富士」，是晚夏到初秋間，清晨的陽光所創造的綺麗色彩，但那是旅人可遇不可求的吉兆；富士芝櫻祭，滿地的紅，則是可以計畫親近的目標。

行程重點：

Day1

新宿—河口湖駅—不動茶屋—富士芝櫻祭。**宿**：風のテラスKUKUNA

Day2

河口湖周遊：河口湖自然生活館—久保田一竹美術館—音樂盒之森—湖畔咖啡館或河口湖チース　ケーキ起士蛋糕工房。**宿**：Sunnide Resort

Day3

西湖周遊：西湖いしの里根場—富岳風穴—青木ケ原—鳴沢冰穴—河口湖駅—返回新宿

最適合的季節：

5月富士芝櫻祭

M型旅遊：

- 小貴卻有富士山美景露天風呂的「風のテラスKUKUNA」
- 平實但吃了早餐就不用吃午餐的「Sunnide Resort」
- 有無料咖啡的「河口湖チース　ケーキ」

交通：

坐巴士：在「新宿高速巴士站」坐高速巴士，但要提前在「高速巴士網」預約座位，時間1小時45分，車資1,700日圓

高速巴士官網：https://www.highwaybus.com/

坐火車：在新宿駅坐JR特急到「大月」換富士急行線到「河口湖車站」，時間2小時左右，車資3,290日圓

Tips:

平時往返河口湖，坐巴士既省錢又快速，惟芝櫻祭若遇假日必塞車，故建議多花點錢改坐火車，以免影響遊興

葛飾北齋「凱風快晴」所描繪的赤富士

「富士芝櫻祭」是看富士山最美的時刻

為了「逆富士」，所以來到河口湖

被遺忘的河口湖

「田子浦外抬眼望，富士山巔雪紛紛」，這是日本最古老的和歌集《萬葉集》中，山部赤人對於富士山的歌詠。從最古老的和歌、流傳到歐洲的浮世繪、日本家宅中的屏風，甚至是日幣中最常用的千圓紙鈔……，富士山，從來沒有在日本人的生活中缺席，它甚至是外國人眼中，日本的象徵。

日本確實有許多地方，都可以看到富士山，但是觀賞富士山最佳的地點，非河口湖莫屬。

因為在河口湖，可以看到很大很大的富士山。

因為在河口湖，可以看到線條很清楚、零阻擋的富士山。

因為在河口湖，可以看到逆富士。（富士山映在水面的倒影）

但是很奇怪，河口湖在台灣遊客的心目中，並不流行，甚至於在日本，河口湖的旅遊書也並不多見。

或許是因為，河口湖有點像一位遲暮的美人。「遲暮」的意思是它沒那麼繁華時尚，當然，商業氣息也沒那麼濃厚；但它仍然是位「美人」。

得天獨厚的湖光山色，春天有櫻花，夏天有薰衣草，秋天有紅葉，冬天有白雪；曾經在日本的火車上看到一張照片，那是滿地的芝櫻，把富士山妝點得如夢似幻，差點以為那是張合成照片！原來是每年四月底開始的「富士芝櫻祭」，那才是看富士山最美的季節。

同樣是紅色，葛飾北齋筆下的「赤富士」，是發生於晚夏到初秋間，清晨的陽光所創造的綺麗色彩，但那是旅人可遇不可求的吉兆；富士芝櫻祭，滿地的紅，則是可以計畫親近的目標，那還不算好時間、訂好旅館，朝目標出發？

當然，還有圍繞在河口湖四周的一堆美術館，有米其林三星景點之稱的「久保田一竹美術館」、像童話世界的「音樂盒之森」，這些都是周遊河口湖必訪之地。

河口湖可以泡湯的地方雖多，但像「風のテラスKUKUNA」旅館，擁有無邊際的露天風呂，讓你「零阻隔」地邊泡湯、邊看富士山，絕對是在河口湖最奢華的享受。

圍繞著富士山的湖，並不是只有河口湖，還有西湖、精進湖、本栖湖、山中湖，這五個湖，被稱作「富士五湖」。

但細查資料，「富士五湖」中，僅河口湖、山中湖比較有人氣，精進湖與本栖湖的巴士班次不多，除非開車，否則很不方便。以觀光資源比較，住河口湖最方便，特別是以登富士山為目標，從河口湖車站出發登山的巴士班次最多，到富士山五合目，車程只要五十分鐘。

富士五湖MAP

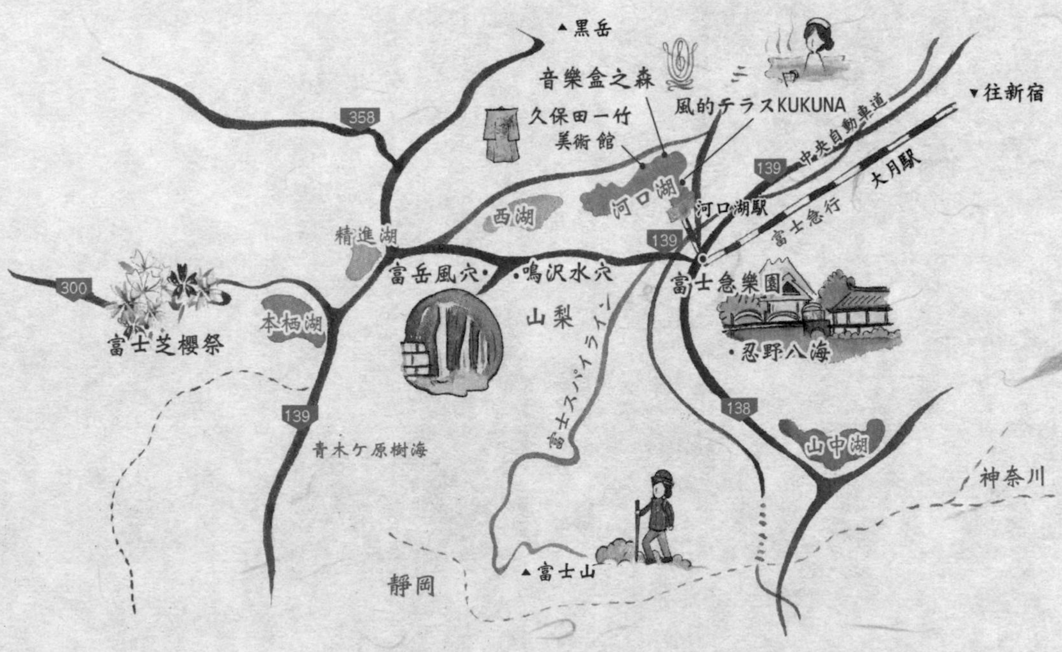

Day 1：

9:40新宿高速巴士站—11:32河口湖車站，把行李放在河口湖車站，午餐吃著名的「不動ほうとう」，再搭直達車到芝櫻祭會場，今天的重頭戲是芝櫻祭；傍晚邊看富士山，邊泡湯。宿：風のテラスkukuna。

河口湖車站，很有度假Fu

一抵達河口湖車站，迎接你的，就是佇立在車站背後，雄大的富士山。

富士山存在感十足的河口湖車站，木屋的風格，非常有度假Fu；車站前的廣場，還做了一個小小的月台，一截「富士登山電車」，成了遊客注目的焦點，總惹人要上去拍個照，才肯前往下一段旅途。

河口湖車站也確實是麻雀雖小，五臟俱全。除了供旅人置放行李的置物櫃（coin locker）、觀光詢問處、河口湖及西湖地區的レトロ巴士周遊券，以及往富士山五合目的車票，都可以在這裡解決之外，值得一提的是，這裡還有一個土特產及紀念品販售處。

雖然沒有太多時間「耗」在這裡，但還是一眼就看到了那一定要買的おみやげ——富士山餅乾！

富士山餅乾有分巧克力、抹茶、原味、草莓、紅茶，五種口味，本來買了一包，打算當伴手禮帶回台灣送給朋友，但想想，再多買幾包好了，免得還沒回到台灣，就忍不住吃掉了。

五種口味的富士山餅乾，任君選擇

河口湖車站背後就是富士山

「不動茶屋」可吃到武田信玄的「ほうとう」

這鐵鍋烏龍麵，足足有臉盆那麼大，十足男人味

不動茶屋，來碗男人的料理

在河口湖的第一餐要吃什麼？當然要吃代表性的鄉土料理——超粗的烏龍麵「ほうとう」囉！

烏龍麵會成為富士吉田一帶的代表性鄉土料理，其來有自。由於富士山爆發後溶岩所形成的土壤，不利於稻米種植，所以富士山北麓一帶，多種植小麥，小麥製成的烏龍麵，在山梨縣自然成為當地重要的家庭料理。

不同於其他地區的烏龍麵，這裡的烏龍麵又扁又長又粗，據說是因為這裡的男性大多出外行商，婦女則忙於養蠶與機織，以維持生計；當男性出外經商回來在家休息的時候，看到妻子白天養蠶織布已經忙昏頭了，只好自己動手做午飯，大男人做出來的麵條，自然變得又大又長又粗，飽足感十足。

這是一道充滿男人味的鄉土料理。河口湖駅對面，就有著一家專賣這種烏龍麵的食堂「不動茶屋」，傳統木頭的門面，上面掛著「名物 ほうとう不動」的招牌。

「ほうとう」還有另一個故事，與武田信玄有關。有「甲斐之虎」之稱的武田信玄，為了讓武士們有體力作戰，就把這種烏龍麵，加入大量的南瓜、蔬菜、味噌一起煮，成為軍隊的主要糧食；甲斐騎兵能夠在戰國時期如此強悍，或許就是吃了這種烏龍麵的關係。

不動茶屋的「ほうとう」端上來時，果然讓人嚇了一跳，那個鐵鍋十足有臉盆那麼大！與南瓜同煮的黃澄澄湯汁，還熱騰騰地冒著泡，這麼大一碗，女生絕對吃不完，果然是張力十足的「男人的料理」啊！

不動茶屋
官網：http://www.houtou-fudou.jp/index.html
交通：河口湖町船津3631-2，河口湖駅正對面，過馬路即達
價格：不動ほうとう 1,050日圓

富士芝櫻祭，求神拜佛好天氣

曾經在河口湖「天下茶屋」待了一段時間的作家太宰治，在他的小說《富岳百景》裡有一句話：「月見草與富士山最為相配」（富士には月見草がよく似合ふ）月見草黃色的花朵固然清麗，但是傍晚開花，陽光出來花就謝了，顯得有些嬌貴，不若芝櫻耐寒耐熱，不論土地貧瘠與否，總是開滿一大片。

「富士芝櫻祭」每年從四月底開始在本栖湖附近舉行，芝櫻祭的官網，每隔幾天就會貼出實況照片，我當然要盯緊它的開花進度；想想這個動作實在有點多餘，機票與飯店都訂好了，難不成，花謝了要改期？

還好，今年花期並沒有失準，五月中旬，芝櫻依舊滿開；抵達芝櫻會場，紅白相間的芝櫻鋪了滿地，真想躺在上面打滾一翻。盛開的芝櫻，花朵狀似櫻花，但是莖如矮草般匍匐於地，日文「芝」，即草地的意思，所以日本人稱這種多年草本夾竹桃屬的植物為「芝櫻」。進入會場，首先看到的是「龍神池」，相傳很久以前，有一條龍住在這裡，富士山爆發時，龍提前警示了村民，讓大家得以遠離災難，救了不少人，村民為了感念這條龍，所以將這個池子命名為「龍神池」。

繞過龍神池，許多人在木造的展望台前排隊，回頭一望，富士山就在眼前，展望台登高望遠，果然是拍攝「紅地毯上的富士山」最佳的角度；為了避免遊客蜂擁而上，壓垮了展望台，展望台一次只讓五十個人上台，等我好不容易登上展望台時……

咦，富士山怎麼不見了？

這……不是開玩笑嗎？明明是晴朗的好天氣，只不過雲多了一點，富士山就淘氣地躲進雲層中，直到閉園都沒有再出來「見客」。人算不如天算，出發前再多的「算計」，還是得多燒幾柱香，有點運氣才行。

還好芝櫻會場裡，設有展望足湯，看著滿地的芝櫻泡足湯，也是不錯的啦！

別擔心，芝櫻會場有直達車

芝櫻祭會場，在本栖湖附近，但並非在本栖湖畔，想要從新宿坐巴士直接去芝櫻會場的人，千萬別自作聰明在「本栖湖」下車，那絕對會欲哭無淚，因為芝櫻祭會場是在國道139號，本栖湖再往富士宮的方向約3公里處，所以要認明是「富士芝櫻會場」才能下車。

從河口湖車站，每半小時就有直達車可到芝櫻會場，芝櫻祭會場沒有行李置放處，如果有行李，建議把行李放在河口湖車站，再坐直達車到會場比較適宜，從河口湖到芝櫻會場的直達車，車資＋門票1,800日圓。

紅白相間的芝櫻鋪滿了大地

「展望足湯」也很吸引遊客

芝櫻以狀似櫻花而得名

富士芝櫻祭
官網：http://www.shibazakura.jp/chs/
開放時間：8:00-17:00
入園料：500日圓，從河口湖駅出發之直達車＋入園料，優惠價1,800日圓

邊泡湯邊看富士山，風のテラスKUKUNA視野最佳

在河口湖一定要做的一件事，就是找一處能夠看到富士山的露天溫泉，泡在暖呼呼的湯裡，吹著微風，眼睛張開，就能看到富士山。

沒有太多猶豫，在河口湖的第一晚，決定住在「風のテラスKUKUNA」這一間有著奇怪名字的旅館。

因為它的露天風呂，實在太吸引人了……

那是一個類似無邊際泳池般的露天風呂，泡湯時坐在池內，水平面與湖面同高，與富士山之間，完完全全零阻礙。

風のテラスKUKUNA，剛好位於河口湖レトロ巴士「逆富士眺望」的這一站，只要湖面風平浪靜，倒映在湖面上的「逆富士」就能看見，住宿的隔天上午，從房間的陽台，果然看到了傳說中的「逆富士」。

旅館在二〇一〇年經過重新裝潢後，增添了些許南洋風，更注重於光、影、水的表現，房間則增加了現代和風的元素，住起來非常舒適。

晚餐是採半自助式的，也就是沙拉、甜點、飯、小菜，放在吧台上讓客人自由取用，主菜與其他的配菜，會由服務員另外上。

但我在日本Yahoo用特價訂到了鐵板燒的住宿方案，所以幸運地由料理長親自服務。前菜是鯛魚沙西米、草莓冷湯、香煎鰆魚、龍蝦、和牛沙朗，最後是用大蒜橄欖油做的炒飯，食材選用並不差。

只是它的創意有些怪，比方說，香煎鰆魚配的是海帶芽炒飯；草莓冷湯，雖有草莓的香氣，但是味道並不出色，根據料理長的說法，鐵板燒所搭配的湯品，只有在冬天才會用熱湯。

邊泡湯，邊看富士山，腳丫子也開心地笑了

料理長親自服務的鐵板燒

風のテラスKUKUNA零阻礙的露天風呂

「風のテラスKUKUNA」每個房間都看得到富士山

可以看到富士山的露天風呂

本以為在河口湖畔，邊泡湯邊看富士山，這樣小小奢侈的願望，應該很容易實現，沒想到，能夠滿足這個願望的露天風呂，少之又少。

河口湖幾家日帰り溫泉，例如：鄰近富士急樂園的「ふじやま溫泉」、河口湖北側的「野天風呂 天水」、高級溫泉旅館「夢殿」的附屬設施「河口湖溫泉寺」以及「ロイヤルホテル河口湖」的「開運の湯」等等，這些開放非住宿客人使用的露天風呂，全都看不到富士山。

圍繞在河口湖四周的旅館，雖可看到富士山，卻不是每一家都有露天風呂，只有河口湖北側及靠近河口湖大橋附近的旅館，如「秀峰閣湖月」、「湖山亭うぶや」、「風のテラスKUKUNA」、「富士吟景」這幾家旅館，比較能滿足這樣的條件，但以露天風呂的視野來說，還是「風のテラスKUKUNA」最佳。

風のテラスKUKUNA
官網：http://kukuna.jp/
交通：河口湖駅前，坐レトロ巴士在「逆富士眺望」下車即達
價格：一泊二食19,000日圓起

Day 2 :

運用河口湖周遊レトロ巴士券，充分遊逛河口湖，「音樂盒之森」與「久保田一竹美術館」是必遊景點；如果天氣晴朗，可以搭乘纜車到天上山公園，欣賞富士山雄姿。宿：Sunnide Resort，二萬坪綠地圍繞，富士山線條看得更完整。

音樂盒之森，夢幻的童話世界

有人把「オルゴールの森」翻譯成「音樂盒之森」，如果你想成是貴婦梳妝台上的音樂珠寶盒，那就錯了，這裡展示的，可是超大型的八音盒！

十八世紀，瑞士發明了八音盒，這種以穿孔的紙（或簧片）做為樂譜，利用滾筒壓縮氣流發出聲音，精湛的工藝與透亮的音質，使得它成為音樂工藝中的貴族；二次大戰後，美國大兵把它帶入了日本，日本進一步革新技術，降低造價，使得日本與瑞士在音樂盒市場中鼎足而立。

日本八音盒收藏家山田晴美說：「伺候八音盒與享受八音盒是密不可分的！」因為古董八音盒維護極為不易，「音樂盒之森」就收藏了許多古董八音盒，當工作人員操作著古董八音盒，隨著簧片轉動，音樂慢慢流洩出來，讓人驚訝於中古世紀的工匠果然很神奇。

不過，「音樂盒之森」最令人目眩神迷的，是它宛如童話世界般的庭園，庭園中不但可以看到富士山，還置放了各種樂器，不管是大人小孩，都會手癢地忍不住動手「玩」一下。

オルゴールの森，美得像童話世界

第一展館的四周牆壁，全是會跳舞的八音盒

中古世紀的八音盒，音樂隨著轉動流洩出來

庭園中有許多樂器，讓大人小孩「玩」一下

オルゴールの森
官網：http://www.kawaguchikomusicforest.jp/forms/top/top.aspx
營業時間：9:00-17:30（最終入館17:00）
票價：1,300日圓
交通：坐河口湖レトロバス，直接在「オルゴールの森」下車

「光響」是由八十件和服組成，展現大自然景色的變化

米其林三星景點——久保田一竹美術館

本來不知道久保田一竹是何許人也，看到周遊巴士上，會在這個景點下車的人，都是些上了年紀的日本人，後來翻到一張介紹河口湖的DM，竟然把這裡標註為米其林三星景點，抱著好奇的心裡，我決定下車去逛逛。（反正憑周遊巴士券可任意上下，坐愈多，賺愈多）

沒想到，只是進了大門，我就被這裡迷住了，哈，原來我也是那些「上了年紀的人」哪！

光是它的大門，就非常有氣勢，一種古文明的感覺油然而生，而且走進去庭園，看到初夏季節滿是綠意盎然的楓葉，幻想這園子在秋天一定很美。庭園沿溪而上，是一座用硫球石灰岩所打造的建築，乍看之下，很有西班牙建築師高第（Antoni Gaudi i Comet）的風格。

新館是以琉球石灰岩所打造，很有高第的風格

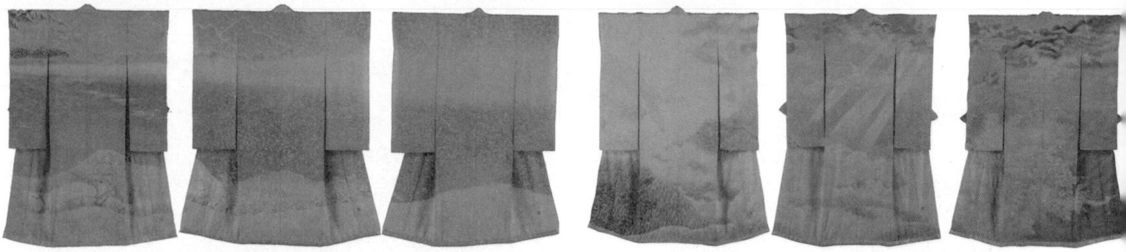

（翻拍自久保田一竹美術館展示海報）

久保田一竹美術館的大門，很有古文明的氣勢

久保田一竹美術館是米其林三星景點

這個展館所展示的，是久保田一竹所收藏的蜻蛉玉，原來久保田一竹的父親是位古董商，古人以蜻蛉玉做為貨幣，耳濡目染之下，久保田一竹從小就收藏了許多美麗的蜻蛉玉項鍊。

久保田一竹是日本著名的「染色家」。二十歲那年，久保田一竹在東京的博物館裡，看到室町時代的「辻が花染め」的小布片，就被它迷住了，從此致力於讓這項技術復活。然而，直到六十歲，他才創造了屬於自己的「一竹辻が花」，那是一種運用了許多技法，如「蒸」、「絞」等，形成的一種立體花色。

最讓人震驚的，是久保田一竹的未完成作品「光響」，那是以八十件和服，來表現一年四季大自然各種變化的巨作，下一件的和服圖案，與上一件和服中的圖案，彼此相連。但可惜的是，久保田一竹只完成了四十六件，就過世了，其餘的三十四件，將由他的兒子接棒完成。

美術館的主建築裡，展示了久保田一竹不同時代的作品，「光響」中的一部份，也在此展出，其實，主建築本身的造型，也很值得一看，據工作人員說，整個建築是以富士山為概念建造而成。

久保田一竹美術館
官網：http://www.itchiku-museum.com/
營業時間：12月-3月 10:00-16:30（最終入館16:00）
4月-11月 9:00-17:30（最終入館17:00）
票價：1,300日圓
交通：坐河口湖レトロバス，在「久保田一竹美術館」下車，步行約2至3分鐘

「河口湖起司蛋糕工房」有個美麗的小花園

「河口湖起司蛋糕工房」咖啡無料

Happy Day's Café 四點打烊，老闆悠閒地和朋友聊天

想在河口湖畔喝咖啡，請早

下午四點，河口湖的天空還很藍，想找一處湖畔咖啡館，好好地對著湖光山色發一下呆。誰知道，走到Happy Day's Café 門口，竟然掛著「close」的牌子，不會吧？

從門口望進去，穿著圍裙的老闆已經坐在庭園裡，和朋友聊天，對於我的探頭探腦，連理都不理！好吧，前面有家手工藝品店有個窗口也在賣咖啡，走到窗口，沒人，走進手工藝品店問店員，得到的答案，竟然也是：「sorry, close!」

這……現在還不到四點半啊，怎麼咖啡館都打烊了？

決定到「河口湖美術館」對面的河口湖チーズケーキ起司蛋糕工房，喝不到咖啡，吃塊起士蛋糕，總行了吧？

抵達時約四點半，還好蛋糕店沒打烊，工作人員建議，如果立刻吃，可以在小庭園裡享用。小庭園內種了許多花草，擺了兩張咖啡桌，布置得很精緻，當我買了瑞士卷與布丁，走進花園時，旁邊一張小桌子，擺了一台咖啡機，上面寫著：「咖啡無料」！

坐在起士蛋糕店的小花園裡，我終於喝到咖啡了！

Happy day's cafe
交通：河口湖線及西湖線レトロ巴士，在「河口湖ハーブ館」下車，北原照久博物館旁
河口湖チーズケーキ
交通：河口湖レトロ巴士，在「河口湖美術館」下車，就在美術館對面

Sunnide Resort，篤姬養父家的別墅地

在找尋河口湖旅館的時候，有一串字眼：「九州は薩摩藩の島津家別荘跡地」吸引了我，嘿！這不就是篤姬養父家的別墅嗎？（篤姬是以島津齊彬養女的身分，嫁給德川第十三代將軍家定）

河口湖的第二晚，我決定住在Sunnide Resort。果然，江戶時代的大名，眼光不是蓋的，選擇別墅的地點，就是不一樣！Sunnide Resort位在河口湖北岸，從這裡看富士山，是「正」看，不是「斜」看，富士山的線條非常完整。

嚴格來說，這並不是一間豪華的旅館，是類似大眾化的國民旅館。但是它有多種不同的房型，且價格豐儉由人。想住豪華一點，可以選附露天風呂的房間「湖畔 千一景」；想住平價一點，可以選擇ホテル；如果是一家大小，可以選擇木屋式的cottage，二萬坪森林環繞，可以好好來個「森呼吸」。

旅館的露天風呂雖然小了點，圍牆也高了點，但勉強滿足邊泡湯、邊看富士山的綺念；叫人驚豔的是早餐，二十至三十道的菜色，比很多五星級旅館還讚！

Sunnide Resort並不豪華，但四周森林環繞，視野絕佳

Sunnide Resort
官網：http://www.sunnide.com/index.html
交通方式：河口湖レトロ巴士，在「サニーデ前」下車即達
價格：湖畔 千一景，一泊二食27,300日圓。ホテル，一泊二食14,200日圓。cottage，獨棟出租不含餐16,000日圓起

早餐有20幾種菜色，這只是一小部分

露天風呂雖然小，可看到富士山

Day 3 :

吃完Sunnide Resort豐盛的早餐，返回河口湖駅，坐「西湖・青木ケ原線」，去體驗地底的冷凍庫「富岳風穴」、享受「青木ケ原」原始森林的芬多精，走到「鳴沢冰穴」，再遊「西湖いしの里根場」後回河口湖駅，返回新宿。

西湖又是風又是冰，還有自殺聖地

「富岳風穴」就在西湖線周遊巴士的最後一站，走到風穴，突然之間，腦袋裡浮現出松本清張小說《波之塔》中，女主角賴子的一句話：「這世上有哪兒都去不了的路嗎？」是的，這裡就是賴子自殺的地方，那片怎麼走，也走不出去的樹海。

就在青木ケ原樹海的地底下，「富岳風穴」被喻為是富士山腳下的「天然紀念物」。雖然叫做「風穴」，但是這裡的風並不大，還沒進洞，冷空氣撲面而來，溫度從攝氏二十五度驟降到六度，「哈啾！」忍不住打了個噴嚏，趕快穿上事先準備好的衣服，再鑽進洞裡。

「風穴」其實是一條長長的隧道，進入洞穴之後，視線變得很昏暗，終年的低溫，讓這裡的村民自古以來就善用它的冷，不但可以製冰，還可以保存各種作物的種籽、蠶繭等，把它當作是天然的冷凍庫。

風穴的上方，就是青木ケ原樹海，位於富士山腳下的這片森林，是一千一百三十年前，富士山爆發的溶岩流出後形成的原始森林，高聳密布的山毛櫸，遮住了陽光，樹根裸露於土地表面，讓這片樹海陰涼又深不見底。

難怪這裡會被當作是自殺聖地！山梨縣警方每年秋天甚至會組織蒐屍隊，少則二十多具屍體，多則九十多具，警

風穴與冰穴裡，都有很多冰柱

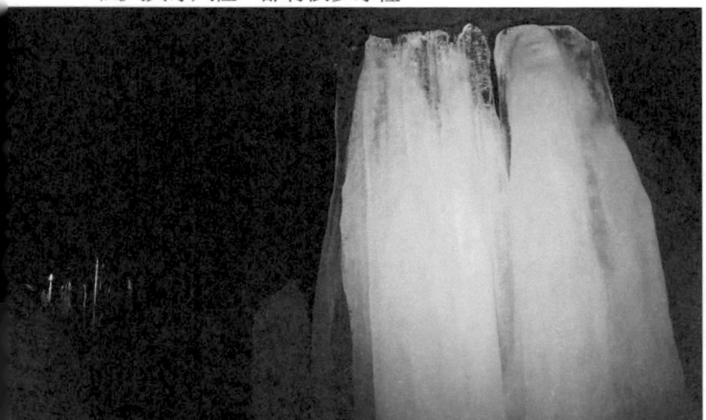

富岳風穴，是一條長長的地底隧道

1,300日圓遊遍河口湖、西湖

遊逛河口湖與西湖，最方便的方式是坐レトロ巴士，レトロ巴士有兩條路線，一條走「河口湖周遊」，一條走「西湖・青木ケ原」。幾乎所有的景點，都被這兩條路線一網打盡。

「河口湖レトロ巴士周遊券」與「西湖・青木ケ原周遊券」都是兩天內任意上下，票價1,000日圓。不過，買了河口湖周遊券的人，只要再付300日圓，就可以購買「西湖・青木ケ原」的周遊券，等於是只要花1,300日圓，就可以好好地玩河口湖與西湖，怎樣，划算吧？！

跟著這兩條巴士路線，你還可以到這些地方玩：

・木ノ花美術館：以作家池田晶子所描繪的「瓦齊菲爾德國度」為藍圖打造，也是一個宛如童話世界般的小美術館，除了展出池田晶子的原稿、畫作等，附設的Garden Café 可以吃個午餐，休息一下。

・天上山公園：在「遊覽船 ロープウェイ入口」下車，搭乘纜車3分鐘就上去了，除了可以眺望富士山的雄姿之外，河口湖景色盡收眼底，7月有繡球花，11月有紅葉，可以在山上來個小散步。

・河口湖自然生活館：販售河口湖地區的特產，6月底、7月初，旁邊大石公園的薰衣草盛開，還可以吃到薰衣草口味的霜淇淋。

・西湖いやしの里根場：曾經因土石流受災慘重，2006年併入河口湖町後開始進行復原，以昭和41年前西湖畔的根場農家景觀為復原目標，重新修復了20棟合掌屋，成為西湖的人氣景點。

方乾脆在森林的入口處立了個指示牌：「生命是從父母領受來的重要東西，再一次地想想你的父母、兄弟、孩子。」勸喻想自殺者不要輕生。

因為自殺者眾，這片「黑暗森林」也伴隨著許多傳說。有人說，當你走在這片森林時，不要隨便亂看四周的樹木，因為樹木上隨時會出現上吊者的亡靈；也有人說，即使你帶著指南針，亡靈的怨氣，也會讓指南針失靈，讓你走不出這片森林。不過，有科學家指出，指南針失靈的原因，其實是因為火山溶岩的磁場作用，根本與怨靈無關。

青木ケ原樹海雖然很大，但是沿著步道走，不用擔心迷路，也不用擔心會看到什麼自殺的景象，約莫二十分鐘後，就會到達另一個與風穴齊名的洞穴——鳴沢冰穴。

鳴沢冰穴比富岳風穴更冷、更濕滑，裡面的冰塊當然也更多，江戶時代的貴族，如果受不了天氣的炎熱，就會派奴僕來此取冰消暑。

從「風穴」—「青木ケ原」—「冰穴」，這一條被稱為「東海自然散步道」的路線，一次可以欣賞富士山火山溶岩所形成的三個特殊景觀，更重要的是，Sunide Resort的早餐實在太豐盛，一不小心吃太飽，很需要來此散步，好好地消化一下。

西湖・青木ケ原巴士圖

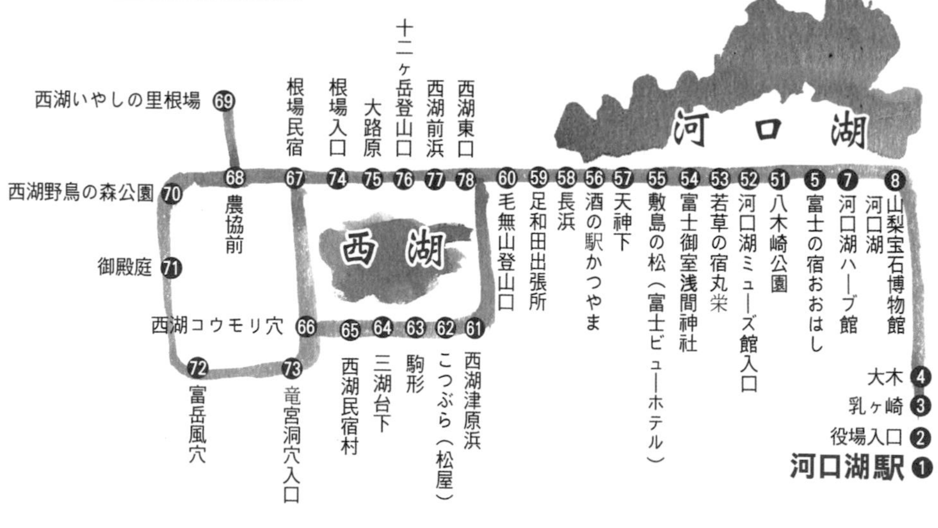

富岳風穴、鳴沢冰穴
官網：http://www.mtfuji-cave.com/
交通：從河口湖車站坐「西湖。河口湖レトロ巴士」到最後一站「富岳風穴」，車程約35分鐘
票價：各280日圓，共通券500日圓

箱根
貴族的假期

老舍在《四世同堂》裡是這樣形容冠曉荷：「在他的心裡，生命就是生活，而生活理當奢華舒服。」我們不必學冠曉荷為了奢華舒服出賣一切，卻可以在能力所及的負擔裡，來一個短暫的貴族假期。

行程重點：

Day1
新宿—箱根湯本—富士屋—Sepia通—雕刻之森—Auberge au Mirado。宿：Palace Hotel Hakone

Day2
玻璃之森—萊儷美術館—小王子博物館—草庵—御殿場outlet。宿：The Prince Hakone

Day3
山のホテル—箱根關所跡—蘆之湖—大湧谷—POLA美術館—返回新宿

最適合的季節：

5月有杜鵑花、11月有紅葉及仙石原芒草

M型旅遊：

- 以吃傳統牛肉咖哩飯為藉口，趁機遊覽富士屋
- 住平價但有露天風呂的「Palace Hotel Hakone」，吃「Mirado」高檔法國料理
- 價位適中且可欣賞蘆之湖美景的「The Prince Hakone」
- 到御殿場Outlet瘋狂購物犒賞自己

交通：

從新宿駅坐小田急列車，經小田原到箱根湯本

Tips:

在新宿駅的小田急旅遊服務中心，購買三天兩夜的箱根周遊券，5,500日圓（包含新宿往返的車資及箱根地區內六種交通工具）

Mirado美麗的開胃小菜「海鹽卵」

擁有百年歷史的富士屋

雕刻之森裡有座畢卡索美術館

箱根是奢華的代名詞

到日本旅遊，你喜歡什麼樣的度假模式？

住高檔旅館？賞藝術創作？看湖光山色？訪史蹟名所？吃究極料理？泡露天溫泉？看滿園花海？享受購物趣？

以上你想要的度假元素，箱根不但統統有，而且表現得出類拔萃。

箱根，一直是我心目中奢華假期的代名詞，老舍在《四世同堂》裡是這樣形容冠曉荷的：「在他的心裡，生命就是生活，而生活理當奢華舒服。」我們不必學冠曉荷為了奢華舒服出賣一切，卻可以在能力所及的負擔裡，來一個短暫的貴族式假期。

貴族嘛，不會翻山越嶺走得氣喘噓噓，所以箱根有登山鐵道、登山纜車、空中纜車、登山巴士、海賊船、觀光設施巴士等六種交通工具，直接把你送到景點門口。

貴族出門有奴僕伺候，自己不會拖著行李箱到處跑，箱根也想到了這一點，在箱根湯本駅下車，就有行李托運服務台，只要在中午十二點以前，把行李箱交給櫃台人員，寫下住宿的旅館名稱，付七百到一千日圓（視行李箱大小），下午三點，行李就會送到你下榻的旅館，讓你輕輕鬆鬆遊箱根。同樣地，最後一天離開箱根的時候，在上午十點把行李交給旅館櫃台（當然要再付一次錢），下午一點之後，你就可以在箱根湯本駅，領回你的行李箱。

貴族整日浸淫在琴棋書畫中，自然培養了超凡的鑑賞品味。箱根美術館林立，從雕刻之森、玻璃之森、POLA美術館、萊儷美術館，除了擁有大師級的作品之外，每一個還都美得不像話！

貴族過慣了奢華的生活，吃住當然馬虎不得。放心，箱根是全日本高檔旅館最密集的所在地，每一家旅館，在「宿、食、湯」三方面，都挖空心思地取悅客人；當然，享受奢華的代價，就是荷包大幅度消瘦。

我其實是願意花大把銀子，去享受一晚心目中的夢幻之宿「箱根吟遊」，只是三個月前打電話去訂房，問了幾個日期，得到的答案都是：「抱歉，那一天剛好滿室！」讓我的心涼了半截，不得不開始規劃B方案。

好吧！如果無法享受到貴族之宿，就以貴族之食為重點，一次比較箱根兩家最著名的「Auberge料理」（以美食為訴求的旅館），一家是日本的Auberge開山鼻祖勝又主廚的法國料理——Auberge au Mirado，以及後來居上，以年輕族群為訴求的「草庵」。

想到箱根，想到這樣貴族式的假期，心，都飛起來了……

箱根地區觀光地圖

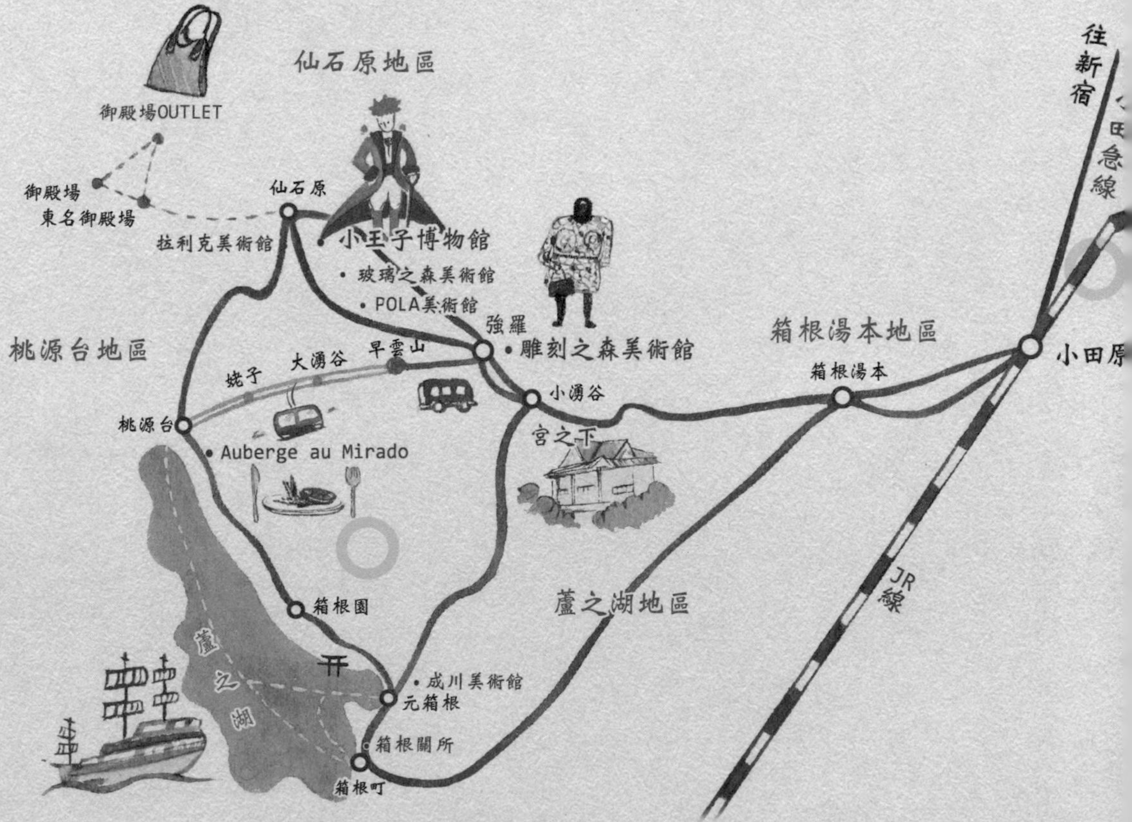

從新宿駅坐小田急列車到箱根湯本，把行李交給運送服務後，去富士屋吃午餐，趁機遊逛富士屋與セピア通り。搭登山電車遊「雕刻之森」，然後坐往桃源台方向的巴士回到旅館，泡個湯後，前往「Auberge au Mirado」吃頂級法式料理。宿：Palace Hotel Hakone。

吃天皇咖哩飯，趁機逛富士屋

如果你想體驗明治時期的奢華，那麼富士屋ホテル，絕對可以滿足你的想像。

明治時期的的宮ノ下，有兩間旅館，「奈良屋旅館」只招待日本人，如果是外國人，就要去住外國人專用的「富士屋」，也因此，富士屋曾經接待過卓別林、約翰藍儂、海倫凱勒等知名人物。旅館至今仍然保留卓別林當時住的房間（四十五號室），不過，與卓別林睡同一個房間的代價是三萬五千元日圓（一泊二食），保證讓你享受到走在木頭地板上，發出「卡滋卡滋」聲音的懷舊氛圍。

不想花那個錢，也沒關係，你可以像我一樣，藉口去吃它的「傳統牛肉咖哩飯」，好好把富士屋旅館逛一圈，一樣可以體驗到明治時代的奢華。

「傳統牛肉咖哩飯」是富士屋相當引以為傲的手藝，現在的明仁天皇當年還是太子殿下的時候，來到富士屋，吃的就是這個咖哩飯。富士屋強調，這款牛肉咖哩飯，不但是用富士屋專用的清湯做為湯底來調製，而且食材加進去之後，要讓它「睡兩天覺」，所有的滋味才能融合在一

黃色的「花御殿」是富士屋最受歡迎的一棟建築

主樓的「ザ　フジヤ」餐廳，挑高的天花板有細緻的手繪花鳥

富士屋傳統牛肉咖哩飯得花四天調製

庭園的小山上有個「幸福之丘」

起，因此炮製這牛肉咖哩，至少要花四天時間。

抱著最高的期待，吃了一口牛肉咖哩飯，嗯——坦白說，是不錯啦，但以「同等級」的牛肉咖哩來比較，帝國飯店的比較好吃。

富士屋有兩個餐廳，都賣這款傳統牛肉咖哩飯，分別是法國餐廳「ザ　フジヤ」，及「グリル洋食」餐廳。兩相比較，「ザ　フジヤ」氣派得多，挑高的天花板上描繪著細緻的花鳥，已被登入為有形文化財，因此建議在「ザ　フジヤ」享用比較好，畢竟牛肉咖哩飯的價錢是一樣的。

趁等位子的時候，可以好好逛一下富士屋。創業於明治十一年（一八七八年）的富士屋，不久之後，一場大火就把它燒個精光，我們現在所看到的主樓，並非最早的富士屋，是在一八九一年完工，後來又蓋了白色的「西洋館」；至於最令人喜愛、現在已成富士屋象徵的黃色「花御殿」，建造時期更晚，到一九三六年才完工。

主樓的二樓，有一個大平台，剛好有對新人在富士屋結婚，旅館的工作人員把穿著傳統服飾的新娘家族，拉到這個平台上拍照，背景就是美麗的「花御殿」，這個地點，也是拍攝富士屋的最佳的角度。

富士屋的氣勢，也展現在它的庭園。這座庭園，根本就是一座小山嘛！庭園，某種程度上，也是一種奢華的象徵。旅遊書上說，五月的庭園裡，可以觀賞杜鵑花，如果抱著這種心態來，可要失望了！稀稀落落的杜鵑，實在沒什麼看頭。

從庭園的散步道，拾級而上，爬到「幸福の丘」，我很好奇，剛剛那位新娘，為什麼沒有在這裡舉辦儀式？

富士屋旅館
官網：http://www.fujiyahotel.jp/
交通：坐箱根登山巴士，在「ホテル前」下車
價格：一泊二食23,000日圓起，單點「傳統牛肉咖哩飯」2,400日圓

嶋寫真館，哪些名人你認得？

記得十年前第一次來富士屋的時候，它的大廳內擺放了許多名人下榻於此的老照片，但這一回刻意在大廳找了一下，卻沒看到那些老照片的蹤影，正感到有些失望之際，Sepia通（セピア通り）上的「嶋寫真館」，馬上就彌補了這個缺憾。

「嶋寫真館」很自豪地在招牌上亮著「since 1878」，向眾人宣告著它的歷史有多麼久，嶋寫真館，似乎是用鏡頭在為箱根的歷史做紀錄。

最讓人感興趣的，莫過於那些曾經來過箱根那些歷史名人了，卓別林、約翰藍儂一家人、麥克阿瑟將軍……，還有一堆我認不出來的日本大明星。

除了「嶋寫真館」之外，Sepia通上其他店家也很有趣：一些古董店、藝品店中，販售著箱根著名的寄木細工所做出來的各種工藝品；PICOT麵包店是富士屋直營的麵包店；另一側的「渡邊ベーカリー」，則是箱根老字號的人氣麵包店。短短的距離就有兩家麵包店，說Sepia通，是一條因富士屋的外國觀光客孕育而生的街道，一點也不為過。

嶋寫真館
交通：從富士屋旅館往登山電車宮ノ下的方向走2分鐘

Sepia通雖不長，逛起來很有趣

約翰藍儂與小野洋子

「嶋寫真館」位於セピア通り上，是歷史悠久的照相館

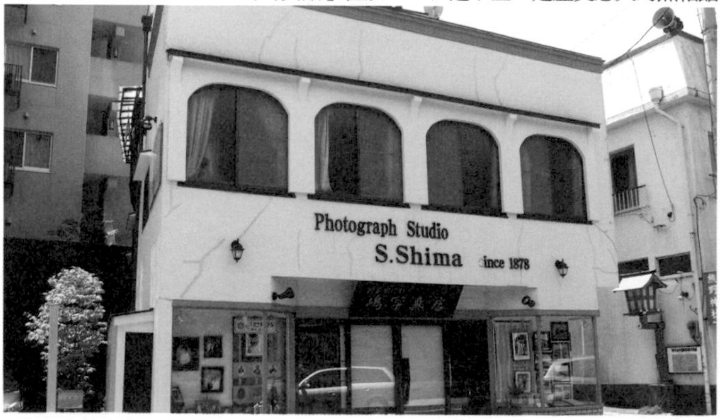

卓別林（左）與富士屋第三代山口正造

箱根皇宮飯店的房間很寬敞

露天風呂雖小，但泡起來很舒服

為了吃大餐，在附近找個平價有湯的旅館

為了要去吃Auberge au Mirado價格一萬五千日圓的おまかせ料理，M型旅遊的法則是，這天晚上就找個平價一點的旅館吧！

但是在箱根，選擇旅館的第一條件是：一定要有個露天風呂，否則太對不起這個溫泉勝地了。加上吃完正式的法式晚餐，時間已過九點，漆黑的山路走起來挺嚇人的，要坐計程車回去，就不能找距離太遠的旅館。

在這樣的條件下，靠近桃源台的箱根皇宮飯店（Palace Hotel Hakone），計程車資一千日圓出頭，素泊一晚，雙人房價只要一萬零五百日圓，又有露天風呂，對比箱根處處都是貴死人的旅館，這樣的價格，又豈能不動心？

正因為箱根有太多爭奇鬥豔的旅館，相較之下，箱根皇宮飯店可說沒什麼特色，入住的也多是團體客人，所幸房間還算寬敞舒適；令人意外的是，它的露天風呂雖小，但是含有鈣、鎂、硫酸鹽的泉質，泡起來竟然非常舒服，光是這一點，就令人十分滿意了。

箱根皇宮飯店
官網：http://hakone.palacehotel.co.jp/index.html
交通方式：搭乘箱根登山巴士，在「パレス　ホテル前」下車即達
價格：一泊二食13,500日圓起，一泊朝食10,500日圓，素泊房價9,000日圓

「浮現的雕刻」，風一吹，比較小的部分就會移動

在藍天綠地「玩」雕刻

畢卡索曾經說：「好的藝術家懂得複製，偉大的藝術家則擅於偷取。」雕刻之森，本身就是一個藝術家，它不只原封不動地把大師級的作品給搬了過來，還在環境營造、陳列方式、附屬設施上用心規劃，因此，到雕刻之森，已經不是單純地欣賞雕刻，而是在藍天綠地中，「玩」雕刻。

做為亞洲第一座野外美術館，雕刻之森開館之後，日本各地也出現了許多這樣的野外美術館，例如札幌的藝術之森、蓼科高原上的雕刻公園藝術之森……，但是箱根的「雕刻の森」，仍舊是其中的佼佼者。

除了在藍天綠地下散步，欣賞藝術品之外，雕刻之森還有幾種玩法：

- **拍很美的照片：**如果你對自己的取角沒信心，拿張導覽ＤＭ，跟著ＤＭ的角度拍就對了！收割前人的心血，保證你每一張照片都拍得美美的。
- **拍很好笑的照片：**許多現代雕刻非常適合搞怪，把自己融入到雕刻的情境，跟著它的姿勢、跟著作品的意象設計一些怪動作，拍下這種照片，保證你笑到肚子痛。
- **體驗型雕刻不能錯過：**例如門口廣場的「My sky hole」就要進去鑽一下，感受黑暗與頭上的天光；看到星形迷宮也請務必進去「迷」一下；如果是親子遊，更不能錯過彩色的「天羅地網」、透明的

雕像背後就是畢卡索展館

彩色的「天羅地網」，是雕刻之森最吵鬧的地方

「肥皂泡泡城」，保證你的小孩玩到拉都拉不走。

- **買點吃的來野餐：**如果你嫌園區內畫廊咖啡館所賣的香檳野餐盒太貴，就在登山電車「雕刻の森」車站，到雕刻之森的路上，有一家「かつ平」壽司，它的祕製稻荷壽司，豆皮特別大，吃起來還有沙沙的口感，不但好吃又便宜。帶一盒進去，再加一瓶綠茶，就是標準的日式野餐。
- **泡一下柑橘足湯：**雕刻之森的足湯，是我見過最豪華的足湯，當你脫下鞋襪的那一刻，工作人員就跑到你面前，丟下幾顆橘子，橘皮浸在熱呼呼的湯裡，柑橘的芳香慢慢地飄上來，天然的芳香療法，夠高級吧？而且這是免費的！只不過，柑橘足湯很熱門，不是什麼時候都有位子。

這樣對待「雕刻の森」，其實有點「不敬」，還是好好地欣賞羅丹、亨利・摩爾、北村西望等大師的作品，以及畢卡索的展館吧！

柑橘足湯芳香撲鼻

箱根「雕刻の森」
官網：http://www.hakone-oam.or.jp/
交通：坐箱根登山鐵道，或觀光設施めぐり巴士，在「雕刻の森」下車
票價：1,600日圓，箱根周遊券有折扣

箱根「かつ平壽司」
地址：神奈川縣足柄下郡箱根町二ノ平1143-49（箱根登山鐵道「雕刻の森」站下車，往雕刻之森的方向，走路1至2分鐘）
電話：0460-82-3270，週四公休

在箱根第一家Auberge吃法國料理

Auberge，這種以美食為號召的小旅館，在日本各個山明水秀的度假勝地，已經流行了一段時間；比起一般的歐風民宿，這種冠上Auberge稱呼的民宿，代表著主人對於自己的料理，格外具有自信。

說起日本Auberge的開山鼻祖，是勝又主廚在箱根所經營的Auberge au Mirado（オーベルジュ・オー　ミラドー）。十多年前，第一次來箱根時，就想來試試勝又主廚的手藝，但那時覺得，它的位置實在太不方便了，就打消了念頭，這一次重遊箱根，說什麼都不能錯過！

但是我沒有住在這裡，只在這裡訂了晚餐，最主要的考量是，到達這裡的巴士，是伊豆箱根巴士，不能用箱根周遊券，旅館要出出入入，還是選擇周遊券內交通工具可以到達的旅館，比較方便。

不過，Auberge au Mirado的餐點，絕對值得你克服交通問題，來嚐一嚐。

走的是正式的Fine Dining路線，因為侍酒師長得帥，所以就點了杯香檳來喝，看到開胃小點端上來，墨魚薄餅抹上海膽慕斯，再點綴上各種切得小小的蔬菜，再挑剔的人也會對它產生好感。

最讓我驚豔的，是它的「七彩蔬菜塔」配松露醬。美麗的蔬

Auberge au Mirado像座白色的城堡，吸引日本許多新人喜歡在此辦婚宴

佐咖啡的水果軟糖、馬卡龍、巧克力，每樣都好吃

七彩蔬菜塔佐松露醬

和牛沙朗佐紅酒松露醬汁

菜塔，大約有八、九層，有的切成薄片、有的做成果凍；綠色蔬菜先用鹽水川燙，再擠壓成形，還吃得出纖維，我一層層地吃，一會兒吃嚐它原始的甜味，一會兒沾松露醬，忙得不亦樂乎。

Auberge au Mirado某些菜色，會運用流行的分子料理技法，例如黑色的魚子醬，配上黃色也像魚子醬的東西，正在奇怪那是什麼時，侍者說：「是用海鹽做的！」這樣的搭配方法，確實有趣。

這裡的每一道菜，都好吃得沒話說，鵝肝醬香滑濃郁；炙烤法國龍蝦，散發出令人垂涎的香氣；鰆魚裹上米粉酥炸之後，配上義大利燉飯，飽足感十足，等到主菜的和牛沙朗佐紅酒松露醬汁端上來時，坦白說，我已經吃不下了。

但是後面還有起士車、充滿巧思與創意的甜點、咖啡與各式小茶點……，勝又主廚，我決定投降了！

Auberge au Mirado
官網：http://www.mirador.co.jp/
交通：位於「桃源台」與「箱根園」之間的「湖尻三叉路」，箱根登山巴士沒有到，只能坐伊豆箱根巴士，班次較少
價格：午餐4,400-9,500日圓，晚餐10,000-15,000日圓。另加15%服務費及稅。一泊二食20,000日圓起

Day 2：

仙石原是箱根最有藝術氣息的區域，「玻璃之森」有箱根人氣第一名的早餐，「小王子博物館」與「萊儷水晶美術館」距離很近，午餐到「草庵」來頓創意法式料理，下午去「御殿場」逛outlet，傍晚到蘆之湖畔泡湯。宿：箱根王子大飯店。

玻璃之森，果醬可頌大人氣

一進入箱根玻璃之森（箱根ガラスの森），工作人員遞上你一張折扣券，上面寫著「箱根人氣NO.1朝食」，衝著這句「人氣NO.1」，我坐進了擁有露天座位的餐廳之中。

人氣第一名的早餐，原來是內含果醬的可頌麵包！挑了個草莓口味的可頌，根據野上師傅教我辨別可頌好壞的原則：「可頌是吃脆，不是吃軟。」一口咬下去，這可頌表皮烤得非常酥脆，果然是上乘之作，再配上杯咖啡，這樣的熱量，絕對應付得了接下來的「仙石原藝術之旅」。

玻璃之森擁有所有小資女孩為之瘋狂的元素：甜美的庭園、炫目的威尼斯玻璃工藝品、熱情又逗趣的音樂表演者，還販賣二十種不同口味的自製果醬！

玻璃之森的果醬甜度較低，而且是以加拿大楓糖漿製成，卡路里只有砂糖的三分之一，所以非常受歡迎。我試吃了好幾種，最後挑了純楓糖與芝麻兩種口味，剛好一黑一白，帶回台灣塗吐司吃。

箱根玻璃之森
官網：http://www.ciao3.com/top.htm
交通：坐箱根登山巴士或觀光設施めぐり巴士，在「箱根ガラスの森前」下車即達
票價：1,300日圓，出示箱根周遊券有折扣

在露天咖啡座吃箱根人氣No.1的可頌

玻璃之森內展出精緻的威尼斯玻璃工藝

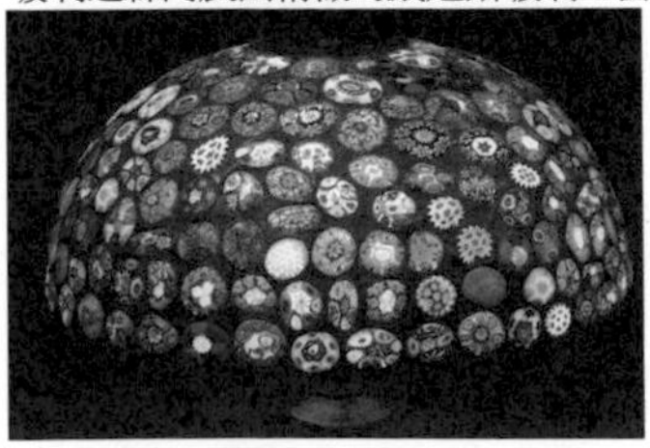

箱根玻璃之森，是小資女所愛的各種元素大集合

萊儷美術館就在「仙石案內所」旁邊

美術館附設的餐廳頗受好評

到萊儷水晶美術館開眼界

法國知名的水晶品牌萊儷（LALIQUE）在箱根有一座美術館，相較於甜美而平易近人的玻璃之森，萊儷水晶美術館顯得更加華貴優雅。

盧內・萊儷（René Lalique）這位在二十世紀初期，風靡了法國上流社會的裝飾工藝家，他的作品，不管是水晶裝飾、香水瓶、珠寶、家居飾品，在那個時代，顛覆了傳統珠寶創作的想像，把蛇、蜻蜓、鳥、蝴蝶等大自然的生物，融入他的設計中，顯得神祕又充滿奇妙的幻想。

在這裡，除了欣賞他各個時期的作品之外，附設的餐廳面對著一大片綠地，午餐也很受歡迎。

比較特別的是，它還有一個「東方快車下午茶」，讓遊客在裝飾著萊儷彩繪玻璃的東方快車號內，享用咖啡、甜點。

但要享受這份華麗，可得在一到美術館時就立刻預約，因為一天只有七個時段，一次限定二十人，時間只有四十五分鐘，索價二千一百日圓，並不便宜。既然當不成貴婦，來喝個貴婦下午茶，也是不錯的。

箱根萊儷水晶美術館
官網：http://www.lalique-museum.com/
交通：搭乘箱根登山巴士在「仙石案內所」下車，就在旁邊；亦可坐箱根觀光設施めくりバス在「箱根ラリック美術館」下車
票價：1,500日圓，使用箱根周遊券有折扣

看見小王子博物館的四個用心

法國童書小王子（Le Petit Prince）是世界最暢銷的圖書之一，故事中那些寓意深長的文字，讓它在全世界擁有不少粉絲。坦白說，我不是小王子的粉絲，但是來到箱根的小王子博物館後，我卻成了小王子博物館的粉絲。

因為它讓人體會到，一個小小的博物館，可以經營得如此用心。

用心一：園區DM，竟然是一朵玫瑰花

玫瑰花是小王子故事中，作者對於愛情的投射，相處時，常常覺得她很煩，但離開了，卻又常常思念她。很多人喜歡小王子與玫瑰花那一段不成熟的感情，但我沒有想到，園區的DM，竟然是一朵玫瑰花，光是打開玫瑰花瓣時，看到那複雜的摺工，真要給它一個讚！

用心二：各種語言的說明書

不是每一個來這裡參觀的遊客，對於小王子的故事都熟悉。但是博物館卻可以讓每一位遊客，都玩得很開心，因為在室內展館的入口，擺放著各種語言的導覽說明書。

一頁頁翻著說明書，依展示編號及參觀順序，帶領你一步步走進作者安東尼．德．聖修伯里（Antoine de Saint-Exupéry）的傳奇人生。走到出口時，隨手一擱，工作人員會把它送到入口處，非常細心。

一進門，就看到小王子站在B612星球上

喜歡下合理命令的國王坐在庭園裡

玫瑰花打開來，就是園區介紹

博物館重現了巴黎街景

用心三：角色與生活展現於室外造景

在庭園裡，小王子旅行時所遇到的各種人物，全部依照作者的繪稿，安靜地身處於庭園一角，宛如置身於故事裡的行星中。

不僅如此，室外的造景，還重現了作者生活的法國街景，有酒館、服裝店……，想讓遊客體驗一下作者的生活。但可惜的是，小酒館雖然是「實景」擺設，但是裡面並沒有賣酒，如果這裡可以喝杯小酒，必然更受歡迎。

用心四：不只是蓋章，還要動手畫

很多景點為了要讓遊客有「參與感」，會設計讓遊客蓋章的遊戲，小王子博物館當然也玩了這一招，但不同的是，在那張圖卡上，它會先畫出其他的部分，然後標出蓋章的位置，你拿到印章後，依指示蓋上去，就完成一幅圖畫；例如，當你走到小教堂時，會發現桌上有一些彩色筆，教你如何在圖卡上畫出故事中的「蛇吞象」。

只可惜，我走到一半，才發現這個好玩的遊戲，卻懶得回頭找尋其他蓋章處，只好留下了一紙殘念……

箱根小王子博物館
官網：http://www.lepetitprince.co.jp/
交通：搭乘往仙石原方向的登山巴士，或是觀光設施めくり巴士，在「星の王子 ミュージアム前」下車即達
票價：1,500日圓，出示箱根周遊券有折扣

要品嚐草庵的料理，可得先爬一段好漢坡

難忘草庵的竹筍昆布飯

仙石原這一帶，美食指數很高。每一個美術館所附設的餐廳，看起來都不錯，但是要吃講究一點的料理，「Auberge 草庵」則略勝一籌。

不過，想要品嚐美食，可得先付出代價。在仙石原與御殿場那條巴士行經的道路上，看到「草庵」的招牌，可別高興得太早，你得先爬一段「好漢坡」，才能吃到草庵精心炮製的料理。

嚴格來說，草庵是間很超值的民宿，以它的料理精緻度來說，一泊二食一萬出頭日圓的價格，確實很吸引人，但可惜的是，它沒有溫泉可泡，是美中不足之處。

草庵提供的是輕鬆的法式料理，但又兼具日式風格，前菜、主菜依道數多寡有不同的價格，但都包含麵包、湯、季節炊飯、甜點、咖啡或茶，所以不用擔心會吃不飽。特別是天然酵母發酵的麵包，吃起來有股淡淡的甜味，總是讓人忍不住多吃一塊。

日本許多介紹箱根的雜誌，常會提及草庵，草庵喜歡用一道美麗的鮭魚蔬菜凍來打動客人，實際品嚐，發現裡面還加了魚子，使得口感更加豐富。

主菜是和牛菲力，搭配薑與洋蔥做成的醬汁，醬汁卻稍微鹹了點，不沾醬，反而更能吃出牛肉的柔嫩，搭配無農藥的蓮藕、蕪菁等蔬菜，又脆又甜。

但是我最難以忘懷的，是它最後上來的「季節の香りご飯」。雖然只是一小口，但是淡粉紅色的竹筍昆布飯，非常香，讓人產生「下次還要再來這裡吃」的念頭，也為這頓飯留下了完美的句點。

草庵的開胃小點光是看就非常可口

竹筍昆布飯只有一小口，卻讓人回味無窮

草庵的前菜喜歡用鮭魚蔬菜凍來打動客人

Auberge 草庵
官網：http://souan-gh.com/
交通：坐箱根登山巴士，或小田急箱根高速巴士，往御殿場的方向，在「乙女口」下車，往仙石原的方向走3分鐘，可以看到「草庵」的招牌
價格：一泊二食10,500-14,700日圓，午餐2,500-6,000日圓，晚餐4,000-8,000日圓

到御殿場瘋狂犒賞自己

御殿場outlet真的很大，二百多個品牌聚集，分成東、西兩區，中間以夢之大橋相連，但是從東區走到西區，就算快走也要十分鐘，四周雖然風景優美，但心焦的shopping殺手，根本沒那個心情欣賞風景，一頭就鑽進降價百分之二十五到六十五的各大品牌店中。

大陸經濟實力的強盛，在此也展露無遺。當我鑽進貴死人的編織包Bottega Venta時，差一點以為自己在上海，耳邊響起的不是日語，是大陸口音，舉目所見，全是大陸貴婦！

旅行時間有限，因此提供幾點逛outlet的心法，供大家參考：

- 不要抱著逛百貨公司的心情閒逛，否則離開時會後悔莫及。
- 一定要拿地圖，對準自己喜愛的品牌前進，否則會多走冤枉路。
- 要想清楚自己想買的是什麼，否則很容易迷失。
- 男裝優於女裝，因男裝流行性沒那麼強，較容易找到喜歡的。
- 女性逛outlet，從皮包、皮件下手，較容易有「收穫」。

御殿場outlet
官網：http://www.premiumoutlets.co.jp/cht/
營業時間：3月-11月 10:00-20:00，12月-1月 10:00-19:00
設施：東區有置物櫃，不用擔心行李寄放。內設多家餐飲店，可解決午餐
交通：在仙石原案內所搭往御殿場方向的巴士，直達outlet門口。在JR御殿場（乙女口）有免費的接駁車來往於outlet之間，車程5分鐘

御殿場outlet是日本規模最大的outlet

「なだ万雅殿」價格還算平價

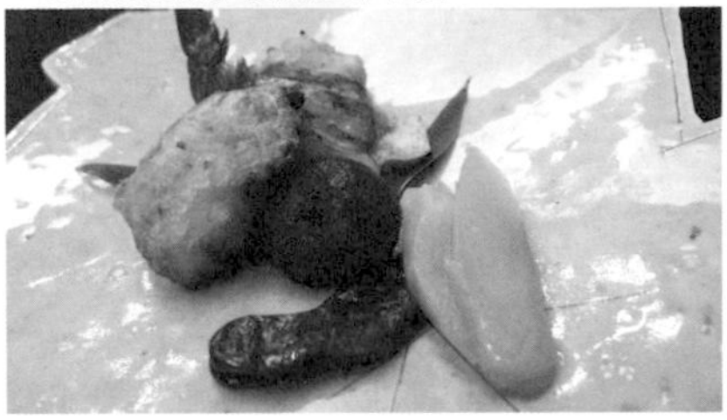

「なだ万雅殿」菜色有老鋪洗練的滋味

蛸川溫泉湖畔の湯，也接受外來客入浴

為了在蘆之湖畔泡湯，所以住The Prince Hakone

Prince Hotel在日本是個龐大的旅館集團，從北海道到九州，有將近五十家，這種觀光大飯店，老實說，我並不太喜歡。但是在箱根的其中一晚，我卻住在The Prince Hakone（ザ　プリンズ箱根）。

就為了想在蘆之湖畔泡湯！它的「湖畔の湯」位置得天獨厚，露天風呂池子很大，坐在裡面，眼前就是蘆之湖；它也開放給沒有住宿的旅客使用，但「箱根園」附近沒什麼景點，很難為了泡湯專程跑來，乾脆就在這裡住一晚吧！

況且它的日式餐廳「なだ万雅殿」，是一八三〇年創業的日本料理老鋪なだ万，而位於東京的本店「山茶花莊」，是日本財政界常去的著名料亭，なだ万也與許多都會區的大飯店，如帝國飯店等合作，但進駐到觀光區的度假旅館，The Prince Hakone卻是第一個，想一嚐老鋪風味，也是我決定入住的原因之一。

或許是配合Prince Hotel比較大眾化的定位，「なだ万雅殿」料理的價格，沒有像料亭的懷石料理那麼貴，相對地，菜色表現也沒有那麼華麗，但還是吃得出老鋪洗練的滋味，頗有物超所值之感。

The Prince Hakone（ザプリンズ箱根）
官網：http://www.princehotels.co.jp/the_prince_hakone/
交通：從「桃源台」搭乘往「箱根園」的伊豆箱根巴士，在「箱根園」下車，穿過商店街即達
價格：一泊二食16,300日圓起
蛸川溫泉湖畔の湯，住宿者免費，非住宿者1,500日圓

Day 3：

若是5月，上午先到「山のホテル」看杜鵑花海，再展開箱根經典行程：在箱根町港搭海賊船遊「蘆之湖」，趁空檔造訪「箱根關所跡」，坐空中纜車到「大湧谷」，最後造訪「POLA美術館」，再返回東京。

五月天，別錯過山のホテル的杜鵑花海

以前從來不覺得杜鵑花漂亮，但是在山のホテル，第一次發現，原來平凡的杜鵑花，也可以很美。

即使是個陰雨天，山のホテル的杜鵑花海仍然吸引了大批遊客，正在煩惱是不是要淋雨看杜鵑，山のホテル的工作人員就拿出了一大堆雨傘，站在門口分發給遊客，真是貼心的服務啊！

山のホテル更令人讚賞的是，它的庭園是免費參觀。在日本，凡是擁有廣大庭園的旅館，總有些來頭，山のホテル本來是三菱集團創辦人岩崎彌太郎的外甥——岩崎小彌太男爵，於一九一一年所建造的別邸，經歷大火、地震，數度重建，直到一九四〇年代才擴建為旅館，成為當時日本上流社會的人士，到箱根遊憩時的住宿。

現在山のホテル屬於小田急集團，記得上一次來箱根住在這裡時，房間與料理都在水準上，唯一的缺點是，溫泉的視野並不開闊，反而是它蓋在湖邊的甜點屋Salon de the ROSAGE（サロン　ド　テロザージュ）在箱根頗富盛名，一邊看著蘆之湖的美景，一邊吃著甜點，是旅遊箱根時一個歇腳的好去處。

山のホテル
官網：http://www.odakyu-hotel.co.jp/yama-hotel/
交通：在「元箱根港」，有送迎巴士，從9:10-17:10，每20分鐘有一班。從「桃源台」、「箱根園」方向過來，有小田急高速巴士可直達，但班次很少
價格：一泊二食18,000日圓起，庭園參觀免費

山のホテル以前是岩崎小彌太男爵的別邸

遊客撐著傘賞杜鵑，乍看下也像杜鵑花一叢一叢的

箱根關所跡，非江戶迷也可進入！

箱根關所跡的「跡」，也就是「遺址」，代表著這個地方，已經沒有地上建築物，現在看到建築，都是根據考古學家調查後重建。德川幕府為了防止叛亂，在箱根設了一道關閘，對於要前往江戶的旅人，若沒有通行令，一律禁止進入，而對於女性，盤查得格外嚴格。當地的考古學家根據文獻資料，重建了檢查出入口、馬廄、射箭場、官員休息所等，展現江戶時代的「箱根關所」面貌，還好，守在門口的售票員沒說：「不是江戶迷，不准進入！」

後方的「箱根關所資料館」，保留了箱根關所跡挖掘及重建的歷程，還展示當時用的通行證、武器等。往恩賜公園的方向走，可以漫步在樹齡超過三百年的古杉林中，體驗一下江戶旅人的心情。

德川幕府在箱根設關所對旅人進行盤查

箱根關所跡
官網：http://www.hakonesekisyo.jp/china_t/main/main.html
交通：坐往「箱根町」方向的箱根登山巴士，在「關所跡入口」下車
票價：關所與資料館共通票500日圓，箱根周遊券有折扣

坐海賊船與空中纜車，賺回箱根周遊券

許多人對於箱根的印象，只有「大湧谷」與「蘆之湖」。這兩個地方是箱根的經典行程，特別是買了五千五百日圓箱根周遊券，不坐一趟九百七十日圓的海賊船，不坐一趟一千三百三十日圓的空中纜車，簡直是對不起這張周遊券。

行駛於蘆之湖上的海賊船，是所有小朋友的最愛，甲板上還有海賊人像，十分具有觀光噱頭。坐海賊船從「箱根町」或「元箱根港」出發，抵達「桃源台」之後，可以接著坐空中纜車到「大湧谷」。大湧谷是古代火山爆發的地熱景觀，濃濃的硫磺味，與陽明山的地獄谷很像；這裡的名產「黑玉子」，是大湧谷的硫磺泉所煮成的溫泉蛋，黑黑的外觀，據說吃一顆就能延年益壽。

蘆之湖海賊船，非常受到遊客喜愛

蘆之湖海賊船航線
箱根町／元箱根港－桃源台

空中纜車車站：桃源台－姥子－大湧谷－早雲山，從早雲山有箱根登山巴士開往強羅
營業時間：8:45-17:15，12月-2月提前1小時於16:15結束，要注意下山時間

森林中的精靈——POLA美術館

二○○二年，日本建築師安田幸一，抱著戒慎恐懼的心情，在箱根完成了POLA美術館；十年後，POLA美術館四周的動植、物，回復了原來的數量，安田幸一終於笑著說：「我可以安心了。」

POLA美術館是日本美妝品牌POLA ORBIS集團第二代鈴木常司四十年的心血結晶，館藏以印象派的作品最受矚目，雷諾瓦的《戴蕾絲帽的女孩》、莫內的《睡蓮》、梵谷的《薊花》……，儼然是印象派的重鎮。不過，POLA美術館從不吝嗇向外借出館藏，所以造訪POLA美術館得有心理準備，若你沒看到你最期盼的作品，它必是正在世界的另一個角落旅行。

不過，千萬別因此就打消了造訪POLA美術館的念頭，美術館的建築，是另一個欣賞的重點。安田幸一說：「建築對大自然的破壞再所難免，所以我只能一邊蓋，一邊對大自然說，對不起！」建造之前，他就做足了環境調查工作，在施工時，為了少破壞幾棵樹，他寧可修改設計圖，每年持續追蹤動、植物的數量，直到回復建造前的數量，他才鬆了一口氣。

POLA美術館大量地使用淡綠色的玻璃，藏身於仙石原人跡罕至之處，像極了森林中的精靈，連等巴士的站牌，都與美術館融為一體，堪稱是箱根最有氣質的巴士站。

POLA美術館
官網：http://www.polamuseum.or.jp/
交通：坐箱根觀光設施巴士，在「POLA美術館」下車
開放時間：9:00-17:00，年中無休
入館料：1,800日圓，出示箱根周遊券有折扣

POLA美術館建築也很值得一看

POLA美術館像森林中的精靈

西伊豆
海浪與漁夫的對決

老人自言自語地告訴大魚：「我必須戰勝你，抓到你！」西伊豆的漁夫，個個都像海明威《老人與海》中，那個與巨大馬林魚對決的老人，正因為他們擁有與海浪搏鬥的毅力，我們才能在西伊豆，享受便宜的海鮮滿喫。

行程重點：

Day1

新宿—修禪寺—新井旅館泡湯午餐—獨鈷之湯—竹林小徑—土肥溫泉。宿：土肥溫泉牧水莊

Day2

西伊豆海岸遊：松原海岸公園—土肥金山—戀人岬—堂ケ島天窗洞遊船。宿：堂ケ島新銀水莊

Day3

松崎散步：海鼠壁街道—民藝茶房—伊豆長八美術館—樹果香味菓子フランボワーズ甜點—返回東京

最適合的季節：

- 秋冬是龍蝦、金目鯛、長腳蟹最肥美的季節
- 修善寺2月有梅花、11月中旬紅葉祭

M型旅遊：

- 在百年歷史的「新井旅館」來個午餐泡湯
- 住日本溫泉旅館100選的「堂ケ島新銀水莊」
- 在松崎漁港大啖海鮮
- 尋訪西伊豆人氣蛋糕「樹果香味菓子フランボワーズ」

交通：

東京駅出發：
- 坐JR特急踊子號，直達修善寺約2小時，自由座4,080日圓
- 先坐新幹線到三島駅，換伊豆箱根鐵道到修善寺駅，共需1小時40分鐘左右，自由座4,390日圓。

Tips:

若從新宿駅出發，可買小田急西伊豆周遊券，三天兩夜，6,670日圓。
坐小田急特急到沼津駅，再坐一站JR東海道到三島駅，轉伊豆箱根鐵道到修善寺駅。
此票僅含新宿到沼津的「去程」，不含回程，故回程可在三島駅，另外付費坐火車或是巴士返回東京。

堂ケ島有許多奇石與松

修善寺溫泉清幽唯美

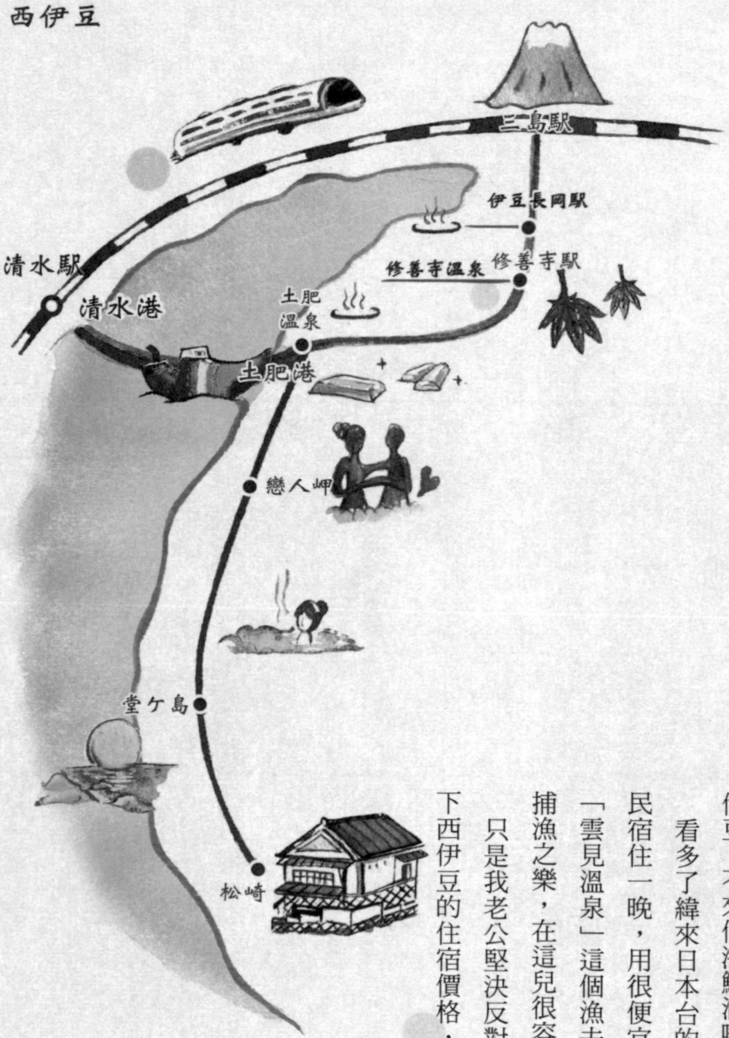

想吃便宜又豪華的海鮮，來西伊豆就對了！

不知道為什麼，想起西伊豆，就想起海明威的《老人與海》。

老人自言自語地告訴大魚：「雖然我替你感到可憐，但是這是一件無奈的事，我必須戰勝你，抓到你，我更必須咬緊牙關，忍受身上的創傷和苦痛，來對付你，不在乎我能支撐多久，只要盡最大的能力！魚啊，我是一個憔悴的老人，希望你不要敗給了我，用你的全力來迎接我的挑戰吧！」

西伊豆的漁夫，個個都有這樣的毅力，他們每天與海浪對決，戰勝它，然後滿載而歸。

因此，在西伊豆的每一天，迎接你的是滿滿的海鮮，每年九月十五日開始解禁捕獲的伊勢龍蝦，十二月到二月的長腳蟹，夏天產卵期與冬天最肥美的金目鯛，還有會跳舞的鮑魚！在西伊豆，不來個海鮮滿喫，簡直對不起漁夫，更對不起自己。

看多了緯來日本台的漁夫民宿，本來到西伊豆，很想去漁夫民宿住一晚，用很便宜的價格來享受很豪華的海鮮，特別是在「雲見溫泉」這個漁夫民宿的集中地，想要體驗電視中的出海捕漁之樂，在這兒很容易就實現。

只是我老公堅決反對出海，因為他會暈船，再仔細查詢了一下西伊豆的住宿價格，發現一件奇怪的事，漁夫民宿的價格，不見得比西伊豆的日式溫泉旅館便宜！

以相同的價格來比較，海鮮的「豪華程度」，絕對是漁夫民宿勝出，但以住宿的設施來說，漁夫民宿通常是簡單的榻榻米房間，頂多只有室內溫泉，偶有幾家有包租式的露天風呂，沒有view。

其實西伊豆每一間日式溫泉旅館的晚餐，都少不了金目鯛、龍蝦、鮑魚，還會推出特價的住宿方案，甚至比某些漁夫民宿還便宜，既然如此，何不選擇住起來比較舒服的溫泉旅館？

還有另外一個「高檔享受，低價消費」的方法。

在修善寺溫泉鄉裡，聚集了不少風情獨具的溫泉旅館，例如夏目漱石曾經住過的「湯迴廊菊屋」、有能劇舞台的「あさば」、文化財之宿「新井旅館」、曾經是東京高級住宅區白金台著名料亭所經營的「柳生の庄」……，這些旅館固然魅力無限，但動輒三、四萬日幣一晚的住宿消費，實在令人肉痛。

好在這幾年，修善寺溫泉鄉的旅館，開始把自家的露天風呂開放出來，讓非住宿客人在中午到下午三點以前進來泡湯，不但不會打擾到住宿旅客，旅館也可多一份收入，有些還提供午餐或晚餐＋泡湯的組合。

十年前，來修善寺時，住在百年歷史的「新井旅館」，開啟了愛上日本溫泉旅館之窗，這回重遊修善寺，發現「新井旅館」也推出了「午餐＋泡湯」的方案，五千六百七十日圓，換個時間來消費，立刻省下將近二萬元日幣，當然要推薦給大家。

堂ケ島的龜島、蛇島，剛好成一直線

Day 1：

在東京車站坐9:00的踊子號，11:08抵達修善寺駅，把行李放在置物櫃，看好前往土肥溫泉的東海巴士的時間，坐8分鐘的巴士到「修善寺溫泉」，逛逛修禪寺、獨鈷之湯、竹林小徑，回到修善寺駅後，前往土肥溫泉。宿：土肥溫泉「牧水莊」。

修禪寺，源家的悲劇舞台

「咦，巴士站牌的位子怎麼改了？」十多年前來修善寺溫泉，巴士站牌就在「修禪寺」前，一下車，眼前佇立的就是伊豆千年古剎「修禪寺」，那種清幽寧靜的震撼感難以言喻；十多年後，再訪修禪寺，巴士站牌已悄悄地移到旁邊，要先穿過兩旁的商店街，才能來看「修禪寺」。

由弘法大師開創的修禪寺，是見證鎌倉幕府敗落的悲劇舞台。源賴朝死後，他的長子源賴家繼任為二代將軍，源賴家的專斷獨行，危害了外公北条時政家族的利益，源賴家為了反擊外公，結合了他的岳父比企能員家族的勢力，想要討伐北条家。沒想到，北条時政可不是省油的燈，乾脆把比企能員一家殺光，連源賴家的兒子源一幡也殺掉了，源賴家遭北条時政廢黜，還把他流放到修禪寺中幽禁起來，隔年，再派刺客暗殺源賴朝。

源氏一族曾經被囚禁在修禪寺的，還不止是源賴家。源賴朝的異母弟弟源範賴，也因為被源賴朝猜忌，懷疑他有謀反之心，而被送到修

即使遊人如織，修禪寺環境仍然清幽

禪寺幽禁，直到源範賴死去。叔姪兩人相繼被流放於此，至今在修禪寺的周圍，還可以看到源賴家與源範賴之墓。

深秋的修禪寺紅葉絕美，有「東海第一園」之稱的方丈庭園，平時不對外開放，但會在每年的十一月底，開放十天讓遊客參觀。除此之外，每個月二十一日，從早上七點半開始，修禪寺內會舉行「弘法市集」，讓當地的農家來此擺攤，可以買到伊豆著名的山葵、椎茸、玄米等，如果你造訪時湊巧是這個時間，記得在中午以前，趕快去帶些土特產品回家吧。

眾目睽睽下，誰敢泡千年靈泉？

站在桂川畔，你會看到河中央有一個小亭子，那就是著名的千年之湯「獨鈷之湯」。

傳說中弘法大師來到桂川時，看到一位孝子用河水為患病的父親洗澡，弘法大師深受感動，隨手便用自己的法器「獨鈷」，往旁邊的石頭一敲，石頭碎了，具有療效的溫泉立刻湧出，讓孝子以溫泉替父親洗身，最後治癒了年邁的父親。

雖然日本泡湯文化中，男女混浴在所多有，但這麼眾目睽睽之下，再大膽的人也不敢在此脫光光地泡「獨鈷之湯」，不過，脫下鞋襪在此泡腳者，倒是不少。

修禪寺
官網：http://shuzenji-temple.com/index.html
交通：在「修善寺溫泉」下車，徒步5分鐘
開放時間：8:30-16:30，參觀無料，要參觀寶物館需付300日圓，方丈庭園200日圓

獨鈷之湯
交通：在「修善寺溫泉」下車，走路5分鐘，泡湯無料

眾目睽睽之下，「獨鈷之湯」只好變成足湯

修善寺駅≠修善寺溫泉

當你從伊豆箱根鐵道的最終站「修善寺駅」下車時，別心急，這裡並不是散步的起點，想要造訪修禪寺、獨鈷之湯、竹林小徑等，得到距修善寺駅10分鐘車程的「修善寺溫泉」。

不過，修善寺駅是伊豆的交通中樞，旁邊的巴士站路線很多，分別開往中伊豆的天城山、河津七瀑，或是西伊豆的土肥、堂ケ島、松崎，所以建議行李可以放在修善寺駅的置物櫃，雙手空空，輕鬆地去「修善寺溫泉」散步吧！

修善寺的竹林小徑清幽唯美，許多人常拿來與嵐山的竹林作比較

修善寺溫泉，詩情畫意散散步

修禪寺周圍，是修善寺溫泉鄉散步路徑的起點，造訪修善寺溫泉清幽雅緻，十年後舊地重遊，雖然多了些商店，顯得熱鬧了些，難得的是，還是保留了當年的雅緻風韻。

修禪寺前面就是桂川，橫亙在桂川上，有渡月橋、虎溪橋、桂橋、楓橋、滝下橋，這五座橋，被稱為「戀愛五橋」。紅色小橋兩旁的樹木，在春夏是清涼的綠，到了深秋，變成色彩繽紛的紅葉，無怪乎所有戀人到此，都想手牽手漫步其間。

越過桂川往山上走，是「指月殿」、「源賴家之墓」、「十三士之墓」，指月殿是北条政子替兒子源賴家祈求冥福所建，面對自己的父親把自己的兒子流放在此，並且下令暗殺他，北条政子心中的悲傷，恐怕難以想見。如果不往山上走，沿著桂川而行，會來到「竹林小徑」，這一片竹林雖小，卻維護得很整齊，許多遊客走到竹林，常會想起京都嵐山的竹林，也因此稱這裡為「小京都」。

修善寺也是許多文人墨客的療癒之所，不只是澄明心靈的療癒，也是身體的療癒。夏目漱石因為胃潰瘍住在「菊屋旅館」養病，那一句「仰臥人如啞，默然看大空，大空雲不動，終日杳相同」，充滿對病痛及生命的省悟。作家島木健作也因為胸部疾病，到修善寺療養了一段時間，當時，他在桂川畔看到一隻奮力渡河的青蛙，最後氣力用盡被河流吞噬，讓他覺得與病痛纏身的自己很像，便以此題材寫下遺作《赤蛙》，滝下橋旁的「赤蛙公園」即源自於此。

想要了解修善寺與這些文人墨客的淵源，參加「新井旅館」的文化財導覽，就能讓你在最短的時間內，來一場修善寺文學洗禮。擁有百年歷史，現在已被指定為文化財的新井旅館，芥川龍之介在「月の棟」，足足住了一個月，寫下《溫泉だより》、《新曲修善寺》；影響日本近代書畫甚劇的橫山大觀更厲害，住在「霞の棟」，把另一間「山陽莊」當作畫室，畫下許多富士山的水墨畫。

我十年前第一次來修善寺，就住在新井旅館，對於它迴廊式的設計，每間客房都能看到美麗的庭園印象很深刻，傳統的老鋪旅館，謹守著讓客人在房間用餐的傳統，料理也十分美味。除了饒富野趣的露天溫泉外，室內溫泉「天平大浴場」是在一九三四年建成，裡頭所用的檜木，還是從台灣運來的。

幾年前日本發生大地震，從電視畫面中看到新井旅館遭到損壞，老闆娘還難捨地流下淚來，如今看到新井旅館恢復原來的面貌，還開放預約「文化財導覽」及「日帰り溫泉套裝行程」，顯然是從重創中站起來了！

如果是二月、三月來，建議你走到遠一點到「梅林」，步道沿著山坡而建，兩旁是上千株的紅梅與白梅，把空氣都染成粉紅色了。梅林的盡頭是「虹之鄉」，把歐洲庭園與日式庭園一網打盡，四季皆有花可賞，只不過，虹之鄉占地頗大，沒有半天時間，絕對逛不完。

新井旅館
官網：http://www.arairyokan.net/
交通：從修善寺溫泉巴士站牌下車，沿桂川而行，走路8分鐘
價格：一泊二食2,200日圓起，文化財導覽1,500日圓（10:00/15:00/16:00，16:00僅針對住宿客人）午餐＋泡湯5,800日圓，晚餐＋泡湯17,000日圓

重建後的新井旅館，仍然洋溢著老鋪風味

不是戀人也可走一下「戀愛五橋」

百年古木站在野天風呂中

「白鳥啊，你不寂寞嗎？染不上天空的青，海水的藍，獨自飄盪」，這是熱愛旅行、美酒、大自然的歌人，若山牧水著名的和歌《白鳥は》。

整個土肥溫泉唯一的一座銅像，就是在松原海岸公園若山牧水的銅像。若山牧水的家鄉遠在九州的宮崎縣，他又不是土肥當地人，為什麼在市中心，竟會為他豎立起一座銅像？

原來若山牧水自從三十三歲時，第一次來到土肥溫泉，在他四十三歲過世以前，十年裡，因為旅行待在土肥溫泉的時間，超過一百天，有感而發寫下的和歌，至少超過一百五十首。

在一個地點待這麼久，如此龐大的創作量，可見得若山牧水有多麼喜歡土肥溫泉，土肥溫泉當然以此為榮，甚至於，當年若山牧水最常下榻的旅館，乾脆把自己的名號改為「若水荘　土肥館」。

能夠吸引文人如此頻繁地留宿，這間旅館必有過人之處。果然，「若水荘　土肥館」不但擁有西伊豆最大野天風呂，風呂中，還有一棵樹齡高達一百年以上的古木，直挺挺地站在風呂中，毫不客氣地把池子隔成了兩半；這個野天風呂很大，從泉源處流出來的

樹齡超過一百年的古木，把露天風呂隔成兩個湯池

洞窟風呂有美肌之效，無奈溫度實在太高

晚餐的生魚片，豪氣地是一條海鮮船

旅館免費提供天草給客人品嚐

水溫，與池子尾端處的水溫，竟然存在明顯的溫度差。

露天風呂採男女每日替換制，另一個露天風呂，除了擁有庭園景色之外，還多了一個洞窟風呂，洞窟風呂中的泉質，具有美肌效果，無奈溫度實在太高了，泡不了多久，我就「逃」了出來。

在露天風呂的入口處，旅館還提供客人免費品嚐伊豆名產「天草」，這種從海藻萃取出來做寒天的原料，吃法有些特別，不加黑糖蜜，反而加黑醋，害我只吃一小碗，就投降了。

「若水莊　土肥館」的晚餐，把西伊豆的豪邁顯露無遺，光是生魚片，就是一艘海鮮船，僅此一味就讓人覺得不虛此行，更不要說，長腳蟹、酒蒸鮑魚、鮮蝦豬肉鍋，還接二連三地端上來。

以若山牧水的名字命名，「牧水莊　土肥館」裡，特地闢了間展覽室，展示若山牧水在大正、昭和年間，在此使用的家具與手稿等，在日本，跟著文學家住旅館，果然品質有保障！

牧水莊　土肥館
官網：http://www.toikan.com/index.html
地址：伊豆市土肥289-2（從修善寺駅坐東海巴士，在「中浜」下車，走路3分鐘
價格：一泊二食8,190日圓起

Day 2：

西伊豆海岸周遊：早餐後將行李放在旅館櫃台，徒步到「松原公園」、「土肥金山」，坐巴士遊完「戀人岬」，再返回旅館拿行李，坐巴士赴「堂ケ島」，趁傍晚前搭船遊「天窗洞」。宿：堂ケ島新銀水莊。

土肥溫泉有個世界第一的大花鐘

聽說土肥溫泉有個「世界第一的大花鐘」，還真想見識這花鐘究竟有多大！

「世界第一的大花鐘」就位於靠近海邊的松原公園，一九九二年，土肥溫泉用了一萬朵花，來布置這個直徑三十一公尺的大花鐘，最後終於得到金氏世界紀錄的認證。

土肥溫泉其實並不大，從任何一間旅館，散步皆可達松原公園，花鐘的另一頭，就是土肥溫泉的地標「黃金の湯」。

這溫泉的溫度，還真不是普通的高——五十七點八度，把腳放進去，連五秒鐘都很難忍耐；或許是因為這樣，「黃金の湯」除了「足湯」之外，還多了個「手湯」，讓遊客泡手，但是手湯的溫度也一樣那麼高，只要五秒鐘，全身就熱呼呼了。

土肥溫泉的湯量非常豐富，泉質對於神經痛、五十肩都很有效，因此這裡溫泉旅館林立，但畢竟西伊豆交通不是那麼方便，所以土肥溫泉街並不十分熱鬧。

土肥溫泉「松原公園」
交通：從修善寺駅坐東海巴士，在「土肥溫泉」下車即達，參觀無料

「黃金の湯」溫度高達57度

「世界第一的大花鐘」位於靠海邊的松原公園

坑道內「黃金鳥居」貼滿了金箔，耀眼奪目

江戶時代礦工們在坑內工作，也不忘泡湯洗去一身疲憊

土肥金山淘金去

距離土肥市中心步行約十五分鐘的「土肥金山」，從江戶時代開始就是伊豆的採金地，一九六五年因礦量枯竭封山，但日本人腦筋動得快，僅僅過了七年，就把原來的採礦坑道重新整理變成觀光坑道；沒了金山，索性來發觀光財，如今的土肥金山，已成為西伊豆知名度頗高的觀光景點。

進入坑道，假人像演繹著江戶時代礦工們的生活，除了採礦、搬運等粗重的工作之外，居然還有「坑內風呂」，可見得泡湯這件事，在日本社會中，是多麼重要。

坑道內最醒目的是「黃金鳥居」。三位職人花了四天的時間，把原來坑道中「山神社」鳥居，由從頭到腳全部貼上金箔，使得土肥金山更加貴氣逼人。

「黃金館」裡有一塊二百五十公斤的大金磚，可以讓遊客伸手觸摸，其實這塊金磚本來只有二百公斤，自從台灣金瓜石的黃金博物館推出二百二十公斤的大金磚之後，土肥金山不甘示弱，把它換成二百五十公斤，硬是要保持世界第一大金塊的地位。

最後來到「淘金體驗區」，幾個大人童心未泯地在那兒淘金，篩啊篩，看了半天，怎麼只有砂，沒有金？

土肥金山
官網：http://www.toikinzan.com/
交通：坐東海巴士在「土肥金山」下車即達；從土肥市中心步行至「土肥金山」，約15分鐘
營業時間：9:00-17:00，淘金體驗9:00-16:20
門票：840日圓，淘金體驗需另外付費600日圓

戀人岬，對著大海大聲呼喊「我愛你」

從土肥金山坐東海巴士到「戀人岬」的時候，在車上看到一對老夫婦和一對年輕的男女，心裡猜著：「他們應該也是要去戀人岬吧？」果然，巴士一到戀人岬，老夫婦與年輕男女，魚貫下車。

戀人岬有個好名字，因此不論年紀是老是少，總是這樣吸引人。

年輕女孩穿著白色的洋裝，一路上和男友牽著手，踏著輕快的腳步往前走，那是青春無限的戀情；老夫婦沒有手牽手，他們戴著帽子、水壺，配備很齊全的模樣，一前一後，沿著「富士見散步道」慢慢走，那是由戀情昇華成相互扶持的感情。

沿著山勢逐步往下，步道盡頭才是戀人岬。每走一步路，我就慶幸行李放在旅館裡，寧可浪費一點時間，多花一趟的車錢再回去土肥溫泉，否則扛著行李走這段步道，那還不叫苦連天了？

「戀人岬」有兩個展望台，一個是「金之鐘」展望台，人還沒走到金之鐘，就聽到它噹噹作響；原來，在戀人岬敲鐘，可是有規矩的：

第一敲，讓自己的心靈平靜。

第二敲，在心裡呼喊著對方。

第三敲，向大海許下兩人愛的誓言。

另一個是「愛之鐘」展望台，敲鐘的方法與「金之鐘」一樣，但此處的戀人雕像，是戀人岬的標幟。天氣晴朗時，站在展望台上，還能看到富士山，只可惜此刻天公不作美，沒能看到碧海藍天相伴的富士山，旅行，總是會有那麼點遺憾。

戀人岬，不論年紀是老是少，每年吸引25萬遊客造訪

要走15分鐘的富士見步道才會到達戀人岬

「金之鐘」的石像很可愛，來此記得敲三下

入口的花圃也要種成心形

戀人岬的入口，有一個戀人岬事務局，花五百日圓可以做一張「戀人宣言證明書」，如果你想在這裡結婚，放心，「戀人岬事務局」還能承辦結婚儀式。

戀人岬是個用盡全力表現「愛」的地方，花圃要把花種成心形、菩薩要叫「幸福地藏大菩薩」，什麼都與「戀愛」有關，不得不佩服西伊豆發展觀光的心思，難怪戀人岬一年可以吸引超過二十五萬名遊客！

戀人岬
官網：http://koibito.toi-onsen.com/
交通：從土肥溫泉坐東海巴士，約20分鐘在「戀人岬」下車，走15分鐘的富士見步道，盡頭即是「戀人岬」
開放時間：9:00-17:00（賣店，事務局）

堂ケ島啊——堂ケ島呀堂ケ島——

徘句名人松尾芭蕉在遊歷松島時，面對松島灣的景色，吟了一句：「松島啊——松島呀松島——」（原文：松島やああ松島や松島）。

這流傳至今的名句，是芭蕉被松島的美景震懾住，找不到適當的語言來形容眼前美景的「無語之作」。

堂ケ島，有「伊豆的松島」之稱，與松島景色很相似，奇岩異石所形成的大小島嶼，彷彿是海上仙山。

不知道芭蕉看到堂ケ島的美景，是不是也會詠歎：「堂ケ島啊——堂ケ島呀堂ケ島——」？

在「堂ケ島」巴士站牌一下車，就到達搭乘遊覽船的碼頭。等待搭乘遊覽船時，趁空走上旁邊的階梯，從上往下望，龜島、蛇島剛好連成一直線，乳白色的灰岩與松樹，也是一幅美麗的圖畫！

來堂ケ島，千萬不要錯過搭乘遊覽船，除了可以親近海上仙山之外，還可以進入天然紀念物「天窗洞」。

天窗洞其實是長年受到海浪拍打，所形成的海中洞穴。二十分鐘的船程，先在附近的海面上繞一圈，遊覽船開進天窗洞前，好幾次都以為船身會與岩壁Kiss到，但都有驚無險地，被船長高超的技術化解。

進入了天窗洞，碧綠的海水、黑漆漆的岩壁，天光從洞頂貫穿下來，氣氛非常神祕。

堂ケ島遊覽船
官網：http://www.izudougasima-yuransen.com/
交通：從土肥溫泉搭東海巴士，約45分鐘到「堂ケ島」巴士站，下車即達遊覽船乘船口
營業時間：天窗洞遊覽船8:15-16:30，每10-15分鐘一班船，航行時間約20分鐘
票價：1,100日圓

堂ケ島的奇岩異石，是西伊豆著名的美景

大小島嶼宛如海上仙山

晚餐的視覺效果與美味度都不錯

坐在大廳即可享受堂ヶ島美景

堂ヶ島新銀水莊的露天風呂

堂島新銀水莊，「日本百選溫泉旅館」服務沒話說

對於所謂的「日本百選溫泉旅館」，我一直沒多大好感，總覺得它觀光味太重，但是堂ヶ島幾乎都是這種大型的觀光飯店，那麼索性就挑曾經入選日本百選溫泉旅館的「堂ヶ島新銀水莊」，至少在食宿方面有一定的保障。

實際入住堂ヶ島新銀水莊，發現它的服務品質，確實沒話說。

服務人員不但英語流利，當我沒帶鑰匙又忘記房號時，走到櫃台，服務員還沒問我的名字，馬上就記起我check in時的房號；當我要外出去搭遊覽船，工作人員立刻開車送我下山，並且給我一張寫了旅館電話的小卡片，還不斷叮嚀說，回旅館是上坡路，起碼要走十五分鐘，太辛苦了，只要打一通電話，馬上就會派車來接。

堂ヶ島新銀水莊每天起碼接待上百位客人吧，能提供這樣的服務，難怪會入選日本百選溫泉旅館。

房間能看得到無敵海景，餐點不論美味度與精緻度，都還算不錯，若真要挑剔，唯一不夠滿意的只有露天風呂，坐在池子中，視線僅能觸及圍籬，需要站起來才能看到美景。

吃完飯坐電梯回房，遇到一群日本歐吉桑，剛從宴會場出來，每個都喝得臉紅紅的，肩上還掛著一條小毛巾，大夥兒嘰嘰喳喳地哼著歌，往露天風呂的方向前進，這就是日本歐吉桑的溫泉之旅啊！

堂ヶ島新銀水莊
官網：http://www.dougashima-newginsui.jp/index.html
交通：從「堂ヶ島」巴士站牌往土肥方向走15分鐘，14:00以後有送迎服務，直接打電話0558-52-2211
價格：一泊二食11,000日圓起

Day 3：

從堂ケ島坐巴士到松崎，展開「松崎町」散步，先逛海鼠壁街道，在「民藝茶房」午餐，續往伊豆長八美術館，吃完「樹果香味菓子フランボワーズ」甜點，再回堂ケ島旅館拿行李，心滿意足返回東京。

日劇最愛取景的閒散小鎮——松崎町

如果你想要感受日本漁港小鎮的風情，西伊豆南部的松崎町，絕對會讓你感覺到什麼叫「閒散」。

距離堂ケ島約十分鐘車程，松崎町，迄今為止，至少有二十三部日劇及電影來此拍攝取景，其中最著名的是二〇〇四年純愛日劇《在世界的中心呼喊愛》，與松本清張的懸疑推理劇《砂之器》、《鬼畜》。

不實地走訪，很難了解松崎的魅力，而松崎的魅力，也不是一下車就會立刻感受到。

不過就是海鼠壁的建築嘛！這是一種明治時期在沿海地區，為了防潮、防火，在外牆接縫處補上白色灰泥，形成菱形花樣的建築工法，「明治商家中瀨邸」四周，保留了較完整的海鼠壁街道，固然很有歷史氣息，但，有這麼值得大驚小怪的嗎？

事實上，松崎的魅力，可不僅僅是「海鼠壁街道」。沒什觀光客的街道、那賀川的寧靜、停泊在港口無所事事的漁船、食堂裡到下午三點還在聊天的客人、隱藏在住宅區內與世無爭的美味甜點……

在松崎，時間彷彿是靜止的……

這種閒散感，不好好走一圈，是感受不到的。

「明治商家中瀨邸」保留著完整的歷史氣息

松崎 西伊豆

松崎町
官網：http://izumatsuzakinet.com/
交通：從「堂ヶ島」坐巴士10分鐘，在「松崎町」下車，班次很多

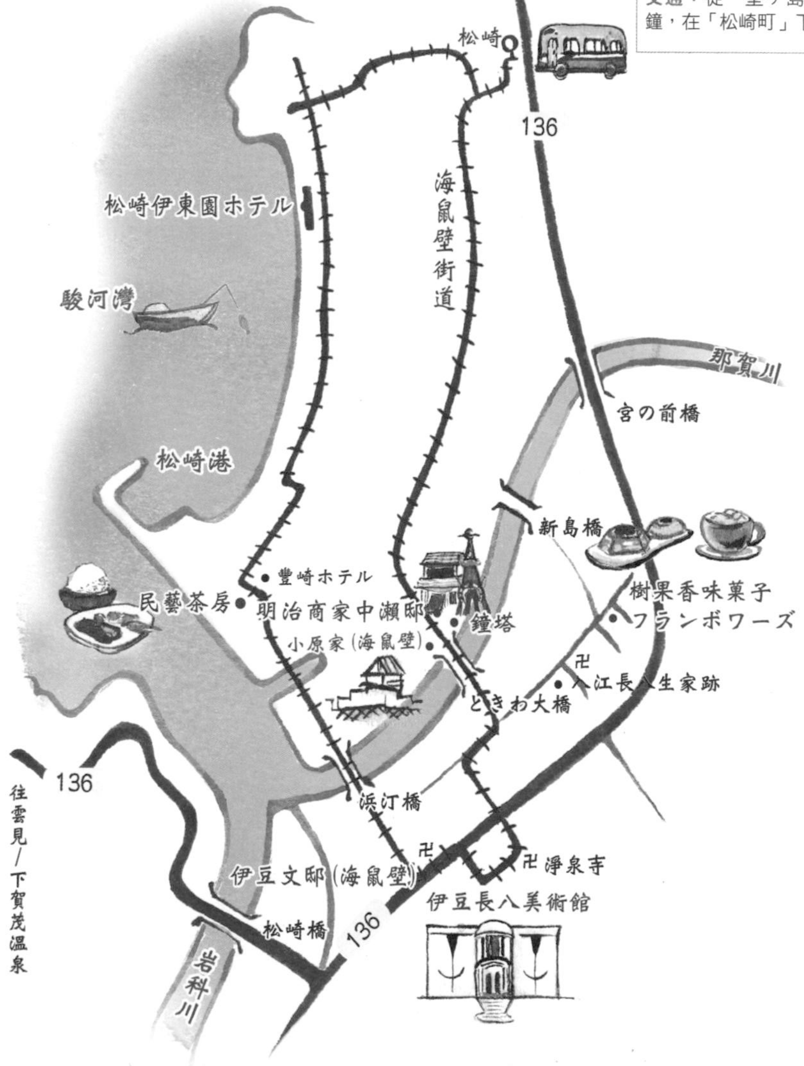

松崎的建築仍可看到傳統的漆喰技法

小原家海鼠壁建築很完整

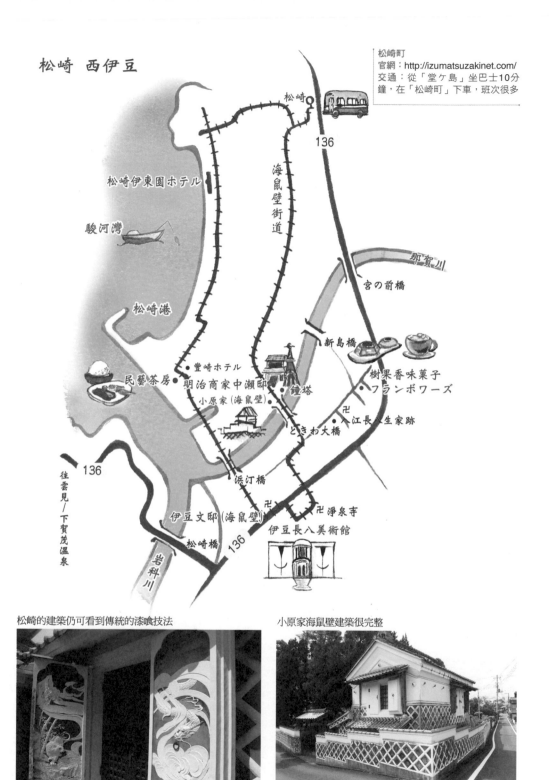

民藝茶房，下午吃海鮮的大有人在

原本以為松崎沒什麼人，但踏進「民藝茶房」，哈！莫非人都跑來這裡了？民藝茶房是豐崎旅館直營的餐廳，一如其名，原木桌子充滿了民藝風格，由於靠近漁港，這裡的地魚料理新鮮至極，最有名的是「ひもの定食」（魚乾定食），用炭火烤的自家製一夜干，油脂豐富；綜合炸物裡的魚、蝦也很新鮮；每一種定食，還附三種小菜、白飯與味噌汁，分量之大，價格之便宜，很難不讓人心動。

奇怪的是，這裡的客人就算吃完了飯，也都不急著走，一直在漫談聊天；或許，人一到了松崎，什麼事都變得不重要起來了。

民藝茶房
官網：http://www.toyosaki-hotel.jp/mingeisabou/
交通：靜岡縣賀茂郡松崎町松崎495-7（坐巴士在松崎下車，往松崎港的方向走，在「漁協直賣所」旁邊）
營業時間：7:30-20:30，無休
價格：ひもの定食1,050 日圓，綜合炸物1,260日圓

ひもの定食一份有兩片魚干

綜合炸物分量多得驚人

靠近漁協的「民藝茶房」，風格非常民藝

長八美術館入口中庭融合當地海鼠壁特色

伊豆長八美術館造型獨特

今天的「怪」，是明天的「美」？

老實說，我真的看不懂「伊豆長八美術館」，這棟建築到底是「美」在哪裡？但是，它真的得到具有日本建築界芥川賞地位的「吉田五十八賞」。

我很仔細地閱讀簡介：現代風格的建築，以阿罕布拉宮為雛形，白色的牆壁，卻融合了當地海鼠壁，外牆還運用了土佐漆喰的技法，製作出細緻的浮雕，正好切合美術館主題人物、擅長漆喰藝術的職人藝術家，入江長八的作品。

好吧！結合現代風格與當地建築特色，還要融入美術館代表人物的精神，這份強烈的設計企圖，確實難能可貴，或許是我沒有慧根，我只覺得這幢建築好怪！

其實，看「怪」建築，也是旅行一個重要的目的，誰知道今天的「怪」，會不會是明天的「美」？

美術館的內部，展示著入江長八許多漆繪名作，由於作工非常細緻，參觀時，要先在門口借放大鏡來觀賞，才能看得仔細。

長八美術館不遠處，另有一座「長八紀念館」，日式風格的建築，展示著入江長八名作「雲龍」。

伊豆長八美術館
交通：從東海巴士「松崎」站下車，走路20分鐘
開放時間：9:00-16:00
入館料：500日圓

長八紀念館
官網：http://www.chouhachi-mh.com/index.html
交通：從「伊豆長八美術館」走路2分鐘
開放時間：9:00-16:00
入館料：500日圓

吃柚子果凍前要先把蓋子皮用力擠出汁液來

フランボワーズ堅持用當地水果做蛋糕

フランボワーズ室外庭園綠意盎然

在意想不到的地方，也有好菓子吃

在日本，總是在你意想不到的地方，會遇到好吃的甜點。

松崎町已經是個小地方，「樹果香味菓子フランボワーズ」又開在住宅區的巷子裡，但是推開門進去，冰櫃內放著二十多種蛋糕，任君挑選，每一款蛋糕，僅看外觀，絕對不輸百貨公司裡的名店。

瞥見店內後方，有一個綠意環繞的庭園，原木大桌就放在屋簷下，桌上還留著前一組客人的餐具，老闆娘不好意思地收拾起杯盤，想想，在這裡吃蛋糕喝咖啡，松崎的生活，還真是讓人羨慕啊！

點了個用柚子（ゆず）皮盛裝的果凍，老闆娘教我，吃之前要把柚子皮蓋用力擠一擠，融合了香氣的汁液，灑在果凍上，芳香撲鼻；另一塊蛋糕，底層是巧克力，中層是香草，最上面覆著橘皮；フランボワーズ在松崎町已開業超過三十年，一直堅持用當地的水果來做甜點，不但受到當地人喜愛，也吸引觀光客千里尋蹤前來品嚐。

老闆娘聽說我是從台灣來，興奮地講起她的父親也去過台灣，還稱讚台灣的東西很好吃；不過，老闆娘，我覺得妳的蛋糕比較好吃耶！

樹果香味菓子フランボワーズ
地址：松崎町宮內23（從松崎巴士站走路10分鐘，沿136線道走靠近「福祉センタ」，穿進住宅區內的巷子裡，外觀為白色日式房子
營業時間：9:00-18:00，無休
價格：單片蛋糕250-500日圓

東伊豆

舞孃來不及泡的溫泉

「我眺望著她雪白的身子，它像一棵小桐樹似的，伸長了雙腿，我感到有一股清泉洗淨了身心，深深地歎了一口氣，嗤嗤笑出聲來。她還是個孩子呢。」這是川端康成《伊豆的舞孃》中舞孃泡湯的一幕，少年與舞孃在下田分道揚鑣，東伊豆美麗的湯泉，舞孃還來不及享受呢！

行程重點：

Day1
東京—熱川「錦」海鮮蓋飯—下田散步—河津Bagatelle公園—伊豆高原駅。
宿：赤澤溫泉旅館
Day2
伊豆高原駅—城崎海岸線散步—伊豆四季花公園—川奈駅。宿：月之兔
Day3
川奈駅—伊東駅—大室山—伊東松川遊步道—なぎさ公園—東京

最適合的季節：

- 2月有河津櫻，第二個週日有大室山燒山祭
- 3月底4月初，伊豆高原櫻花盛開
- 5月下田了仙寺茉莉花盛開，第三週的週五到週日是黑船祭
- 6月下田公園繡球花季

M型旅遊：

- 吃堆得像座小山的竹莢魚蓋飯「錦」
- 住美妝品牌DHC打造的「赤澤溫泉旅館」
- 住夢幻名宿「月之兔」

交通：

- 從東京駅坐JR特急踊子號，直達熱川4,880日圓，到下田5,480日圓
- 先坐新幹線到熱海駅，換JR伊東線到熱川4,860日圓，到下田5,460日圓

Tips:

購買JR東日本的「JR關東地區通票」，含伊豆急行線8,000日圓，三日有效

月之兔是超級夢幻名宿

大室山上的「八ケ岳地藏尊」為往來的漁船祈禱

一次住兩個絕景露天風呂之宿

「忽然從微暗的浴場盡頭，有個裸體的女人跑出來，站在那裡，做出要從脫衣場的突出部位跳到河岸下方的姿勢，筆直地伸出了兩臂，口裡在喊著什麼。她赤身裸體，連塊毛巾也沒有。這就是那舞孃。我眺望著她雪白的身子，它像一棵小桐樹似的，伸長了雙腿，我感到有一股清泉洗淨了身心，深深地歎了一口氣，嗤嗤笑出聲來。她還是個孩子呢。」

這是川端康成《伊豆的舞孃》中舞孃泡湯的那一幕。十年前第一次去伊豆，是為了走川端康成筆下「踊子的步道」，還特地去湯ケ野的「福田家」住了一晚；與川端康成泡同一個溫泉，看山口百惠拍攝的劇照；安排一場與文學家相遇的旅途固然很美好，但是，走踊子步道的經驗實在太慘烈……

中伊豆「踊子的步道」從天城山到湯ケ野，我已經先坐巴士從步道中途下車才開始走，旅遊書說三小時左右的路程，我卻足足走了

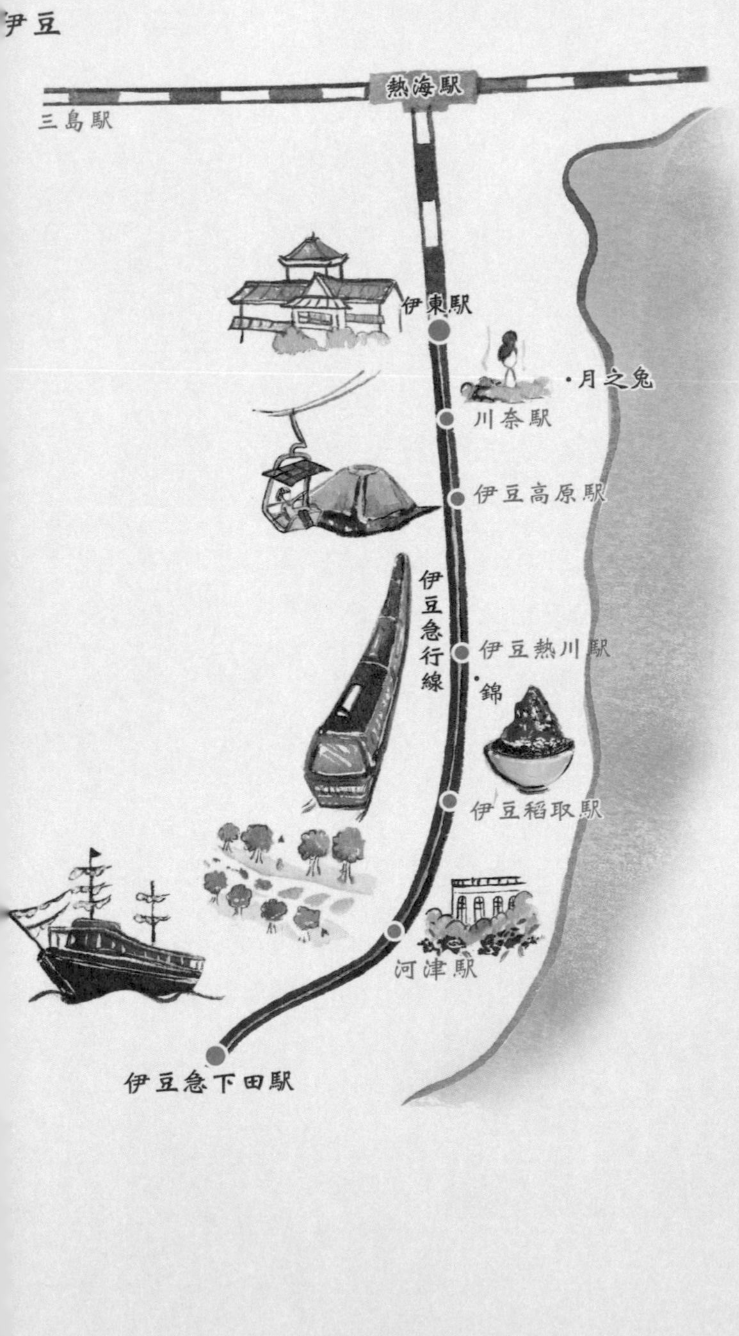

五個多小時，最後看到「福田家」時，簡直感動地快要哭出來。那一晚，小腿硬得像石頭，找人來按摩按得我吱吱叫，還是消除不了痠痛。

但那一次的中伊豆＋東伊豆之旅，泡溫泉的享受卻讓我回味無窮，少年與舞孃最後在下田港分道揚鑣，我從下田開始接續他們未完的行程，把東伊豆的海岸線輕輕鬆鬆走一遍，泡舞孃還來不及泡的溫泉。

更何況，我早想住進靠近伊東的「月之兔」多年了！那是我心目中「一輩子一定要住一次的旅館」，眼看著它的房價，從一人一泊二食三萬日圓出頭，一步步漲到四萬多日圓，再不住，不知要飆漲到什麼地步！一圓入住月之兔的夢想，成了此行最奢華的享受。

日本美妝品牌ＤＨＣ在伊豆高原有一個專屬的溫泉鄉「赤澤之里」，住一晚美妝品牌所經營的度假村，應該是個新鮮的體驗。「赤澤之里」有兩家旅館，收費較高的「赤澤迎賓館」，日式風格固然優雅，但泡湯的視野卻不如價格較低的「赤澤溫泉ホテル」，一望無際的露天風呂，顯然比優雅的日式房間更令人心動，加上「月之兔」已經讓荷包大失血，東伊豆的另一晚，當然要選C/P值較佳的「赤澤溫泉ホテル」。

如果舞孃生長在現代，她一定也會後悔，怎麼沒有泡到這兩個絕景露天風呂呢？

西伊豆＋東伊豆，最少得五天四夜

伊豆半島好玩的地方實在太多了，三天兩夜遠遠不足夠，如果想把東、西伊豆繞一圈，至少得五天四夜，可以接續從上一個西伊豆的行程，在堂ヶ島坐東海巴士，不到1小時即達下田。

若要遊大範圍的伊豆，請務必購買伊豆Dream Pass（伊豆ドリームパス），它有三種路線：

・山葵路：中伊豆＋東伊豆，從「修善寺」開始，到「伊東」止。（3日有效，6,500日圓）

・富士見路：從三島駅開始，經修善寺到土肥，坐渡輪過駿河灣到「清水港」（2日有效，4,640日圓）。

・黃金路：西伊豆＋東伊豆，從「土肥」起，到「伊東」止（3日有效，5,890日圓）。

若想從西伊豆玩到東伊豆，只要買黃金路三日券，再加買第一天到土肥的車資（修善寺—土肥1,280日圓），與最後一天從伊東返回東京的車資即可。

伊豆Dream Pass：http://www.izudreampass.com/
購票地點：清水港乘船處、東海巴士案內所（伊東駅、修善寺駅、三島駅）、伊豆急行線（伊豆高原・伊豆熱川・伊豆下田）、伊豆箱根鉄道（伊豆長岡駅・三島駅）

Day 1：

從東京駅坐9:00的JR特急踊子號，11:20到達伊豆急熱川，去人氣名店「錦」吃海鮮蓋飯，轉往伊豆急下田開始「開國之路」散步，造訪有茉莉花寺之稱的「了仙寺」、「培利路」，也可以去搭「黑船」，到伊豆高原駅的赤澤之里前，別忘了先去河津駅的「Bagatelle玫瑰園」。宿：赤澤溫泉旅館。

像座山的竹筴魚蓋飯

剛好前一晚在旅館看電視，一個日本旅遊節目恰巧正在介紹伊豆半島，其中有一段介紹熱川的人氣餐廳「錦」；看到餐廳門口大排長龍，許多外地遊客慕名而來，全都只是為了那碗像山一樣高的竹筴魚蓋飯！

從熱川駅下車走過來，只等了二組客人，就有位子了，運氣還算不錯，而且坐在吧台，剛好可以看到老闆拿著菜刀，快速地剁、剁、剁……，把竹筴魚剁得碎碎的，加了蔥花與味噌醬，快速地把竹筴魚肉攪拌入味，然後開始「塑形」，那堆疊得像山一樣高的竹筴魚蓋飯，就端到我的面前來。

這「竹筴魚山」高聳到稍微動一下，就會崩塌，白飯上面還鋪著海苔，筷子夾一大口，送入嘴裡，嗯——確實新鮮肥美，難怪「錦」會吸引這麼多客人。

「錦」供應的可不止是竹筴魚蓋飯，菜單上還有各式各樣的海鮮丼，看得我眼花瞭亂，這也想吃、那也想吃，真不知該如何選擇。

氣人的是，隨飯附送的海藻味噌湯，那海藻，多得像是不用錢似的！

錦
官網：http://www.izu-nishiki.com/
地址：靜岡縣賀茂郡東伊豆町奈良本971-35（從伊豆急熱川駅走路5分鐘）
營業時間：11:30-14:30，17:30-20:30，週四休
價格：竹筴魚蓋飯1,575日圓，綜合海鮮丼2,940日圓

竹筴魚肉混合了味噌醬，新鮮肥美

老闆快速剁著竹筴魚肉

美國敲開了日本的大門，讓下田具有改變日本的歷史地位

到下田體會坂本龍馬的驚心動魄

很難忘記福山雅治所演的坂本龍馬，在看到黑船時的那一幕。

黑船的巨大，像吐著蒸氣的怪獸，坂本龍馬看著自己手中的劍，不禁懷疑：「這把劍，如何能夠與巨大的黑船相抗衡？」他問自己，就算劍術已練得登峰造極，但世界早已產生巨變，這樣一來，苦心練劍十年，豈不白費了？

讓龍馬下定決心，改變志向的地方，就是下田。

一八五三年，美國東印度艦隊司令馬休培利（Matthew Perry）率領了四艘軍艦，駛入了江戶灣，要求日本門戶開放，培利的軍艦，船身塗滿了黑色，日本人因此稱它「黑船」；「黑船來航」時，整個江戶城一片混亂，不過，碰巧幕府將軍德川家慶在此時病死，讓幕府找到了藉口，暫不允諾培利的要求。培利不死心，隔年再來，這回培利帶領了七艘黑船，恫嚇之意更甚，迫使幕府接受開國的要求，最後終於在下田簽訂了日美《下田條約》；不久之後，日本相繼與俄國、英國、荷蘭也簽訂條約，從此以後，日本打開了門戶，迎接西方的思想、軍事與工業，日本的「開國」，可以說，是從下田開始的。

日本各級學校在校外教學時，喜歡帶領學生走一趟下田的歷史街道，直到今天，下田的街道上，一邊還懸掛著日本國旗，另一邊則懸掛著美國國旗。

寶福寺，當龍馬決心脫藩時，就是在這個地方，與正要前往江戶的土佐藩主山內容堂告罪，希望取得他的諒解；也就是在這裡，龍馬巧遇了引領他走上維新之路的老師勝海舟，所以寶福寺，也被稱為是「坂本龍馬飛翔之地」。

走一趟「下田開國博物館」，裡面保留著培利、哈里斯等人，當年在下田的生活物品、文史資料與黑船的模型，雖然博物館設備有些老舊，但對幕末歷史有興趣的人，可以來看一看，感受那時的黑船事件，對於日本人的衝擊有多麼大。

下田街道的人孔蓋，也是黑船的標幟

寶福寺
官網：http://www4.i-younet.ne.jp/~hofukuji/home.html
交通：從伊豆急下田駅走路5分鐘
開放時間：8:00-17:00
入館料：400日圓

下田開國博物館
官網：http://www.shimoda-museum.jp/
交通：從伊豆急下田駅走路8分鐘
開放時間：8:30-17:30
入館料：1,000日圓

寶福寺被形容為坂本龍馬的飛翔之地，他在此正式脫藩

「下田開國博物館」有著海鼠壁的外牆

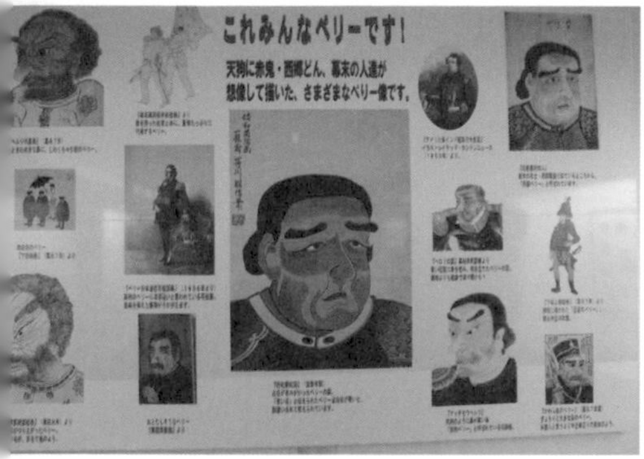

日本人對培利的各種描繪

5月的了仙寺，開滿了美國茉莉花，香氣很濃

了仙寺美國茉莉花開滿園

五月來下田，只要靠近「了仙寺」，一股香氣撲鼻而來，白紫相間的美國茉莉花開滿園，因此，了仙寺還有一個很美的暱稱，叫「茉莉花寺」。

細心一點的人會發現，了仙寺的寺徽，是德川家的家印——三葉葵，可見了仙寺與德川家具有相當的淵源。傳說在大阪夏之陣的時候，德川家康患了眼疾，在家臣的推薦下，這裡曾經為德川家康祈求眼疾早日痊癒，等到德川政權穩定後，當時的下田奉行就在此創建了仙寺，得到德川幕府所授予的朱印狀。

但讓了仙寺在歷史上占有一席之地的原因，不是替德川家康的祈願，而是在一八五四年，成為日本與美國簽訂《下田條約》的地點。

或許是為了紀念條約的簽訂，占地並不大的了仙寺，栽種了一千株以上的美國茉莉花，紫、白相間的花朵，花形與香氣都與我們常見的茉莉花不太一樣，比較濃豔些，五月盛開的時候，大老遠就聞到它的香味。

旁邊的「寶物館」，有當時日本人所描繪的培利畫像，有些把培利畫得怪模怪樣，足見當時日本民間，對培利是多麼懼怕；寶物館內還有一整個牆面，描繪了唐人お吉一生被命運擺弄的故事。

看到一群學生來此校外教學，盡做些怪動作來拍照，頓時感到，古老的了仙寺，突然之間年輕了起來。

了仙寺
官網：http://www.izu.co.jp/~ryosenji/
交通：從伊豆急下田駅走路15分鐘
開放時間：8:30-17:00
入館料：寶物館500日圓，參拜免費

短短培利路，處處皆故事

柳樹、平滑川、石板路、傳統日式房屋，這幾個元素構成了「培利路」。它很短很短，不張望、不亂逛，十分鐘就走完了，但這條路，卻是下田最有江戶風情的地方。

當年美國東印度艦隊司令馬休培利，就是走著這條路，打開了日本的大門，今天的培利路，看不出當年帶來的巨大衝擊，留下來的，只有寧靜。

培利路的兩旁有一些手信店、工房與餐廳，但這些現代氣息的商店，並沒有讓這條路變得喧鬧；兩個外國人，大剌剌坐在店家據橋而設的帳棚裡，絲毫不在意旁人的眼光。

培利路附近有一個免費的小足湯，讓人想起培利在他的《日本遠征記》中，曾經對於江戶時代日本錢湯男女混浴的情景，表達嚴厲批判的態度，他認為：「男男女女每個人都光溜溜、一絲不掛地洗澡沐浴，不得不讓人懷疑，這街上老百姓的廉恥心何在？」包括培利在內，許多外國人都對於混浴文化大加撻伐，以至於明治初期，日本政府乾脆下令嚴禁錢湯男女混浴。

培利路的盡頭，有一座江戶時代遺留下來的大炮，旁邊一個老婆婆手中拿著自己種的迷你紅蘿蔔，引起來此校外教學的小學生圍觀；培利路，果然處處皆故事！

培利路
交通：從伊豆急下田駅走路15分鐘

手信店、餐廳，絲毫不破壞寧靜的氣氛

培利路是下田最具江戶氣息的地方

很多遊客來下田，都要搭黑船過過癮

下田公園的開國紀念碑

下田港灣，漁夫載著漁貨回航

以前來黑船，現在看漁船

培利路的盡頭，往山邊走，是下田公園；六月的下田公園，山上開滿了紫陽花，還有一座「開國紀念碑」，山下的港口，在培利上岸的地點，則豎立了一座「培利艦隊來航紀念碑」。

沿著海岸走，停泊了一艘艘的漁船，歷史的氣氛頓時散去，取而代之的是漁港氣息；轉入「ひもの横丁」，下午時分，雖然太陽還很大，店家卻已把曬魚干架收起，看不到曬魚干的景觀，空氣中卻藏不住那股魚腥味。

下田內港的另一頭，是魚市場與搭乘黑船的碼頭，許多遊客來下田，喜歡搭一下黑船過過癮。如果你以為在黑船上，會看到打扮成培利模樣的人，可就大錯特錯了，巡遊下田港的黑船，可以看到寢姿山的全貌，航行至下田水族館的位置就折返，所以繞行一周約二十分鐘。

黑船碼頭的對面，是黑船ホテル。天海佑希主演《Around 40》，劇中那個擁有無敵海景的套房，就是在此拍攝。

黑船遊覽
交通：從伊豆急下田駅走路20分鐘，或坐巴士在「戸ケ浜」下車
營業時間：9:10-15:30，約半小時有一班，航行一圈約20分鐘
票價：1,000日圓

公園種滿了各式各樣的玫瑰

淹沒在Bagatelle公園的玫瑰花海裡

河津是日本櫻花最早報到的地方，每年二月開始，冬天的腳步還未遠離，河津川畔的櫻花就已展露春天的氣息。

一般櫻花的花期極短，多半在一週左右，但河津櫻卻與眾不同，粉紅色的河津櫻，是緋寒櫻與大島櫻交配的品種，開花期長達一個月，此時的櫻花祭，擠滿各種攤販，把河津妝點得熱鬧非凡。

趕不上二月初至三月初的櫻花祭，也沒關係，緊接著登場的是玫瑰。距離河津駅車程十分鐘的Bagatelle公園，從四月到七月的春玫瑰，與十月到十一月的秋玫瑰，讓Bagatelle公園一年有兩個花期，可以欣賞玫瑰。

與法國巴黎的Bagatelle公園合作，河津的Bagatelle公園，展現了浪漫的法式風格，從入口處的Food Shop、Café、販售盆栽的小商店、香水工房，幾幢藍瓦白牆的小洋房圍在一起，形成一個可愛的小廣場。

爬到玫瑰園山坡上的小報亭，向下一看，這才發現玫瑰園是法式幾何形的庭園，紅的、黃的、粉紅的、白的、橘的……，根本數不清這裡究竟有多少種玫瑰？其間還隱藏不少極為珍貴的品種。

其實無需細究哪一種比較嬌貴，在這裡只要做一件事：

淹沒在玫瑰花海裡，就對了！

河津櫻花祭
官網：http://kawazuzakura.net/
交通：從河津駅出來，到河津川畔遊步道，是主要賞花路線
夜櫻：19:00-21:30

Bagatelle花園
官網：http://www.bagatelle.co.jp/index.html
交通：河津駅出口有接駁車直接到花園門口
開放時間與票價：
4/28-11/30開花期 9:30-16:30 1,000日圓，12/1-4/27非花期 9:30-16:00 500日圓

竟然發現除了玫瑰以外的花朵

園內有些珍貴品種的玫瑰

小報亭洋溢著異國氣息

販賣各式商品的洋房，形成一個小廣場

站在小報亭往下望，才發現這是一個幾何式的花園

DHC美肌之宿，住一次可泡四回

在眾多美妝品牌中，我不是DHC的愛用者，但是對於一個美妝品牌，在伊豆經營起自己專屬的度假村，卻極有興趣。

伊豆的「赤澤之里」，是DHC集團從二〇〇一年開始，一步步擴建出來的溫泉鄉，三間不同定位的旅館各成一區，彼此又以接駁車相連。

最高級的「赤澤迎賓館」，洋溢著傳統日式旅館的風格，附近有保齡球館、網球場、室外泳池，最特殊的是有一座深層海水SPA館，設計了許多水中運動與SPA療程，除了美肌之外，還可以減肥。

中檔次的是「赤澤溫泉旅館」，旅館裝潢風格並不華麗，有一點國民旅館的味道，卻匠心獨具地營造各種不同的泡湯環境；旅館本身有四個露天風呂供男女分開使用，旁邊還有一幢「日帰り溫泉館」，住宿客人可以從走專屬通道，免費到「日帰り溫泉館」來泡湯。

第三個「赤澤合宿所」，收費最低，是提供學生或一般企業員工研修所用，可能是顧及住這兒的研修者，身心都很疲勞，所以旁邊有一幢泰式按摩館，加上合宿所沒有提供餐飲，所以附近還有一間「居酒屋赤澤亭」。至於泡湯，就要搭接駁車去日帰り溫泉館，還好接駁車完全免車資。

我愛泡湯，所以選的是中檔次的赤澤溫泉旅館，入住之

赤澤溫泉旅館，露天風呂視野非常開闊

和洋式的房間很寬敞

後，發現它C/P值超優。

除了大廳略為樸素之外，和洋室的房間空間非常大。更讓人驚訝的是，它的餐點，滋味並不輸高檔的日本料理，無論是前菜、生魚片、お椀、煮物、烤物、炸物、食事……，不但善用伊豆的山海味，而且吃起來「感覺」熱量不會太高。

更有趣的是，在自助式的早餐中，每一道菜的旁邊，都掛著一個小牌子，告訴你這道菜的熱量是多少；而且，光是魚，就提供了鮪魚生魚片、烤紅鮭、西京燒、紅燒金目鯛等四種不同的口味。

當然，最大的享受還是泡湯！傍晚先到「日帰り溫泉館」的露天溫泉；吃完晚飯後，再泡旅館的露天岩風呂；早上醒來，再到旅館頂樓泡展望風呂；連泡三回還不夠，旅館工作人員告訴我：「check out之後，你在伊豆玩一玩，還可以再回來，到日帰り溫泉館，免費再泡一次喔！」

住一次連泡四回，肌膚不美也難。

早餐美味又重視熱量

生魚片非常新鮮美味

赤澤溫泉鄉
官網：http://top.dhc.co.jp/akazawa/index.html
交通：在伊豆高原駅南口，有免費的接駁車，從8:50-23:05，每隔15-30分鐘，就有一班車往來於伊豆高原駅、深層海水館、赤澤溫泉旅館
赤澤溫泉旅館價格：一泊二食17,500日圓起

Day 2：

今天的重頭戲是入住夢幻名宿「月之兔」，所以行程不能排太多。到城崎海岸駅下車，走「櫻並木通」展開城崎海岸踏青，一直走到「伊豆四季花公園」後，坐巴士返回伊豆高原駅，再坐火車到「川奈」，下午三點準時入住奢華旅館月之兔。宿：月之兔。

城崎海岸櫻並木通，街道香房屋美！

城崎海岸駅，是伊豆急行線上最可愛的車站！

整座車站全都是用木頭所建，黃褐色的原木、頭上的天窗與吊燈，這到底是車站還是某個人的家啊？車站的「待合室」，綠色小盆栽放在桌上，書架上有幾本描述城崎海岸的文庫本，說這兒是間書房，我一點也不會懷疑。

車站出來，走到「櫻並木通」，雖然造訪時是五月，櫻花早就沒了，但是新綠的街道，透出一股令人愉悅的氣息，走著走著，咦，為什麼空氣中這麼香？

分辨不出這香味，是來自於路旁的小花，還是來自於每戶人家花園，但是這一段櫻並木通，兩旁的別墅，每一幢都蓋得別緻有趣。

我像個貪心的小孩，猛窺人家的別墅花園，猛吸空氣中的清香。城崎海岸櫻並木通，誰說一定要有櫻花才美？

櫻並木通兩旁是一幢幢別緻的別墅

城崎海岸駅，是棟原木打造的木屋

櫻並木通，春天是粉紅色，夏天則是綠色通道

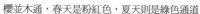

你守護著漁船，我守護著你——城崎海岸散步趣

櫻並木通的盡頭，不是城崎海岸散步道的入口，而是散步道的中段，「門脇吊橋」與「門脇燈塔」。

如果是從城崎海岸散步道的入口，走完全程約需一小時四十分鐘，從中段開始走，一來沒那麼累，二來也不會錯過最大的景點——「門脇吊橋」與「門脇燈塔」。

「門脇吊橋」與「門脇燈塔」相隔不遠。白色的「門脇燈塔」有十七公尺高，守護著往來漁船，燈塔樓下的阿伯，守著燈塔守著海，彷彿與世無爭。

但是讓人走來心驚膽跳的，則是「門脇吊橋」。懸掛在兩個斷崖，僅能容下一百人的吊橋，走起來還搖搖晃晃，低頭一看，下面就是藍色的大海，白色的浪花拍打著岩壁，膽子小一點的人，還不敢走過去呢！

老松、奇岩、懸崖、浪花，城崎海岸散步道走來十分有趣

白色的門脇燈塔，守護著往來漁船

吊橋與燈塔

這一片由大室山噴發的溶岩，經過海浪長年累月地拍打，所造就的刻痕，是絕美的景觀。蒼勁的老松，一點也不在乎海風，步道綠樹成蔭，走個三十分鐘，不會太累，就是步道盡頭「伊豆四季花公園」。

如果看膩了城崎海岸的浪花，「伊豆四季花公園」倒是可以買張票進來逛一下，色彩繽紛的花圃，把海岸點綴得比較甜美，花圃沿著山坡而建，有一點仿照淡路島安藤忠雄所設計的百段苑，那是一個可以看到海的花園，整年都有不同的花相伴。

我去的時候是五月底，伊豆四季花公園有一片繡球花園，很受觀光客喜愛，買票進門時，賣票的工作人員直說：「現在繡球花還沒開喔！還要再過二個禮拜。」深怕我沒看到繡球花而失望，其實沒看到繡球花也沒關係，其他五顏六色的花朵，也很美啊！

城崎散步路線
交通：從城崎海岸駅下車，沿櫻並木通到門脇燈塔，往伊豆四季花公園的方向，走林中步道，約20-30分鐘抵達。

伊豆四季花公園
官網：http://izushikinohana.com/
交通：從伊豆高原駅坐巴士10分鐘
營業時間：3月-10月 9:00-17:00，11月-2月 9:00-16:00
入園料金：500日圓

伊豆四季花公園，美麗的海洋花園

伊豆四季花公園的花圃有點像淡路島的百段苑

海面上浮起的島嶼是伊豆大島，這景色值得讓荷包失血

月之兔，一生要住一次的旅館

「輪船開出下田的海面，伊豆半島南端漸漸在後方消失，我一直憑倚著欄杆，一心一意地眺望著海面上的大島。我覺得跟舞孃的離別彷彿是很久很久以前的事了。」川端康成在《伊豆的舞孃》中，是這樣描述著少年與舞孃分別的心情。

不到下午四點，我的身體已經泡在月之兔（月のうさぎ）的露天風呂中，前方的海面上，就是少年在輪船上眺望的伊豆大島，我沒有少年離別的悲傷，只有浸泡在溫泉裡的，純然的愉悅。

月之兔這種夢幻旅館，check in時間從下午三點開始，如果你四點以後才到，絕對是大損失。

多年以前，我在雜誌上看到一張照片，那是一個房間內的庭園露天風呂，泡在湯池裡，望出去，視線與海平面同高，是零遮蔽的無敵海景；因為這張照片，我就下定決心，一定要去那家旅館住一晚。

有一些住過月之兔的朋友回來之後說，月之兔腹地小、設施少，附近又不能散步，住在裡面實在有點無聊。實際造訪，確實如此，比方說，月之兔通往每一個房間的竹林很美，但是沒走幾步路，房間就到了；再比方說，這類高檔溫泉旅館常設有圖書室或販售紀念品的商店，月之兔的販賣部設在主屋的天花板夾層，但商品實在很少，五分鐘就看完了。

但是這些都不重要，我就是愛它綠草如茵的草坪，那海天一色

燈籠是月之兔的標誌

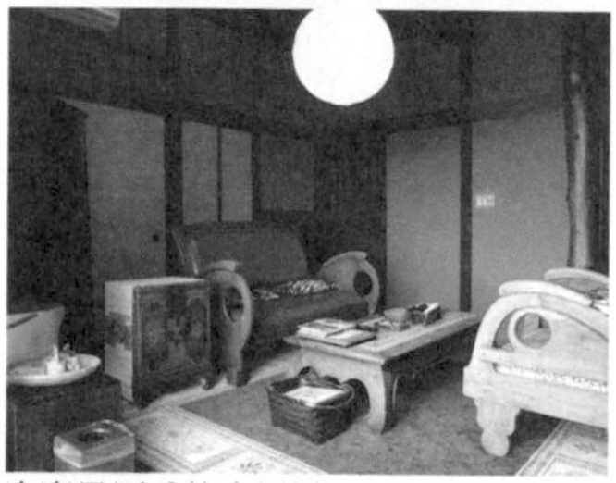

客廳是厚重的古民風

走進竹林，就是「月之兔」

的露天風呂，泡完湯，或在躺椅上小憩一下，或坐著發呆，住在月之兔，我把睡覺吃飯以外的時間，都花在這院子裡。

只有八間客房的月之兔，每一間都是獨棟villa，古民風式的建築，顯得有些厚重，房間內提供四款不同的茶葉以及各色浴衣，供客人選擇享用。

月之兔另一個很美的地方，是它的餐點，菜單上，完全沒有寫你將會吃到什麼，但每一道菜的名字，卻充滿了對伊豆的各種想像。

「狩野川支流」是讓所有饕客夢寐以求的香魚，每年五月二十五日，是狩野川香魚解禁的日子，月之兔在五月底立刻端上來招待客人。「眼海の漁火」則是沙西米金目鯛三味，以魚肉、帶魚皮的魚肉、沾上味噌醬的魚肉，讓你品嚐伊豆名產金目鯛的原始滋味。

當我看到「西伊豆」的名稱，立刻猜出它應該是龍蝦與鮑魚，果不其然，用「焜爐」直接炭烤的龍蝦與跳舞鮑，是西伊豆最豪華的海鮮，但令人洩氣的是，鮑魚此刻非產季，所以個頭有點小。至於那道叫「富士山」的菜，類似溶岩燒，當然，在月之兔，用的和牛等級比一般溶岩燒所用的牛肉，高級許多。

月之兔的早餐，光是用「看」的，就令人賞心悅目，我把溫泉蛋打進野菜沙拉裡，拌點胡麻醬，果然是一天的元氣來源！一夜干雖不大，但油脂豐富，油豆腐咬一口，高湯四溢，最有趣的，則是「自己動手做豆腐」。

其實說「自己動手做」，也有點太抬舉了，就是等到豆乳煮滾了之後，加入準備好的鹵水，如此這般而已。但是看到豆乳慢慢地凝結，一點一點地凝固起來，煞是有趣。

舀起豆腐時，我不小心舀到底下的湯汁，吃了一口，「哇！好苦啊——」原來不小心喝到了鹵水。於是我小心地舀一杓豆腐，盡量濾掉汁液，不加醬油，不放任何配料的豆腐，先吃豆腐原味，淡淡的豆香，在嘴裡慢慢地擴散開來……，再舀一杓豆腐，加一點點醬油、蔥花、鰹魚花，又是另一種滋味。

check out的時候，我有一個感覺，月之兔，是一間給愛侶住的旅館，它的設計，幾乎是讓你除了吃飯以外，所有的時間都待在房間裡，那不是專為愛侶設計的，是什麼？

「月之兔」距離最近的川奈駅，車程要十五分鐘，但是這樣頂級的旅館，居然沒有免費的接送服務，這也是我對月之兔唯一不滿意的地方。

「月之兔」
官網：http://www.tsuki-u.com/open.html
地址：靜岡縣伊東市富戶1299-3
交通：坐伊豆急行線，在「川奈」下車，坐計程車約15分鐘
價格：一泊二食42,735日圓起

「西伊豆」果然是跳舞鮑及龍蝦

月之兔的早餐，令人賞心悅目

泡完湯，可小憩一下

Day 3：

拖到check out時間11:00再離開月之兔，到伊東駅坐巴士去「大室山」坐纜車，返回伊東後，遊「松川遊歩道」，欣賞「東海館」，繼續往海邊走，到「なぎさ公園」欣賞美麗的海邊雕塑，走「海岸通」時，別忘了欣賞路邊的魚干秀。若無法配合特急踊子號時間，可至「熱海」換新幹線返回東京。

長得很好笑的大室山，四分鐘直上山頂

「大室山」就像一個倒扣的綠碗一樣，乖乖地坐在那裡，一動也不動。

在車站看到海報上大室山的模樣，竟然長得如此好笑，忍不住想要去一親芳澤，而且它的登山纜車，是那種較不具包覆感的纜車，應該很刺激。

只不過，這纜車是兩人座，多一個人坐在身邊，多了份安全感。坐在纜車上的時間只有四分鐘，還沒開始感到害怕，人已經到了山頂。

大室山如此平滑的草地，其實是每年二月第二個星期天燒山的成果；四千年前噴發的火山口，現在成了一個天然的射箭場，山頂上有一條步道，可以沿著火山口的邊緣走一圈，只不過，山上風好大，要是風再大一點，搞不好會骨碌骨碌滾下山？

步道有兩列奇特的佛像，一列是三百多年前就安坐在此的「五智如來地藏尊」，許多人特地來此供奉，目的是為孩子祈求一生無風無雨；另一側是「八ケ岳地藏尊」，保佑著伊豆的漁船，無災無難。

大室山
官網：http://www.i-younet.ne.jp/~oh-murol/index.html
交通：在伊東駅坐往「シャボテン公園」方向的東海巴士約40分鐘，在「シャボテン公園」下車，走路1分鐘即到達纜車乘車處
營業時間：9:00-16:15（因季節而異，此為最早打烊時間）
纜車票價：500日圓（來回）

兩人座的纜車比較有安全感

在車站看到的海報，大室山就像一個倒扣的綠碗

松川遊步道，是一條文學步道

東海館現在看起來還是很氣派

每走幾步，就是木下杢太郎的作品

在松川遊步道，與木下杢太郎相遇

在松川遊步道，我認識了木下杢太郎。

木下杢太郎，出身於伊東的一位醫學教授，他同時也是一位詩人、劇作家、美術研究者，一個如此多才多藝的文人，難怪伊東人如此引以為傲，願意把伊東最美的一條步道，獻給了他。

沿著松川遊步道慢慢走，每隔幾步路，就是一幅木下杢太郎的繪畫；再走幾步，看到的是他的徘句，一條松川遊步道，竟出現了木下杢太郎十幾幅作品，或是與他相關的介紹。

步道另一頭，隔著松川，對面就是鼎鼎大名的「東海館」，這家從昭和三年開始就經營的木造溫泉旅館，還是非常氣派地佇立在松川畔。

當初打造東海館的老闆，本身就是個木材商人，所以東海館內所用的木頭，都是極其名貴的檜木、松木，現在東海館已經改為文化設施，但溫泉池還是在週末假日開放給大家來泡湯。

東海館

交通：從伊東駅走路約10分鐘，可達松川遊步道與「東海館」

開放時間：9:00-21:00，每月第三個週二休

入館料：200日圓。泡湯僅週六、週日及假日開放，泡湯費500日圓

海岸通沿路都是賣魚干的店家，成了不折不扣的魚干道

なぎさ公園是伊東市民的休憩之所

重岡健治的作品，好像特別適合放在海邊

伊東海岸通，雕刻公園魚干道

從東海館一直往海邊走，過了大馬路，松川的出海口就是「なぎさ公園」。

なぎさ公園像個戶外的雕刻公園，咦，這裡的雕像風格，怎麼與西伊豆「戀人岬」的雕像那麼類似？

沒錯，なぎさ公園裡的雕像，與戀人岬的一樣，都是出於伊東雕刻家重岡健治之手。重岡健治以「家族」為題所創作的雕刻，收置於這座海濱公園，讓這裡不但成為伊東市民的休憩場所，也為古老的溫泉鄉，增添了些許藝術氣息。

沿著「海岸通」返回伊東駅，哈，原來這條海岸通，竟然是條不折不扣的「魚干道」！

櫛次比鱗的魚干店，堂而皇之地把曬魚干的架子，就放在路邊，海風與陽光，成了它們的養分。我好奇地看著架子上的東西，才知道，原來店家曬的食物，並不只有魚，還有干貝與烏賊。

魚干的日文叫「ひもの」。「ひ」是太陽，也就是日曬的意思，「もの」則是「東西」，換句話說，「ひもの」其實是指「運用日曬的方法所做成的東西」，以文意推斷，魚，只是所曬的食物中最為常見的一種，那麼看到店家還曬其他食物，也就不奇怪了。

在下田的「ひもの橫丁」沒看到曬魚干的遺憾，在伊東的海岸通，全部彌補了回來，這就是旅行的趣味啊！

なぎさ公園
交通：從伊東駅走路15分鐘

鹿男與美麗的奈良

奈良、斑鳩

在奈良公園裡，上千隻鹿坐、臥、嬉戲，與人類毫無距離，當我買了包鹿仙貝，在草地上餵食鹿群時，突然想起《鹿男與美麗的奈良》中，那隻鹿曾經趾高氣昂地說：「人類想把自己的習慣硬塞給其他生物，自以為是萬能的，這麼想就大錯特錯啦！」

行程重點：

Day1

大阪或關西空港—近鐵奈良駅—東向通商店街—三条通—猿澤池與興福寺—奈良町散步—近藤豆腐店—元興寺—格子之家。宿：猿澤池吉田屋旅館

Day2

奈良公園與鹿嬉戲—東大寺—天極堂—荒池、鷺池、春日大社。宿：猿澤池吉田屋旅館

Day3

奈良國立博物館—「玄」蕎麥麵—法隆寺—返回大阪或關西機場

最適合的季節：

- 4月櫻花季
- 11月楓葉季

M型旅遊：

- 在「近藤」吃比京都好吃百倍的豆腐會席
- 趕在中午一點前去吃「玄」蕎麥麵
- 嚐「天極堂」現做的葛餅
- 住在猿澤池邊，賞五重塔之美

交通：

- **坐JR**：在大阪「天王寺」，轉JR大和快速路到「JR奈良駅」
- **坐近鐵**：「大阪難波站」，或「鶴橋」至「近鐵奈良駅」

Tips:

「近鐵奈良駅」距奈良公園較近，故坐近鐵較方便

東大寺莊嚴氣派

秋天的荒池色彩繽紛

是城市？還是公園？

曾經有位朋友去了奈良市回來之後，興奮地說：「奈良好好玩，比京都還美！」

同樣是古都，京都繁華，奈良寧靜，各花入各眼，我不敢說誰比較美，但是卻可以理解，朋友為什麼會這樣說。

因為奈良市根本就是座公園！

從近鐵奈良站走過去約五分鐘，沒有入口、沒有圍牆，已開始進入奈良公園的範圍，奈良國立博物館、東大寺、春日大社、若草山，這一片東西約四公里，南北約二公里的寬廣綠地，都屬於奈良公園的範圍；更重要的是，奈良公園綠草如茵，上千隻鹿徜徉於世界遺產之間，彷彿千年以前，這兒就是鹿群們的家。

鹿，是神的使者，所以在奈良公園裡，鹿是主角，人類成了陪襯。當我買了包鹿仙貝，聰明的鹿跑來跟前，突然之間，腦袋裡浮現出日本作家萬城目學的的小說《鹿男あをによし》（譯作《鹿男與美麗的奈良》）中，那隻趾高氣昂的鹿，對著男主角說的那段話：

「你給我聽著，這世上所有生物中，只有人類羞於在他人面前排泄、繁殖，而且還想把自己的習慣硬塞給其他生物，自以為這樣就是萬能，你說失禮？人類這麼想就大錯特錯啦！人類會在路邊吃東西，卻說不能在路邊排泄，為了生存，這兩件幾乎是同等價值的行為。」

不但具有神話色彩，還融入了奈良的古老歷史，在無厘頭之中又饒富哲理，就是這樣獨特的風格，形成這部小說獨特的魅力；小說改編的電視

鹿，是奈良的魅力來源

奈良觀光MAP

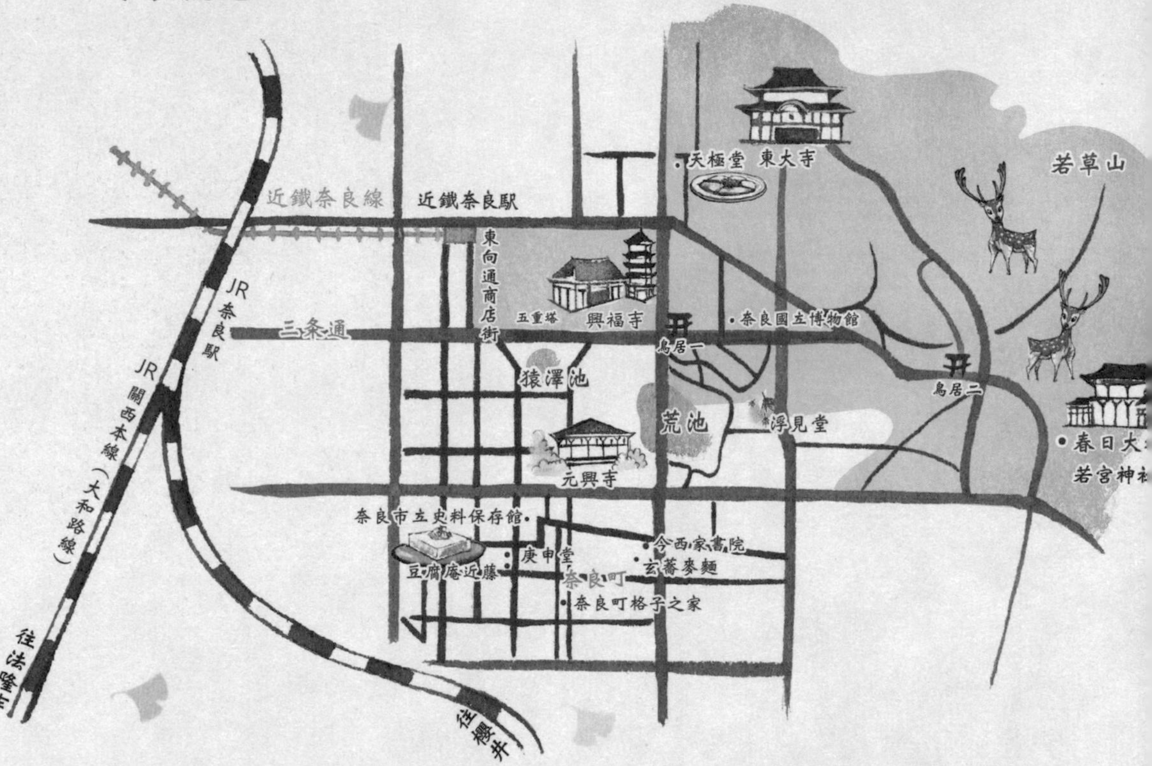

劇《鹿男的異想世界》，更把奈良美麗的風光介紹給大眾，成了奈良最佳的推銷員。

遊逛奈良，最佳的交通工具不是巴士，而是雙腿。只有雙腿，才能讓你體會與鹿嬉戲的樂趣、仰視世界遺產的宏偉，以及探訪奈良町中，稍一不慎就會錯過的美食。

人們常說，京都的水質好，適合做豆腐，使得京都豆腐聞名天下，但在京都吃了幾次，不管是嵐山的湯豆腐，或是在南禪寺邊有著百年歷史的奧丹，常常大失所望，遠不如奈良町中「豆腐庵 近藤」的美味。

隱身於巷弄中的「玄」蕎麥麵，更是大牌地只接受中午一點以前進來的客人，但那是我吃過最好吃的蕎麥麵！還有「天極堂」等到客人點餐後，才開始在廚房快速攪拌調製出來的葛餅，至今想來，舌尖還停留著那黑糖蜜的味道。

奈良有太多好吃的東西，所以住在猿澤池邊小小奢華的旅館「吉田屋旅館」（よしだや），在節省旅費的考量下，不一定要選擇一泊二食的住宿方式，選擇便宜的素泊方案，近在咫尺的奈良町、三条通與東向通商店街裡，好吃的食肆一大堆，但吉田屋旅館占盡地利之便，在五重塔的燈光下，伴你一夜好眠。

Day 1：

從近鐵奈良駅出來，沿著「東向通商店街」，經過「三条通」，到「猿澤池」與「興福寺」，放下行李後，續往「奈良町」，去「豆腐庵 近藤」吃豆腐會席料理，參觀「格子之家」、「元興寺」，晚上在東向通商店街或三条通覓食。宿：吉田屋旅館。

猿澤池，有烏龜沒猴子

奈良最具代表性的風景之一，是隔著猿澤池望向五重塔。但旅行這種事，還真得天空作美，陰陰的天空，一副要下雨樣子，太陽躲了起來，不論怎麼拍，就是拍不出書本上那沉靜美麗的樣子。

但猿澤池邊，楊柳搖曳，平靜如鏡，沿著步道散步，會看到有個石碑上刻著猿澤池有七不思議：「水不清，也不濁，進出水量差不多，水中沒青蛙，也不生藻，魚七分，水三分。」但是現在七不思議，應該換一換了，幾年前，池中鯉魚染了病，死掉了許多，反而留下一大堆烏龜！烏龜時不時地爬上枯木出來見人，又好笑又令人頭皮發麻。

猿澤池旁的「采女神社」也有段故事。傳說奈良時代有一名采女（侍候天皇的女官），因失去天皇的寵愛，悲傷過度地投入猿澤池自盡，所以在池旁建了「采女神社」。每年中秋夜，猿澤池會舉行采女祭，非常熱鬧。

倒映在猿澤池的五重塔，是興福寺一棟重要的建築物，僅比京都東寺的五重塔低一點，是日本

猿澤池與五重塔，是奈良八景之一

奈良觀光食宿心臟地區——東向通商店街、三条通、奈良町

到一個地方旅行，除了景點賞玩，最重要的就是解決民生問題。對於觀光客而言，遊逛奈良市，要解決民生問題，最方便的區域，就是從近鐵奈良駅鄰接的「東向通商店街」、「三条通」、「奈良町」，這三個相連而成的「食宿心臟地區」。

相較而言，「東向通商店街」屬於有屋頂的商店街，熱鬧歸熱鬧，但比較沒有特色；「三条通」則聚集了許多時髦的食肆、古董店、老字號的土產店，觀光氣氛濃厚；至於奈良町，風格獨具，古老民宅與別具風格的餐廳，隱身於江戶風的巷弄中。

這三個區域緊緊相連，雖然占地不大，但總是被那些店家吸引進去，怎麼逛也逛不完，所以遊逛奈良，比較推薦住宿於此區，吃、喝、散步，一網打盡。若依照日本旅行的習慣，住宿於JR車站附近，反而沒那麼方便，比較浪費交通的時間。

第二高的五重塔。興福寺是西元七世紀權位顯赫的攝關家族藤原家，原來在自家宅邸內所建，後來搬到現址；奈良有許多重要的古蹟，都與藤原家關係密切。

值得一提的是，興福寺國寶館外表看起來平凡無奇，但裡面的三面六臂阿修羅像，為奈良時代所製作，現在已成為日本國寶，也是日本美術史學家讚不絕口的傑作。仔細看阿修羅的面容，刻畫得十分逼真，眉頭深鎖下，既莊嚴又帶有一點憂愁，難怪會在日本造成瘋狂的熱潮，是遊逛奈良不可錯過的重點。

猿澤池裡有許多烏龜會爬上枯木來透氣

興福寺
官網：http://www.kohfukuji.com/
交通：從近鐵奈良駅走路5分鐘，興福寺四周沒有圍牆，任何方向皆可進入
票價：外觀參拜免費，國寶館內需購票500日圓

現在的元興寺只是古老元興寺的一座禪房

古老的元興寺，現在的奈良町

因為東大寺、春日大社、興福寺等幾座地位崇隆的廟宇，從中世紀以來所形成的商鋪市街，是「奈良町」的由來，但現在走訪奈良町，看到的並不是奈良時代所遺留下來的景觀（畢竟年代太久遠了）。奈良市政府在昭和六十三年頒布，以元興寺為中心的「奈良町地區」，如果有傳統民宅建築要改建，市府會補貼費用以令其保留傳統的外觀，所以現在看到的奈良町，保留的其實是江戶時代的街道風情。

奈良町裡彎彎曲曲的巷弄，很像座迷宮，建議乾脆丟開地圖，在此消磨一個下午，看到有興趣的店家就推門進去，看到有興趣的文史資料館就進去參觀，隨便亂走亂逛，反而更容易發現它的樂趣。

就在這胡走亂逛之間，走進了「格子之家」。門面小小的，縱深卻極長（傳統的町家民宅，往往是前頭當店面做生意，後頭當住家），室內的地板是長方形的榻榻米，窗戶是格子窗，拉門、樓梯、壁面，無一不呈矩形，挑高的二層樓建築，還有個小天井，別有一番天地；格子之家是保存維護得極良好的町家民宅。

走在奈良町，會發現很多店家門口都掛著用紅布做的猴子，那是著名的「庚申猴」，特別是在「庚申堂」，庚申猴像粽子一樣地連成串，宛如門簾。奈良當地流傳，每逢庚申日，人體內的三尸蟲會爬出來向神明報告此人所犯的惡行，但三尸蟲怕猴子，所以就製作「庚申猴」的布偶，還要吃三尸蟲討厭的蒟蒻，讓三尸蟲不敢跑出來打小報告。

在許多散步地圖裡尋找奈良町，常會發現「元興寺」是個難以忽視的地標，因為它是佛教傳入日本後，所建造的第一座寺院，也是日本最古老的寺廟。本以為會看到有如東大寺那樣一座氣派宏偉的寺院，沒想到，啥——這是鼎鼎大名的元興寺？竟然一點也不起眼！

後來看到出生於奈良的美術史學家青山茂所著的《奈良街道風情》，才得知，元興寺的前身是「法興寺」，最早建於飛鳥地區，隨著二次遷都於藤原京、平城京，才搬至現址。它雖然曾經盛極一時，但在遷都平城京後，不像興福寺有藤原家的支持，也不像東大寺一樣，被列為總國分寺（天皇下令全國各地都要設置國分寺，東大寺為全國國分寺的總本山），失去政治靠山的元興寺，自然走向衰敗一途。如今我們所見到的元興寺，只是原來元興寺眾禪房其中的一院而已，其他院址已被市街商家所覆蓋，成了我們所稱的「奈良町」，所以只能從奈良町商鋪之間的町寺與空地，尋找與舊有元興寺的一絲連繫。

即使如此，在這座禪房屋頂，仍然看到不同顏色的屋瓦，那是由不同年代所燒製的瓦片拼貼而成，彷彿在訴說，元興寺在古老歷史中，載沉載浮的故事。

奈良町
交通：從近鐵奈良站走路15分鐘

元興寺
官網：http://www.gangoji.or.jp/
開放時間：9:00-17:00
拜觀料：600日圓

「格子之家」是保存得極好的町家民宅

奈良町呈現出古老的江戶風情

庚申堂前掛著成串的庚申猴

比京都豆腐好吃的奈良豆腐——近藤

我那出生於奈良的日文老師，聽到我要去奈良，強力推薦我一定要去奈良町的「豆腐庵ごんとう（近藤）」吃豆腐，「比京都的豆腐好吃喔！」她這麼說。

豆腐是素雅的禪士文人喜愛的珍饈，朱自清在他的《冬天》裡，一起筆就寫豆腐，「說起冬天，忽然就想到豆腐，是一小洋鍋（鋁鍋）白煮豆腐。水滾著，像好些魚眼睛，一小塊一小塊豆腐養在裡面，嫩而滑，彷彿反穿的白狐大衣。鍋在洋爐子上，和爐子都薰得烏黑烏黑，越顯出豆腐的白。我們都喜歡這白水豆腐，一上桌就眼巴巴望著那鍋，等著那熱氣，等著熱氣裡從父親筷子上掉下來的豆腐。」

冬天的冷，益發襯出熱豆腐的暖，但說實話，我從不認為自己淡泊風雅，自然也從沒覺得豆腐好吃。但是面對一個在地人的強力推薦，實在很難拒絕，抱著「姑且一試」的心情，在奈良町中閒逛時，還是走進了近藤豆腐店。

咖啡色的木頭地板擦得發亮，螢光綠色的一小面牆，讓沉穩的和式氛圍空間，多了一點時髦的氣息。點了午間套餐中最便宜的「雪コース」，是看來很豐富的豆腐會席料理。

豆乳與嫩豆腐的紙火鍋

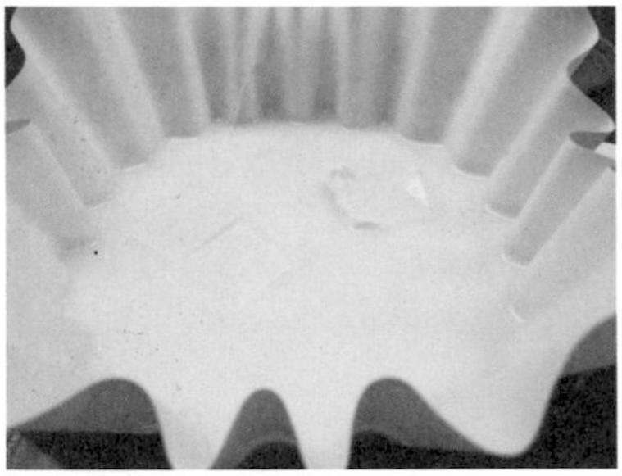

包著餡料的油豆腐煮物

奈良町的「豆腐庵 近藤」比京都很多豆腐都好吃

室內是傳統的氛圍又帶一點現代的時髦

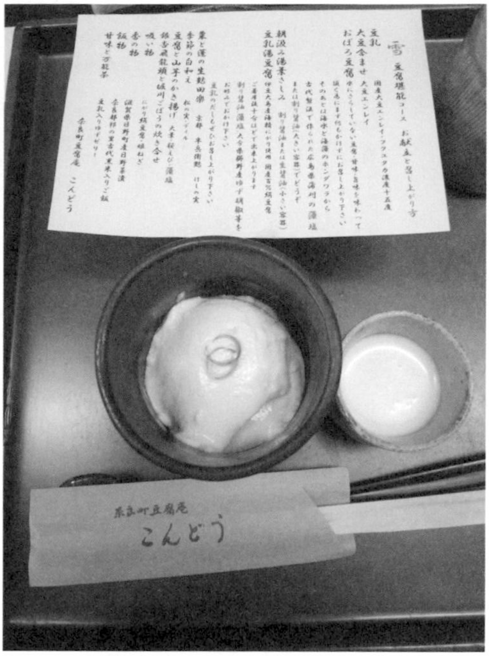

雪コース菜單及豆乳、おばろ豆腐

奈良町「豆腐庵　近藤」
官網：http://www.kondou-touhu.co.jp/shop/shop_kon01.html
交通：從近鐵奈良町走路15分鐘，在奈良町「庚申堂」旁邊
營業時間：11:00-14:30，17:30-20:00，週一休
價格：午間套餐2,000日圓起，晚間套餐4,500日圓起

最先上來的是一小杯的豆乳及おばろ豆腐。據說目前日本的豆腐，有百分之九十五是使用國外的黃豆製造，但近藤豆腐店，以契約農作的方式與農家建立了長期的信賴關係，因此標榜完全使用日本國產大豆。果然，那杯豆乳的滋味極濃，吃了一口おばろ豆腐，更完全顛覆了我對豆腐的想像。

誰說豆腐就一定得淡雅？近藤的おばろ豆腐，把黃豆的濃郁與香甜，十足十地釋放了出來，第一次覺得，沒有任何調味的豆腐，竟然這麼好吃！日本人認為，這種外表稍稍凝結成乳狀的おばろ豆腐，是豆腐的原點，流傳著「只要是おばろ豆腐做得好的店家，其他的豆腐也一定好吃」的名言。

果然是句頗有可信度的名言！接著端上來各色形態的豆腐料理，湯葉製成的小菜、飄著嫩豆腐的豆乳紙火鍋、裡面包著餡料的油豆腐煮物，甚至是白和え（以豆腐製成的白色醬料）拌紫芋，每一樣都好吃得不得了；就連飯後的甜點，混合了豆乳與柚子的果凍，也是精心調製的點心。在地人的推薦，果然是旅行中最美好的指引。

就在我心滿意足地吃完了離開，在門口看到一群穿著高級呢絨套裝的貴婦，優雅地掀開門簾，魚貫地走進去，ごんとう豆腐，原來也是貴婦們喜好的養生料理呢！

奈良漬，王公貴族的醬菜

不同於京都漬物的華美，奈良的漬物多了一分樸實感，這種用黃瓜、うり（一種瓜類，外表有點像西瓜）、大根以及其他各種野菜所做的漬物，在奈良地區因為常常使用酒粕來醃漬，所以奈良漬總是帶著一股淡淡的酒香味，反而成了其他地區沒有的特色。

東向通商店街販賣的奈良漬

會以酒粕來醃漬，與奈良自古就是銘酒的產地有密切關係。相傳奈良漬本來只有王公貴族才能食用，是非常高級的醬菜，在豐臣秀吉的茶會上，奈良漬做為茶會上的香の物（漬物），更受到與會人士的讚賞；一直到江戶初期，有位中醫把用白うり做的奈良漬在民間販售，一般的庶民才得以享用到奈良漬獨特的風味。

許多人說，奈良漬與鰻魚飯最為速配，吃完油脂豐富的鰻魚，再來一口奈良漬，剛好中和了鰻魚的油膩，不信？買一包回去吃吃看就知道了。

柿葉壽司，最著名的鄉土料理

日本有各式各樣的壽司，握壽司、散壽司、箱壽司，還有用海苔包的太卷、細卷等，在奈良，也有一種特別的鄉土料理——柿葉壽司。

包一片柿葉的柿葉壽司，被壓得方方正正的，把柿葉打開，上面鋪了醃過的鯖魚或紅鮭，用柿葉來包壽司，不但方便攜帶，還具有殺菌效果。

古代的人為了保存鮮魚，所以經常將魚用醋來醃漬，讓它不易腐壞，所以柿葉壽司吃起來，總比一般的壽司酸。

柿葉壽司是奈良的鄉土料理

但是到了奈良，隨處可見賣柿葉壽司、奈良漬的店家，買份柿葉壽司，配上綠茶，帶到奈良公園的綠地「與鹿野餐」，也是個不錯的選擇。

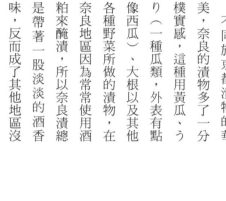

現代和風的房間非常舒適

在猿澤池畔泡著檜木浴池非常符合古都奈良的氣氛

住宿者可免費使用旅館的貸切風呂

在猿澤池畔，伴著五重塔的燈光入眠

喜歡到日本自助旅行者，大多喜歡住宿在JR車站附近的旅館，因為JR車站附近不但熱鬧，而且交通也最方便。這個準則在日本很多城市都行得通，但偏偏就有那麼幾個城市，觀光重點區域與JR車站有點距離，奈良市，就是其中之一。

在奈良的住宿選擇中，JR車站附近並非最佳的住宿區，比較起來，「近鐵奈良駅」比JR奈良駅更加方便，如果想住在遠離塵囂的區域，可以選擇若草山一帶美麗的日式旅館，但想在交通方便與環境優美中取得平衡，近鐵奈良駅附近猿澤池畔是最佳選擇！

吉田屋旅館（さるさわ池 よしだや），就是一棟佇立在猿澤池畔的一間旅館。雖然是榻榻米的房間，卻有舒服的彈簧床墊，重新裝潢的老鋪旅館，洋溢著現代和風氣息，從房間的窗戶就可以看到猿澤池的美景，在五重塔的燈光下入眠，更符合古都奈良的氣氛。

吉田屋旅館的價格有點小小奢華，但是這間旅館也提供素泊、一泊朝食的住宿方案，以素泊方案入住，反正附近好吃的餐廳一大堆，是節省旅費的方法。

在奈良散步得雙腿發疲，雖然沒有露天風呂，但泡在暖暖的浴池裡，聞著檜木香，一天的疲憊也煙消雲散。

吉田屋旅館
官網：http://www.nara-yoshidaya.co.jp/index.html
交通：從近鐵奈良駅走路10分鐘
價格：素泊一人10,500日圓，一泊朝食12,600日圓，一泊二食18,900日圓

Day 2 :

今天的重點是拜訪奈良公園的世界遺產。在奈良公園買包鹿仙貝與神的使者嬉戲；參觀「東大寺」；在「天極堂」午餐；續逛「荒池」、「鷺池」、「春日大社」；若是春、秋兩季，可散步至「若草山」。宿：吉田屋旅館。

奈良公園鹿最大

奈良公園是鹿的家。上千頭鹿生長在這裡，從東大寺、若草山到春日大社，牠們不怕人不怕車，每個人看到鹿都要禮讓三分，因為牠們是神的使者。

鹿，絕對是構成奈良魅力的重要因素。任何人來到奈良，總要買包鹿仙貝，當作伴手禮，在奈良公園裡討好牠們一番，不只小孩看到鹿興奮地追著牠們跑，大人看到鹿，也忍不住要親近一下；生長在奈良公園的鹿，絕對是全世界最幸福的鹿。

根據我的觀察，奈良公園裡的鹿，不同地區有不同的特性。

在東大寺附近的鹿，最貪吃。

因為東大寺往往是旅客拜訪奈良的第一個世界遺產，乍見鹿群，每個人都興奮得不得了，人手一包鹿仙貝，個個急著來餵鹿，所以會聚集到這裡的鹿群，是最貪吃的鹿，看到你手中拿著鹿仙貝，一群鹿蜂擁而上，吃完了，就拍拍屁股坐在草地上休息，看到下一個人拿著鹿仙貝走過來，又再蜂擁而上。

在春日大社附近的鹿，最具靈氣。

或許是因為春日大社前面有一大片樹林，使得這兒的氣氛格外幽靜，所以會待在這兒的鹿，顯得格外有

小朋友看到鹿，個個都興奮得不得了

東大寺附近的鹿一點都不怕人

若草山的鹿最與世無爭

靈氣。春日大社由藤原氏掌控，但相傳最早東國鹿島所供奉的武甕槌命（在《日本書記》中記載的雷神），被請來守護平城京時，是乘著一頭白鹿從天而降，駕臨於神社現址，從此才開始有了將鹿視為神的使者的傳說。

萬城目學的小說《鹿男あをによし》改編成的電視劇《鹿男的異想世界》，每次鹿與玉木宏碰面說話的地點「飛火野」，就是在春日大社附近，在這兒的鹿都會說話了，當然靈氣十足。

在若草山的鹿，最與世無爭。

可以俯瞰奈良市區街景的若草山，一年只有春秋兩季對外開放。東大寺與興福寺，一度因為若草山屬於誰的領地而怒目相向，但是這兒的鹿可不管這些，任憑兩大寺院爭得你死我活，依然徜徉在這大斜坡草地上，所以這兒的鹿當然最自在，也最與世無爭。

奈良公園的鹿，養成了天不怕地不怕的個性，有時會跑到街道上，有時會跑到附近民宅的巷子裡，所以常常看到各種標誌提醒遊客，小心鹿「飛出」，小心鹿會撞人、踢人、咬人、頂人，總之，鹿不怕人人怕鹿，在奈良公園裡，鹿最大！

東大寺大佛殿展現唐代建築之美

從大佛鼻孔穿過去，一輩子健康平安

說來挺諷刺，想要欣賞唐代的寺院之美，不是到西安，而是到日本的東大寺。

西元七世紀，中國正值唐代盛世，處於奈良時代的日本，在這個時期派遣留學生、僧侶擔任遣唐使達到最高峰，把唐代的美術、建築、文化、佛教、史學等帶回日本，日本著名的詩歌《萬葉集》、史書《日本書記》、建築東大寺，都是這個時代的產物。

現今的西安，所遺留的唐代建築，只剩大雁塔、小雁塔，但要欣賞規模宏大的唐代寺院，只有到日本的東大寺，才能看到唐代最高等級的寺院建築。

屋頂上有兩個「金牛角」的大佛殿，氣宇非凡，是世界上最大的木造建築，不過畢竟距離所創建的年代已有一千二百多年，還是難逃被火災焚毀的命運，所以今天所看到的大佛殿，是一七〇九年重建完成，規模已縮小了三分之二，但整個工期仍然長達二十五年，還是很懾人。

大佛殿裡面供奉的大佛，比鎌倉大佛還大，是世界上最大的大佛，值得一提的是，大佛旁邊有根木柱子，底下有個小洞，被稱為是「大佛的鼻孔」，傳說鑽過大佛鼻孔的人，一輩子可以健康平安。

東大寺大佛是世界上最大的大佛

大人鑽大佛鼻孔要小心被卡住

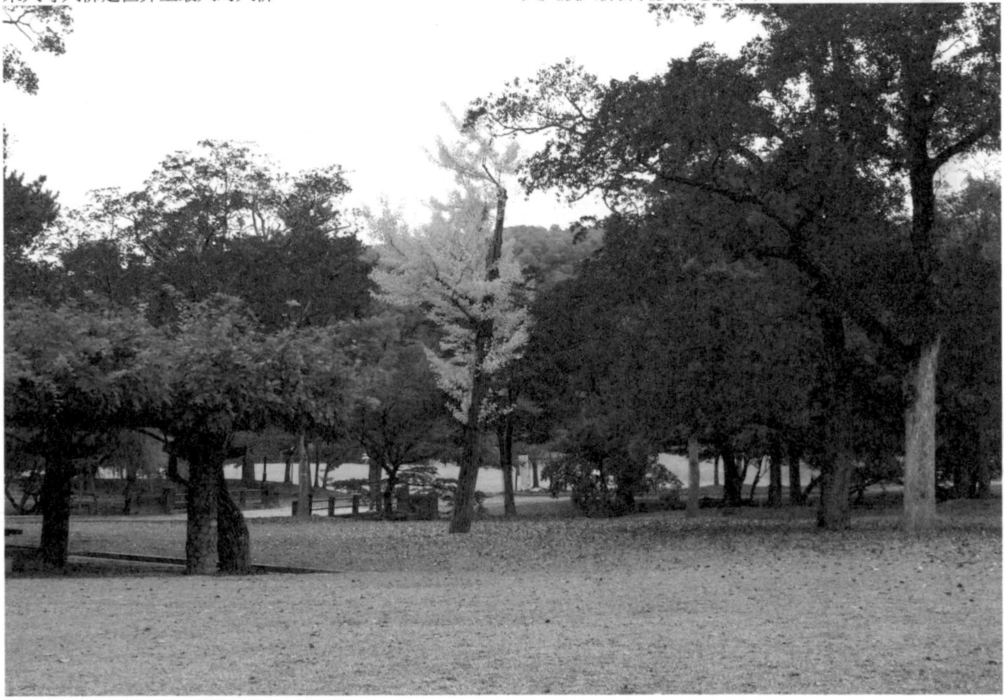
東大寺前的綠地，秋天時開滿美麗的楓葉

南大門是東大寺散步的起點，亦為國寶

二月堂參道，沿途有古老的土牆

只是這大佛鼻孔有點小，大人想鑽，很容易卡住，大庭廣眾之下，卡在大佛鼻孔裡，那還不糗大了？所以想鑽大佛鼻孔，除了對自己的身材有信心之外，最保險的做法是，找兩個人一前一後地守著，萬一你真的被卡住，還有人可以幫忙使勁兒把你拖出來。

造訪大佛殿時，看到一群幼稚園小朋友來此校外教學，老師怕小朋友走失，乾脆拿條繩子讓小朋友牽著走，只見小朋友們還流著口水，看到大佛個個目瞪口呆，模樣煞是可愛。

東大寺身為全國各地國分寺總本山，地位崇隆，當然不只有大佛殿，以東大寺散步的起點「南大門」來說，它還是國寶。過了鐘樓的法華堂，又稱三月堂，是東大寺境內最古老的建築，史學家認為，這棟建築是金鐘寺的一處寺院，而金鐘寺正是東大寺的起源。

穿過三月堂，來到二月堂，二月堂的迴廊是眺望東大寺境內與奈良市區的好地方，從迴廊往下走，沿途還可以欣賞到充滿老故事的斑駁土牆。

東大寺
官網：http://www.todaiji.or.jp/
交通：從近鐵奈良駅走路20分鐘
拜觀料：境內自由參觀，但大佛殿、法華堂、戒壇院需門票，500日圓

占據後宮的藤原家，春日大社好顯赫

從興福寺前的三条通，一直往春日大社的方向走，在十字路口上佇立了一個紅色的鳥居，從這裡開始，就是前往春日大社的參道。

人有的時候很奇怪，明明知道從一鳥居直直往二鳥居走，是拜訪春日大社最快的捷徑，但覺得時間還早，想先在附近繞一下，就沒從一鳥居下越過去，反而向右轉，先去看看旁邊的「荒池」與擁有百年歷史的「奈良ホテル」。

這一番臨時起意的變動是對的。被一六九線道一分為二的「荒池」，是一百多年前附近的農家因為怕缺水，自力救濟籌募資金蓋的水塘，如今農家早已不復見，池邊倒是種滿了樹木，深秋把樹木穿上紅、黃、橘、綠的外衣，五顏六色地倒映在湖中，按下快門，竟然拍到了在奈良最富詩意的一張照片。荒池旁邊有條小路通往鷺池，鷺池上一座六角造型的涼亭「浮見堂」，倒影映在平靜無波的湖面，靜謐地讓人不忍打擾。

其實春日大社是藤原氏的氏廟，藤原氏族是日本歷史上最著名的外戚家族，從奈良時代到平安時代，藤原家的女人一直占據著後宮，最出名的是，在藤原道長時，他的三個女兒相繼成為天皇的皇后，因此有「一家出三后」之稱；藤原道長還曾經寫下「此世即吾世，如月滿無缺」的詩句，志得意滿之情溢於言表。

浮見堂映在鷺池上，優美寧靜

還沒走到春日大社，就感受到藤原家確實顯赫。參道兩旁布滿變化多端的景色，一下子有高聳的樹木彷彿置身原始森林中，一下子又是綠草如茵，鹿群徜徉，參道盡頭成排的石燈籠引領你到本殿前，鮮豔的赤紅，顯得既囂張又美麗。

只不過，我一路上有恃無恐的閒晃，最終還是得到了教訓，到達春日大社本殿門前，已逾下午五點，朱紅色的大門無情地關上了！

即使無緣入內探訪，但對於本殿的美麗，與參道旁景色的清雅，仍然印象深刻，也難怪日本作家志賀直哉，會選擇在春日大社南邊建屋而居，而且一住就住了十年，還寫下了他唯一的一部長篇小說《暗夜行路》。

不知道志賀直哉寫作寫累時，是否會走進春日大社的樹林喘口氣，稍作休息，就像《暗夜行路》中，主角謙作在爬山時體力不支，坐在石頭上休息時的心情：「疲倦變成奇妙的陶醉感，向他逼來。謙作覺得自己的精神與肉體，逐漸溶入大自然中。大自然像氣體一樣，無法用眼睛看到，以無限大包圍著小如芥子的他，他慢慢溶入其中，回到大自然的感覺，是一種無法用語言形容的快感。」

這片樹林，是否也帶給他同樣的快感呢？

大紅色的迴廊掛著上千座燈籠

春日大社是鹿做為神的使者的發源地

春日大社本殿前石燈籠林立

春日大社
官網：http://www.kasugataisha.or.jp/index.html
交通：從近鐵奈良駅走到一鳥居約15分鐘，若坐奈良交通巴士，可直接在「春日大社本殿」下車即達
開放時間：4月-9月 6:00-18:00，10月-3月 6:30-17:00
拜觀料：本殿500日圓，寶物殿400日圓，萬葉植物園500日圓

天極堂，現點現做的葛餅彈力十足

京都「鍵善良房」的葛切聞名遐邇，同樣身為古都的奈良，也有一間創業超過一百四十年的葛粉專賣店。比較起來，鍵善良房除了廣受歡迎的黑糖蜜葛切之外，其他和菓子也種類眾多，天極堂則精心鑽研葛粉的用途，從冷熱甜點到料理，都希望與葛粉沾上邊。

天極堂在奈良有好幾家分店，但許多人喜歡去東大寺西大門旁邊的本店，黑色的店面旁邊有一棵大銀杏樹，一到秋天，在黃色的銀杏下吃葛粉，頓時變得風雅起來。

葛粉自古以來就被視為養生聖品，有清熱解毒、養顏美容的作用，天極堂標榜所使用的是吉野本葛，不但產自於吉野，且從葛根磨粉、過水、沉澱、攪拌等，皆依吉野地區傳統的工序來進行，所製作出來的甜點，除了葛切之外，還有葛餅、葛饅頭、葛湯，料理則有葛烏龍、葛粥、葛胡麻豆腐等。

特別推薦的是點了之後才現做的葛餅，店家將調配好的葛粉，加水快速攪拌成圓形的葛餅，讓你沾上黃豆粉，再加點黑糖蜜，吃起來口感彈性十足。

店裡另有販賣可以在家自己動手做的「葛餅」。我買了幾包帶回台灣，按照說明書如法炮製，甜甜蜜蜜地回味起奈良的滋味。

天極堂本店就在東大寺西大門旁

天極堂
官網：http://www.kudzu.co.jp/
交通：從近鐵奈良駅走路10分鐘，在東大寺西大門附近

灑上黃豆粉配上黑蜜的葛餅

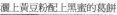

Day 3：

上午參觀「奈良國立博物館」，中午到奈良町吃「玄」蕎麥麵，到JR奈良駅坐JR大和線前往斑鳩地區，去參觀世界遺產「法隆寺」，返回大阪或關西空港。

佛教美術的寶庫——奈良國立博物館

奈良公園裡有一棟白色的法國文藝復興樣式的建築，因為與一般人對古都奈良的想像大相逕庭，所以格外引人矚目，那就是大名鼎鼎的「奈良國立博物館」。

奈良國立博物館之所以名揚四海，是因為它是日本佛教美術的重鎮，東大寺內有一座正倉院，收藏著日本奈良時代的許多寶物，但是正倉院從不對外開放，想要目睹正倉院內的日本國寶，每年十月底開始，在奈良國立博物館為期半個月的「正倉院展」，是唯一的機會。

第一天到奈良時，正值正倉院展期間，竟然看到奈良博物館前面排了一長串的人龍，心立刻涼了半截，顯然日本各地、甚至是全世界的觀光客，都跑到這兒來了。難怪有人會說，想看正倉院展，最好九點一開館就衝進去，不然就是最後入館的五點半以前，這兩個時段，是人比較少的時候。

其實就算不是正倉院展期間，奈良國立博物館還是很值得參觀，本館所展示佛像雕刻，是從飛鳥時代一直到鎌倉時代的精品，就算對佛教美術沒有研究，看到千年以前的精美雕刻，也算大開眼界了。

奈良國立博物館與庭院中古墳時代遺留的石棺

奈良國立博物館
官網：http://www.narahaku.go.jp/index.html
交通：從近鐵奈良駅走路15分鐘
開放時間：平時9:30-17:00，正倉院展期間9:00-18:00，週一休，但正倉院展期間無休
門票：500日圓，特別展覽票價另行調整

趕在一點前去吃「玄」蕎麥麵

日本有所謂的「隱れ名店」，指的是隱身於巷弄中不太好找的店鋪，既然那麼難找又能被稱為名店，想必它的料理一定非常好吃。

「玄そば」，就是這樣一家蕎麥麵店。

「玄」真的很難找，查了地圖，福智院町就在奈良町旁邊，但照著地址、問了三個路人，還是找不到，福智院町就這麼二、三條巷弄，我卻足足轉了四十分鐘……直到我從一個停車場穿越過去，嘿！竟然看到了一個小院子的門帘上寫著「玄」，「玄そば」竟然藏停車場「中間」的死巷裡，在這四十分鐘內我經過這個停車場不下十次，根本沒想到它的牆壁中間還藏了條巷子，難怪怎麼找都找不到。

偏偏找到時，一點十分，過了十分鐘，「玄」已經不接受客人了。我下定決心一定要吃到這家蕎麥麵，隔天不到十二點，風雨無阻地前來報到。

「玄」提供兩種蕎麥麵，一種是裝在長方型盒子裡的「せいろそば」，口感比較細緻；另一種是盛在竹籃裡的「田舍そば」，加入了蕎麥殼，因此顏色較深；兩種蕎麥麵都做得很細，麵條上還有微微的顆粒，第一次吃到如此講究細緻、充滿香氣的蕎麥麵！

「玄そば」的晚餐只提供「蕎麥遊膳」，含上述兩種蕎麥麵的蕎麥會席料理價格並不便宜，所以還是趕在中午一點前進來吃蕎麥麵比較划算。二〇一三年，「玄」被關西版米其林列為一星餐廳，這麼難找的餐廳，顯然還是被不是路痴的米其林祕密客給找到了！

玄そば
地址：奈良市福智院町23-2，在今西家書院後方
營業時間：11:30-13:00，18:00-21:00，週日及週一休
價格：午餐兩種蕎麥麵皆1,050日圓，晚餐蕎麥遊膳10,500日圓

「玄」是奈良頗具人氣的隱れ名店

「せいろそば」顏色較白，口感細緻

「田舍そば」顏色較深，蕎麥香氣十足

西院伽藍不可錯過的五重塔（左）與金堂（右）

法隆寺有七大不思議

日本美術史學家青山茂，在他的《奈良街道風情》中，對於世界遺產法隆寺，有一段有趣的記載。早年青山茂在報社兼差擔任民調訪員，曾經湊熱鬧地跑去看法隆寺金堂失火的現場，沒想到隔年他進入報社擔任記者後，卻開始著手採訪金堂的修復工程。

青山茂鉅細靡遺地描述了日本美術界對於金堂正脊的修復，是應該回復到「創建之初的樣貌」，還是大火前於「慶長時代修理時的樣貌」而爭論不休，令人窺見到日本美術界與考古學界，對於古蹟維護認真審慎的態度。

已被列入世界遺產的法隆寺位於斑鳩地區，是在西元六世紀由聖德太子所建造，在日本各地旅行時，翻閱資料經常會見到「聖德太子」這號人物，沒有當上天皇即英年早逝的聖德太子，之所以能留芳百世，主要在於他推行了一連串改革，包括頒布日本最早的成文法典《十七條憲法》，確立了以天皇為中心的集權制度，還致力於佛教文化，建造了許多佛教寺院，法隆寺自然是其中的代表作。

法隆寺規模龐大，分為西院伽藍（寺院建築群）

與東院伽藍兩大部分。西院的金堂與五重塔，及東院的夢殿，是不可錯過的重點，法隆寺有七大不思議，其中二項分別就在五重塔與夢殿。

這七大不思議分別是：

・伽藍內蜘蛛不結網、鳥雀不拉糞。
・南大門前的鯛石，不管雨下多大，水也不會漫過石頭。
・五重塔上的九輪插有四把鎌刀，鎌刀向上是豐年，向下為荒年。
・法隆寺內有三個伏藏（地下倉庫），分別位於金堂東北角、經藏內與迴廊南西角，但都被石頭覆蓋住。
・池內的青蛙都是獨眼蛙。（傳說聖德太子念書時，嫌青蛙太吵，用毛筆點了青蛙的眼睛，從此變成獨眼蛙）
・夢殿內的僧人座台會出汗，每年二月拿出來曝曬時，根據蒸發出來的水氣多寡，即可預測一年的收成有多少。
・地面沒有排水口。

參觀法隆寺時，不妨參考一下七大不思議，看看你找到了幾個？

法隆寺
官網：http://www.horyuji.or.jp/
交通：坐JR大和線在「法隆寺」下車，步行約20分鐘
開放時間：8:00-17:00
拜觀料：1,000日圓

夢殿是依聖德太子的夢境所建

悠悠大和路

吉野、飛鳥、山邊道

十九世紀德國的地理學家里希托芬，把中國通往歐亞的商路稱為「絲綢之路」，古稱「大和」的日本，數度派遣唐使到中國學習唐代文明，因此奈良也被認為是絲綢之路的終點；道路，是蘊含著民族智慧與文明的通道，奈良縣的山邊道、飛鳥路，所遺留的大和古風，更讓人悠然神往。

行程重點：

Day1

遊覽飛鳥與吉野：飛鳥駅前珈琲館御園吃早餐—高松塚壁畫—石舞台—吉野金峰山寺—吉水神社—寶み家泡湯—飛鳥駅。宿：Pension 飛鳥

Day2

山邊道散策：飛鳥—天理—山邊道慢慢走—櫻井—榛原。宿：奧香落山莊

Day3

古寺巡禮：榛原—室生寺—室生山上公園—談山神社—返回大阪或奈良

最適合的季節：

- 4月初櫻花季
- 11月中旬楓葉季

M型旅遊：

- 在珈琲館「御園」吃便宜又健康的活力早餐
- 住可愛的白色洋風民宿「Pension飛鳥」
- 在吉野泡「一目千本」的日帰溫泉「寶み家」
- 住接送服務一百分的「奧香落山莊」

交通：

- 從大阪：在「阿部野橋站」或「難波站」或「鶴橋站」，坐近鐵大阪線到「飛鳥」
- 從奈良：在「近鐵奈良駅」坐近鐵奈良線到「大和西大寺」，轉橿原線到「橿原神宮前」，換吉野線到「飛鳥」

Tips:

- 近鐵廣域版五日券：含關西空港至大阪難波的南海電鐵，但不含奈良交通巴士，5,700日圓（在台灣指定旅行社購買，日本兌換，日本僅關西機場可購買）
- 奈良世界遺產フーリきつぷ（奈良、班鳩、吉野コース）：三日有效，不含關西空港交通，但含奈良交通巴士，從京都出發3,000日圓，從大阪出發2,800日圓（近鐵車站購買）

談山神社是奈良縣的賞楓名所

吉野山櫻花開滿山，像極了一朵朵雲彩

一張紙，畫盡日本千年都城史

十九世紀德國地理學家兼漢學家里希托芬（Ferdinand von Richthonfen），在他的著作《中國，我的旅行成果》，將中國自漢代開始通往歐亞的商路稱為「絲綢之路」；一九八八年，奈良舉辦了「奈良絲路博覽會」，在正倉院所收藏的寶物中，有一面「平螺細背八角鏡」，這個由唐代的能工巧匠運用東、西方材料所打造的珍寶，由遣唐使帶回奈良，正足以說明，奈良，廣義而言，是東方絲綢之路的終點。

一般人遊奈良，多在擁有奈良公園的奈良市打轉，但廣大的奈良縣，好玩的程度不輸奈良市，只是在交通規劃上屬於「進階版」的行程，亦可做為遊完奈良公園的延伸行程。

住在「Pension飛鳥」時，為了讓我了解飛鳥的地位，民宿老闆竟開始在紙上畫起一頁日本的「都城史」：

—古墳時代（西元三〇〇年到六〇〇年）

—飛鳥時代（以飛鳥為中心，西元六〇〇年到七一〇年）

—奈良時代（遷都至奈良市的平城京，西元七一〇年到七九四年）

—平安時代（遷都至京都的平安京，西元七九四年到一一八五年）

—鎌倉時代（權力轉移至鎌倉，西元一一八五年到一三三三年）

秋天的奈良縣，隨便拍都是畫

—南北朝時代（北朝為京都，南朝在吉野，西元一三三四年到一三九二年）

—室町時代（西元一三九二年到一五七三年）

—戰國時代（群雄並起，西元一五七三年至一六〇三年）

—江戶時代（權力轉移至德川幕府的江戶，西元一六〇三年到一八六七年）

—一八六八年天皇正式遷都於東京

民宿老闆非常自豪地說，雖然京都有著千年的歷史，「但是奈良市比京都更早，飛鳥又比奈良市更早！」語氣中難掩自豪的神色。

正因為世人把焦點放在京都千年的繁華，所以奈良至今仍保有純樸的古風，除了飛鳥的古墳與壁畫，奈良縣東部蜿蜒而過的「山邊道」，有日本最古老的道路之稱，這一條適合健行的鄉間小路，秋天時路邊的柿子紅了，惹得人老想去偷摘一、二顆。

在規劃這一趟對奈良的尋幽探祕之旅時，原本想要去奈良縣南部的十津川泡祕湯，沒想到，出發前一週，十津川的旅館傳來一封信：「很抱歉，因為大雨造成道路坍方，十津川的對外交通中斷，不得已要取消您的預約！」

天哪！出發前傳來此噩耗，可讓我手忙腳亂一番，既要在原有的路線下做調整，又想滿足泡祕湯的慾望。

終於，被我找到另一家位於曾爾高原上的祕湯旅館「奧香落山莊」，更重要的是，旅館不但有車可以到「榛原」車站接送，光是一趟接送路程至少要半小時，這樣的服務令人豎起大姆指。山邊道散策結束後再泡個祕湯，完全不用擔心接駁的交通不便，旅行，有什麼比這更令人暢快呢？

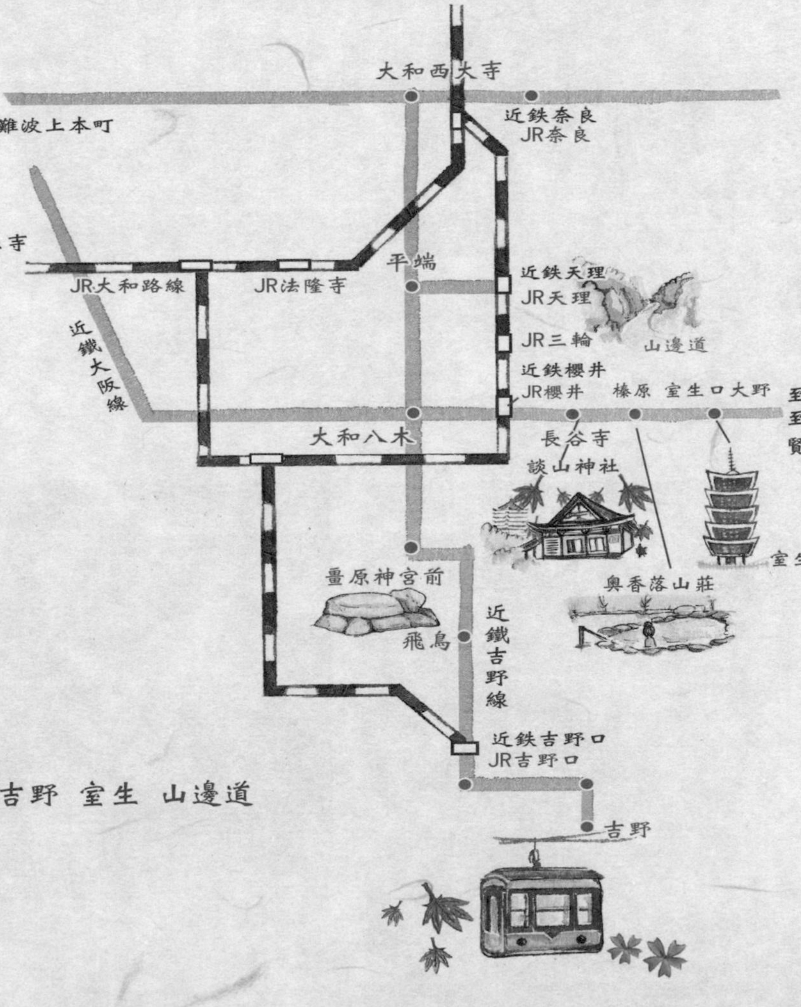

飛鳥 吉野 室生 山邊道

Day 1 :

坐近鐵到飛鳥駅，在車站前的「珈琲館御園」吃頓早餐再開始旅行，上午先坐明日香周遊巴士去看「高松塚壁畫」、「石舞台」、「飛鳥大佛」，返回車站坐近鐵吉野線到「吉野口」搭纜車登山後，去「石水神社」、「金峰山寺」，在「寶み家」泡湯後返回飛鳥。宿：Pension 飛鳥。

飛鳥車站前的美好早餐

美好的旅行，從一份美好的早餐開始。

美好的早餐，分量不需要多，好吃的麵包加上一杯好喝的咖啡，就已足夠。飛鳥車站前的「珈琲館御園」，就有這樣的早餐。

一般來說，對於一個座落在車站前的咖啡館，我通常不會有太高的期待，因為在車站附近這種絕佳的地理位置，就算它的咖啡再難喝、東西再難吃，還是會有很好的生意，但是「珈琲館御園」打破了這樣的迷思，它的早餐，讓我眼睛發亮。

兩種早餐，都是一個水煮蛋、兩小片火腿、生菜沙拉、一片水果，再加一小球的馬鈴薯沙拉，差別只在於麵包，一種是厚片的吐司，另一種則是加了葡萄乾與堅果的麵包，烤過後的酥脆伴著香氣，非常具有滿足感，加一百二十日圓附一杯咖啡，分量雖不多，卻元氣十足，足以應付一天旅行所需要的體力。

早餐非常「人性化」地供應到中午十二點，就算過了中午也沒關係，這裡的雞蛋沙拉三明治，以及甜點宇治ミルク金時（加了糰子的抹茶紅豆牛奶冰）也具有高人氣，是喝杯咖啡、吃點輕食的好選擇。

珈琲館御園
交通：飛鳥駅走路2分鐘，就在車站對面
營業時間：8:00-18:00，每月第二週及第四週的週五休

「珈琲館御園」的天花板很高，氣氛沉穩恬靜

早餐分量雖不多，但價錢便宜又很好吃

高松塚壁畫館模擬了古墳內的情景

飛鳥不可錯過的兩個景點

飛鳥又名「明日香」，日文都念あすか（Asuka），日本人認為，あすか的地名源自於古朝鮮語「安宿」（あんすく，ansuku），意思是候鳥可以安心放鬆休息的場所。根據青山茂的考據，《萬葉集》中，吟詠古都あすか的就有四十八首，其中表記為「明日香」的有三十八首，表記為「飛鳥」的有八首，其他兩首則用萬葉假名「阿須司」，因此，青山茂指出，在八世紀中期以前，あすか寫成「明日香」，但渡來人經歷了漫長旅途終於在此落腳後，取其「飛翔之鳥安心休息」之意，故變成「飛鳥」。

飛鳥地區是日本考古學界的寶庫，許多地方都是古墳遺址，它讓我聯想到了西安。記得有一年去西安，在前往漢陽陵的路上，平坦的土地上處處有土堆，我好奇地問出租車司機：「那些土堆是什麼？」未料，他說：「那些都是古墳啊！」他告訴我，「西安近郊有數百座古墳，以前常有人在自己家裡地底下挖一挖，就挖出一些陶罐瓦片，也不知道是哪個年代的。」

飛鳥的感覺和西安很像，文武天皇陵、中尾山古墳、吉備姬王墓、欽明天皇陵、持統天皇陵……，一大堆的陵墓古墳，然而，少了大河劇那種說故事的引導，即使翻閱了許多資料，但老實說，對於西元六世紀到七世紀，那些在飛鳥地區設宮殿、並長眠於此的天皇，有著什麼樣的故事？是明君還是暴君？一切的一切，還是很陌生。但對於一個外國觀光客而言，遊覽飛鳥地區，至少有兩個地方不能錯過，一個是高松塚壁畫館，另一個則是石舞台。

一九七二年，考古學家在高松塚古墳的石槨內發現了彩色壁畫，引起了極大的轟動，人群把小小的高松塚古墳擠得水洩不通，大家都想爭睹那些色彩炫麗，被認定是西元七世紀後半期的壁畫。雖然日本考古學家至今仍無法確定墓塚所葬何人，但認為壁畫中展現的人物畫、四神畫，明顯地受到唐代及高句麗繪畫的影響。

現在高松塚古墳已被擴建為一個大公園，為了避免壁畫受到空氣與濕度的破壞，古墳已封閉起來，但旁邊設了一個壁畫館，重現石槨內的景象，並陳列了出土遺物的仿製品，讓參觀者想像古墳內的模樣。

石舞台則是一個墓穴，因為四周的封土崩落，使得它完全裸露出來攤在陽光之下，空盪盪的四周，使得它格外神祕詭異，不過，頂部用兩塊巨石壓住的石室，可以入內參觀。日本考古學界雖對石舞台是誰的墓穴，並不肯定，但有許多說法指向它是飛鳥時代的權臣蘇我馬子的墓穴。蘇我馬子把女兒嫁給了欽明天皇，靠著外戚身分在四任天皇中掌握實權，但蘇我馬子後來密謀殺害崇峻天皇，擁立自己的外甥女推古天皇繼位，成為日本第一位女天皇。

蘇我家以飛鳥地區為根據地，六世紀到七世紀的日本天皇能建都於飛鳥，與蘇我家關係密切，如果石舞台真是蘇我馬子的墓，那麼這樣一位成就出飛鳥文化的人物，死後自己的墓穴又讓飛鳥成為吸引無數觀光客的景點，實在有些不勝唏噓。

高松塚古墳壁畫館
交通：坐明日香周遊巴士，在「高松塚」下車
開放時間：9:00-17:00，無休
票價：250日圓

石舞台
交通：坐明日香周遊巴士，在「石舞台」下車
開放時間：8:30-17:00，無休
票價：250日圓

石舞台的石槨可以走進去參觀

高松塚古墳四周已被闢建為公園

石舞台傳說是蘇我馬子的墓

飛鳥寺供奉著日本最古老的飛鳥大佛

小小的飛鳥寺，環境很清幽

拜訪日本最古老的大佛——飛鳥大佛

明日香周遊巴士有一站叫「飛鳥大佛」，一時好奇去看看，原來飛鳥大佛的所在地，正是奈良町元興寺的前身、在日本歷史上赫赫有名的飛鳥寺。

元興寺又名法興寺，有日本最古老的寺廟之稱，它的前身是飛鳥寺，是由蘇我馬子所建立，後來隨著天皇遷都至平城京，才搬到現在的奈良町。

進入到飛鳥寺，發現它是一座小小的寺院，很難想像蘇我馬子建立飛鳥寺時，是比現在的法隆寺規模還大三倍的寺院！

但是現在的飛鳥寺雖小，卻有另一種出塵的幽情，所供奉的「飛鳥大佛」，雖然沒有東大寺的奈良大佛或是鎌倉大佛「大」，卻比它們「古」。《日本書記》記載，飛鳥大佛於西元六〇六年開眼，年代甚至比飛鳥地區許多古墳都來得早，是日本現存最古老的一座佛像。

傳說飛鳥大佛是依據釋迦牟尼實際的身高（一丈六）所建，現在看來黑漆漆的佛像，是一千四百年來，歷經數次大火修復後的成果。做為日本最古老的佛像，與最古老寺廟的發源地，小小的飛鳥寺，沒有觀光客的吵雜，吸引著虔誠的信徒來膜拜。

飛鳥寺
交通：坐明日香周遊巴士，在「飛鳥大佛前」下車
開放時間：4月-10月 9:00-17:15，11月-3月 9:00-16:45
拜觀料：350日圓

在「一目千本」所看到的景色，有沒有上千株櫻花呢？

天下第一的賞櫻名所——吉野山

如果你曾經在京都「哲學之道」被櫻花雨淋過，如果你曾經為東京「千鳥淵綠道」燦爛的櫻花而著迷，那麼建議你，一定要在四月初的櫻花季，來一趟吉野山。

那是一整座山的櫻花！

對！不是兩排的櫻花樹步道，而是滿山遍野的櫻花；從高處俯視，粉嫩的色彩足以讓你迷濛了雙眼，難怪吉野山會被譽為「天下第一的賞櫻名所」，平安時代《千載和歌集》的編纂者藤原俊成，就曾經這樣吟誦著吉野櫻：

「名聲響亮的吉野山之花啊，常把櫻花當作是雲呢！」

吉野櫻確實像天上的雲彩，一叢一叢的，從天皇到歌人，有太多古和歌頌揚著吉野山的櫻花，甚至於還曾出現「如果歌裡沒有吟詠吉野櫻，就不算一流的歌人」的說法。

吉野山為什麼會有這麼多的櫻花？原來吉野山自古以來，就被視為是流洩出聖水的神仙之境；吉野山與佛教結合的「修驗道」，是日本獨創的山岳信仰，修驗道的開山始祖是役小角，他在吉野山上修行時，感知到藏王權現，便將藏王權現的神態刻在櫻木上，從此以後，櫻木被當成是神木而加以保護，並且愈種愈多，造就今日滿山遍野的櫻花。

我到吉野山時並不是櫻花季，所以只花了半天的時間遊覽吉野山上的兩大世界遺產——金峰山寺與吉水神社，但在吉水神社旁，看到一個「一目千本」的牌子，當下就覺得，如果是櫻花季時一定美得不得了，暗自許下心願：「下次一定要在櫻花季時前來，在這裡住一晚，好好欣賞吉野櫻。」

我的心願還沒機會實現，碰巧朋友要去關西賞櫻，問我關西除了京都以外，還有什麼賞櫻名所？我憑著當年對於「一目千本」的想像，介紹朋友去吉野山，遇上櫻花盛開之際，朋友走得更徹底，竟坐巴士到最裡面的「奧千本」開始，「上千本」、「中千本」、「下千本」一路走下來，整整走了三、四個小時，累歸累，但漫步在滿山遍野的櫻花之中，賞盡天下第一賞櫻名所之美。

其實愛賞櫻的豐臣秀吉，當年也是一路步行到「奧千本」賞櫻，本來豐臣秀吉準備在吉水神社舉行五天的賞花宴，沒想到，抵達當天就開始下雨，雨足足下了兩天，令秀吉既不能舉行茶會、也等得不耐煩，竟要求眾僧們祝禱祈求天晴，群僧祝禱果然起了作用，隔天果真放晴。開心不已的秀吉，興奮地一路步行賞花走到「奧千本」，還滿意地留下一首歌句：

「年月を　心かけし　吉野山　花のさかりを今日見つるかな」（心繫許久，今日終能得見吉野山花之盛景。）

坦白說，這何止是秀吉的心情？

吉野山最深處的賞櫻地「奧千本」

櫻花季期間，巴士運行狀況與平時不同

平時遊覽吉野山，坐近鐵吉野線到「近鐵吉野駅」，搭乘纜車上山到「吉野山駅」，就有巴士直接到「奧千本口」，但4月初櫻花季，「吉野山駅」前沒有巴士運行，變成行人徒步區，要走至少1小時15分鐘到「竹林院前」，才有巴士開往「奧千本」。

吉野山巴士路線圖

平時巴士運行路線

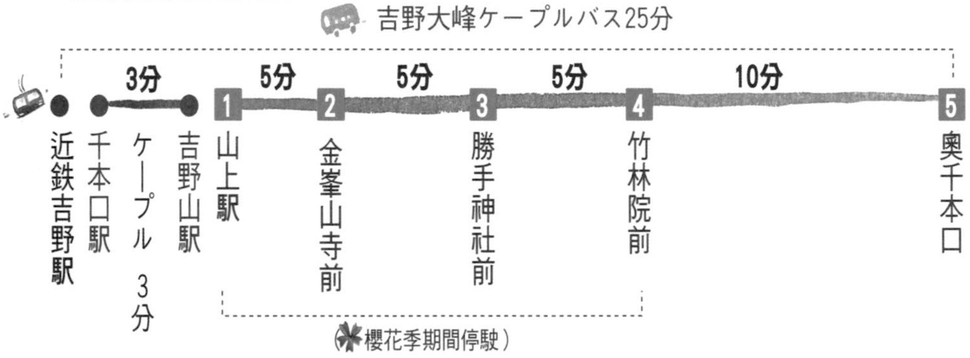

櫻花季期間巴士運行路線

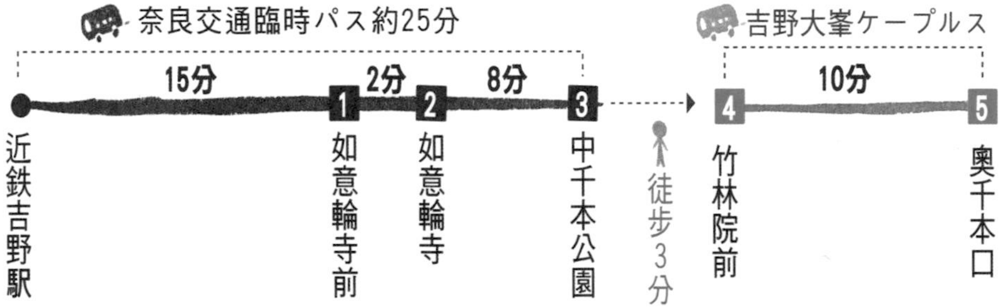

金峰山寺妙法殿，曾是後醍醐天皇在吉野山的居所

金峰山寺，遙想京都太寂寥

日本有所謂的「紀伊山地的靈場和參拜道」，指的就是「吉野・大峯靈場」，與和歌山縣的「高野山」、「熊野三山」；這三個地方，如今已被認定為世界遺產。

金峰山寺就是吉野・大峯靈場的中心寺院，由役小角所開創的修驗道，從平安時代開始，參拜者絡繹不絕，鼎盛之時，僧坊過百數；金峰山寺的建築也有很趣，本堂的藏王堂，朝南而建，為的是迎接翻山越嶺從山上下來的信眾，而石階上的仁王門，則向北而建，迎接從大阪、京都前來參拜的信眾，仁王門也是日本屈指可數的國寶級山門。

日本歷史上曾經出現過短暫的南北朝時期，所謂的南朝，所在地即為吉野山。鎌倉時代末期，後醍醐天皇發動倒幕，成功之後本欲建立天皇專制的政權，卻因為恩賞不均，導致足利尊氏叛變；足利軍入京之際，後醍醐天皇帶著象徵日本天皇正統的三神器，逃到了吉野山，開設南朝朝廷，與室町幕府所掌控的京都北朝相抗衡。金峰山寺有一座八角型的妙法殿，就是後醍醐天皇在吉野山曾住過的殿所。

不過，待在吉野山的後醍醐天皇，此時吟詠了不少遙想京都的和歌：「到了梅雨季節，在京都也感寂寥，但萬里無雲的吉野深山，冷清之情更勝京都啊！」顯然鬱悶得不得了，難怪沒過幾年就駕崩了。

金峰山寺
交通：從纜車吉野山站走路15分鐘，或坐巴士在「金峰山寺前」下車
開放時間：8:30-16:30
拜觀料：境內可自由參觀，但藏王堂拜觀需收費400日圓

吉水神社，義經告別愛妻之處

吉野山在日本歷史上的色彩，似乎都巒悲慘的，除了後醍醐天皇在此鬱悶而終，同樣被列入世界遺產的吉水神社，也有一段悲慘的故事。

吉水神社曾經是源義經與愛妻靜子告別的地方。寫下字字血淚「腰越狀」的源義經，沒能化解哥哥源賴朝的猜忌，返回京都後，決定起兵與源賴朝翻臉，然而源義經一開始便出師不利，軍船遇到暴風雨，讓他最後只剩包括弁慶等的四名心腹，義經只好帶著靜子前往吉野山。

當時源賴朝已下令追捕源義經，吉野山眾寺院僧眾不願對源義經伸出援手，只有吉水神社的住持，答應藏匿義經一行人五天的時間，經過考量之後，義經等人打算往多武峰逃走，但當時吉野山都是修驗道場，嚴禁女人山上，不得已，義經只好在吉水神社與靜子告別。

臨別前，義經送了一面鏡子給靜子，希望她「願卿早晚梳洗之際睹物相思」，只不過，靜子還沒返回京都，就在途中被吉野僧眾抓到，把她送去鎌倉做為人質，義經則翻山越嶺逃往奧州投奔藤原秀衡。

吉水神社現在還保留著當年義經、靜子、弁慶等人所躲藏的房間，庭院中還有一塊大石，被嵌入了二根釘子，稱為「弁慶力釘」，相傳是在義經被追捕時，弁慶為阻嚇追捕之人，徒手用大姆指把釘子壓進石頭內，嚇跑了追捕之人；看著石頭上的釘子，不得不驚訝於弁慶果真神力也。

吉水神社
交通：從纜車吉野山站走路20分鐘，若坐巴士在「吉野山遊客中心」下車，走路5分鐘
開放時間：9:00-17:00
拜觀料：境內自由參觀，如欲參觀書院另需400日圓

吉水神社是義經與妻子告別之地

可看見弁慶神力的「弁慶力釘」

「湯元 寶み家」的絕景露天風呂

吉野山駅出來就是商店街

湯元 寶み家
官網：http://www.hounoya.gr.jp/index.php
交通：過了「吉水神社」，再走幾步路即達
日帰溫泉使用時間：14:30-19:00，4月 11:30-15:00
價格：純泡湯1,500日圓，午餐＋泡湯6,000日圓，一泊二食12,000日圓起

一目何止千本的溫泉——湯元 寶み家

吉野山的櫻花似乎總是伴隨著楓葉而生，所以吉野山不只櫻花美，楓葉也美，十一月的楓葉季，每逢週六吉野山的纜車延長運行時間到晚上八點五十分，讓人得以上山欣賞夜楓。

涼颼颼的冷空氣，益發誘人想在吉野山泡湯，吉野山溫泉，應該有很多露天溫泉可以看得到「一目千本」的美景吧？沿路商店街夾雜著傳統日式風格的旅館不少，但是擁有可以眺望「一目千本」的露天風呂並不多，過了「吉水神社」再走幾步路的「湯元 寶み家」，即擁有獨一無二的絕景溫泉。

「湯元 寶み家」的露天風呂開放非宿泊者使用，可以純泡湯，或是提前預約「午餐＋泡湯」的日帰溫泉方案，在吉野山散步後來此泡湯，是身體與視覺的雙重享受。

露天風呂的池子很小，但視野獨一無二，泡在池子裡，看山嵐隨風變幻飄移，一目，又何止千本！

歐風民宿Pension飛鳥很熱情

就在出發前一週，我的行程因通往十津川的交通中斷，而搞得天下大亂之際，我的日本老師立刻伸出援手，建議我改變行程遊覽飛鳥、吉野一帶，並且推荐我住在Pension飛鳥（ペンションヨン飛鳥）。

「我婆婆也常跑去那裡吃午餐喔！」我的日本老師隨夫婿來台，但家人仍然住在奈良，經由她的口中，我才知道，Pension飛鳥不僅是一間旅人喜愛的小民宿，還是一間當地的人氣餐廳，居住在飛鳥、吉野一帶的奈良人，如果想吃頓家常的歐式料理，就會來Pension飛鳥。

白色的西式洋房，佇立在高取川邊，Pension飛鳥的外觀很惹人好感，房間的裝潢很溫馨，一早到飛鳥，距離check in時間還早得很，Pension飛鳥還是很開心地幫我保管著行李，還拿出飛鳥的地圖告訴我，有哪些景點一定得去看，並且叮嚀，晚上用餐時間是六點鐘開始，「要在六點之前回來喔！」。

坐著明日香周遊巴士逛完高松塚、石舞台、飛鳥大佛後，我臨時起意坐近鐵吉野線跑去吉野山，寶み家的溫泉實在太美太舒服，等我回到Pension飛鳥時，已經晚上七點鐘，沒想到，把民宿主人急壞了，我連忙鞠躬哈腰，一連說了十次「ごめんなさい」。

Pension飛鳥距離車站只有3分鐘

西式早餐非常可口

晚餐提供的歐風料理很有日本家常味

餐廳也開放非住宿客人來吃午餐

房間的裝潢很溫馨

回到台灣之後，我才知道晚回來的那一個小時，發生了什麼事；原來民宿主人以為我迷了路，擔心地打電話給那位我素未謀面的日本老師的婆婆，（當時Pension飛鳥還未與旅館網站合作，老師的婆婆幫我訂的房間，現在jalan.net已可預訂該旅館），婆婆還特地打越洋電話到台灣給我的日本老師，我的日本老師一付老神在在地說：「不用擔心，她去日本好多次了，一定是玩太晚，很快就回來了！」

話說回來，民宿老闆絲毫沒有因為我的遲歸而給我臉色看，還是很快地幫我準備晚餐（其他的住宿客人幾乎都快吃完了），飢腸轆轆的我，狼吞虎嚥地把燻鮭魚前菜、甜甜的玉米湯、附上焗馬鈴薯及沙拉的牛排，吃個精光。到了晚上，民宿老闆還因為希望我這個外國人，在遊覽飛鳥時，能知道究竟在「看」什麼，特別向我解釋了日本古代都城變遷的過程，雖然日文聽得不太懂，但在比手劃腳及寫了一堆漢字的輔助下，還是能夠了解一二。

Pension飛鳥，讓我見識到古老的飛鳥，仍然留存著淳樸的人心。

Pension 飛鳥
官網：http://www.eonet.ne.jp/~pension-asuka/
交通：從飛鳥駅走路3分鐘
價格：一泊二食9,240日圓

Day 2：

今天的重點是「山邊道散策」。大件行李可放在「大和八木駅」，帶著輕便的隨身物品至「天理駅」出發，經過天理寺到山邊道散策的起點「石上神宮」，中途可至「卑彌呼庵」吃點心休息，視體力與時間，選擇在「三輪」或「櫻井」結束；換乘近鐵至「榛原」，坐旅館接駁車至「奧香落山莊」。宿：奧香落山莊。

柿子紅了，漫步山邊道

北起「天理」，南至「大神神社」的這一段鄉間小路，稱為「山邊道」，許多旅遊書都以「日本最古老的道路」來稱呼它，但是日本美術史學家青山茂認為，這樣的說法失之簡化，因為「人走過即成路」，更精確地說，應該是在西元三、四世紀古墳時代，日本開始以三輪山麓為基地，成為初具規模的國家時，一條重要的官道。

既然是一條重要的官道，當然就不應該只有這一小段，實際上，這條官道還延伸至奈良市，但青山茂指出，昭和年間，這一段路被編入「東海自然步道」建行路線，因此讓人產生「山邊道只有那一小段的錯覺」。不過，山邊道距今已有一千五百多年的歷史，不可能完整保留下來，這一小段路所呈現的鄉野氣息，反而最能表現出古代的韻味。

山邊道剛好與JR櫻井線平行，若從「天理」走到「櫻井」（山邊道地勢

「天理」是新興宗教天理教的大本營

石上神宮是山邊道散策起點

起伏並不明顯，亦可反方向走）全長三十五公里，沿途走走玩玩，至少得花六、七個小時，還好，中間可以岔出去坐巴士的地方不少，巴士又行經「天理」、「柳本」、「三輪」、「櫻井」四個JR車站，因此，若中途想結束，隨時可以坐巴士或JR離開。

從天理駅往山邊道的方向，道路兩旁矗立著龐大的宗教建築，原來，天理是日本新興宗教「天理教」的大本營。江戶時期創立的天理教在發展過程中，不斷受到日本政府的壓迫與佛教界的反對，一度遭明治政府的取締，直到中日甲午戰爭時，天理教捐出了大筆捐款，才得到明治政府的認可，納入神道教系統，並准許公開活動。

越過天理教總部後，綠窗紅頂的「石上神宮」才是山邊道的起點。石上神宮的地位可不一般，日本人視「神宮」比「神社」地位更高，在《日本書記》中唯一記載的神宮，不是伊勢神宮，而是這座石上神宮，因為日本第一代神武天皇舉兵東征時，所賜的神劍就供奉在神宮內，後來也扮演著武器庫的角色。

11月看到蜜柑不奇怪，奇怪的是竟然還看到櫻花！

竹之內環濠村落還保有中世紀的村莊風貌

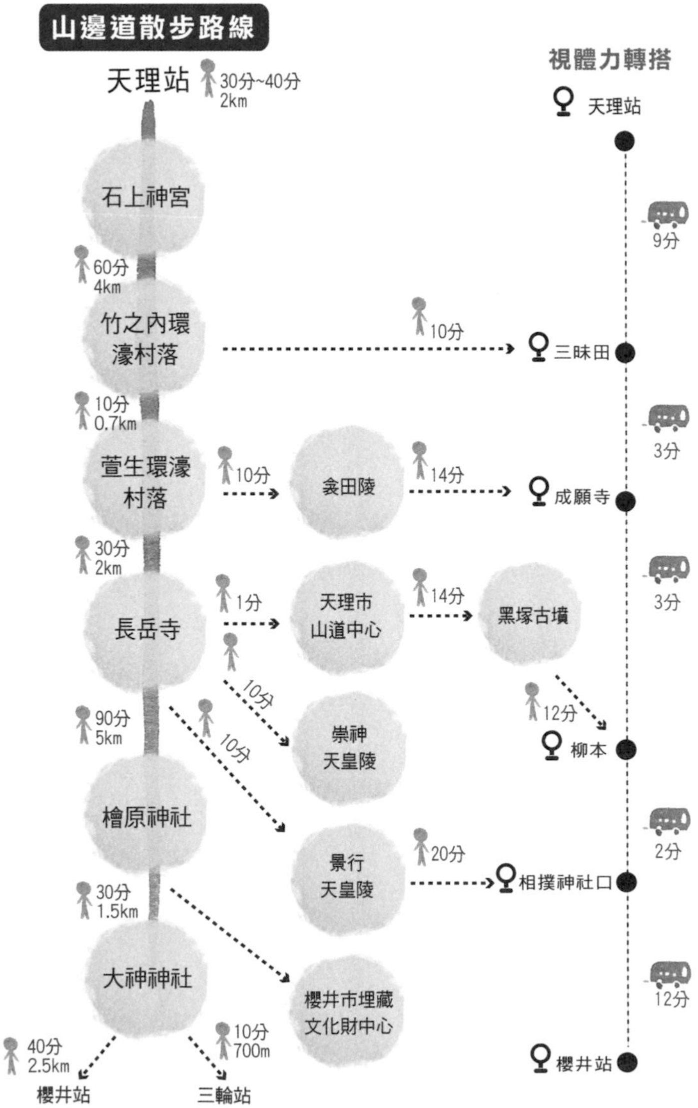

過了石上神宮，開始進入山邊道最怡人的鄉間景色，田園中錯落著農家、民宅旁有柿子樹、蜜柑樹，沿途還有很多無人商店——一個小亭子上放著些柿子、蜜柑，紙條上寫著「一百日圓」，想買？自己把錢放進盒子裡就是了！一切全憑誠信。

我買了一堆柿子、蜜柑當午餐，沿途邊走邊吃，走進竹之內、萱生環濠聚落，欣賞中世紀的村莊為防範外敵入侵而建的濠溝，如今濠溝搖身一變成了灌溉農田的水塘，千百年來，還是一樣地恪盡職守，對村莊做出貢獻。

長岳寺一帶是著名的古墳群，具有代表性的黑塚古墳、崇神天皇陵，都在這裡，但是走到這裡，已經有些累了，所以開始找尋可以歇腳的地方。

山邊道沿途風光明媚，但沒什麼餐廳店家，好不容易看到一家店，以古代統一大和國諸邦的邪馬台國女王之名「卑彌呼」命名的「卑彌呼庵」，也不管它裡面賣的是什麼，就鑽了進去。

卑彌呼庵種了許多花草，榻榻米的空間很適

山邊道充滿鄉野田園風光

合休息，但是只有賣附和菓子的抹茶及咖啡，沒有提供餐食。即使如此，喝著美麗茶碗的抹茶，靜靜地眺望遠方的三輪山，還是能消解散步的疲憊。

雖然不想起身，但是山邊道還沒走完，只好繼續前行。走到「檜原神社」，不見寺殿，只剩鳥居，原來所供奉的天照大神，已被遷移至伊勢神宮。

山邊道一路上有不少碑刻，沿途三個寫著「山邊道」的石碑，是文藝評論家小林秀雄所提，但最多的則是《萬葉集》中飛鳥時代歌人柿本人麻呂的和歌；不過，唯一比較能夠了解其意的，是在井寺池邊，由川端康成所提《古事記》中的和歌：「大和は　国のまほろば　たたなづく　青かき　山ごもれる　大和し　美し」（大和　國之極境　層巒疊峰　青垣山　大和兮美兮）

「大神神社」是山邊道的終點，是與「伊勢神宮」、「出雲大社」齊名的日本三大古社之一，只是我前面晃盪得太悠閒，上午十點開始散步至此，已快下午四點，所以沒仔細欣賞大神神社檜皮屋頂之美，就急忙趕到JR三輪駅，當然也沒時間吃碗鼎鼎大名的「三輪素麵」，如今想來，扼腕不已。

「卑彌呼庵」是中途為數極少的茶室

山邊道沿途都是這種無人商店

川端康成所提字的歌碑

檜原神社如今只剩鳥居

因為客人不多，大眾池成了個人池

一進門就是個大圍爐

奧香落山莊（おくこうち　さんそう）
地址：奈良縣宇陀郡曾爾村今井 1037 番地
電話：0745-94-2231
交通：兩人以上，可於訂房時預訂旅館接駁巴士
價格：一泊二食10,500日圓起

山裡的一軒宿——奧香落山莊

從近鐵榛原駅到奧香落山莊車程約半小時，如果奧香落山莊沒有提供免費的接駁服務，我怎麼也不可能花那個計程車錢來到這山裡的一軒宿，偏偏，奧香落山莊一點也不在乎接送車程長，果然是服務到家。

奧香落山莊位於曾爾高原，打電話去訂房時，原本與旅館約好下午四點在近鐵榛原駅北口接送，沒想到山邊之道散策時間超過預期，在JR三輪駅時，我趕忙打電話去旅館，告訴旅館約莫要晚半小時才會抵達榛原駅，奧香落山莊一點也不以為忤，直說：「大丈夫！」（沒關係）還叮嚀我，是在「北口」喔！

奧香落山莊就在香落溪畔，空氣冷冽清新，更讓人覺得此地與世無爭。一進門，迎客的是個木製大圍爐，暖意便開始湧上心頭。

或許是因為座落於深山之中，奧香落山莊客人並不多，因此寬敞的庭園露天風呂，彷彿成了個人池，不管是晚餐前去泡，還是起床後去泡，都沒有看到其他客人。

晚餐提供的是「山裡的自然味」，主菜是鴨肉及雞肉火鍋，分量不小，看著煙霧裊裊的熱氣，我滿心期待地想要大快朵頤，吃了幾口，要命！這鴨肉怎麼這麼老？這世上有土雞，難道這裡提供的是「土鴨」？

第一次，住日式溫泉旅館，我沒把晚餐的主菜吃光，你就知道，那「土鴨」有多老了。

搭旅館的接駁巴士到近鐵榛原駅後，坐一站到「室生口大野」，換乘巴士到「室生寺」，室生寺附近的「室生山上公園藝術之森」也很值得參觀；返回「室生口大野」續坐近鐵大阪線到「櫻井」，坐巴士去「談山神社」後，返回大阪或奈良。

走過太鼓橋，來到女人高野室生寺

室生寺四周群山環繞，這附近的山脊有「八葉蓮花」之稱，室生寺就座落在這八葉蓮花的花蕊上；室生寺門前朱漆的「太鼓橋」，據說是欣賞八葉蓮花最佳的觀景點。

室生寺的開山祖師是奈良時代興福寺的僧人賢璟，雖然同為密宗寺院，但是興福寺的「雜密」，與弘法大師後來所創立的「純正密」真言宗（以高野山金鋒寺與東寺為根本道場）有所不同，因此長久以來，室生寺的歸屬問題，就在興福寺與高野山之間爭論不休，直到江戶時代中期，才確定室生寺歸屬於高野山的真言宗。

室生寺門前的石碑上刻著「女人高野」，正是因為高野山嚴禁女人參拜，但室生寺卻可以，故有了「女人高野」的別名，室生寺也因此而聲名大噪。

或許是因為「女人高野」這個名字，令人覺得室生寺格外秀美，山門雅緻、石階古意，柿葺屋頂的金堂，採懸造式的工法築於石階上，小小的五重塔被四周的林木包圍起來，更顯得典雅。

室生寺最有名的是石楠花，每年四月，粉桃色的花朵把室生寺妝點得異常嬌美，十一月初楓葉才剛剛開始由綠轉橘，雖然還沒火紅，卻別有一番滋味。

走過朱漆的太鼓橋，對面即是室生寺

11月初，室生寺的楓葉正在由綠轉橘，格外有股清麗之美

室生寺的金堂採懸造式建築工法，已被列為國寶

石階上小小的五重塔，造型華麗典雅

近鐵大阪線「櫻井」到「室生口大野」賞楓路線

近鐵大阪線從「櫻井駅」開始，連接著「長谷寺駅」、「室生口大野駅」三個車站，形成一條方便的賞楓路線，相較於京都楓葉季洶湧的人潮，談山神社與室生寺的楓葉，更顯得清靜出塵。

從櫻井駅南口，坐奈良交通巴士25分鐘到「談山神社」，11月中旬以後，多武峰的紅葉鮮豔如火。

長谷寺駅出來，走15分鐘，就是有國寶級十一面觀音像的長谷寺，長谷寺雖也是奈良縣著名的賞楓勝地，但櫻花似乎比楓葉更壯觀。

室生口大野駅，需搭巴士15分鐘到室生寺巴士站，還要再走5分鐘的路，才能到達有女人高野之稱的室生寺。11月開始的楓葉季，奈良交通會加開臨時班次的巴士，來往於長谷寺與室生寺之間，讓遊客一次暢遊兩個景點，省去轉乘的麻煩，奈良交通株式會社官網可查詢巴士時刻表。

奈良交通株式會社官網：http://www.narakotsu.co.jp/

呼吸另一種藝術氣息——室生山上公園藝術之森

古老的室生寺，傳統的日式風情，很難想像從巴士站往另一側沿著山路走，有一個完全不同味道的現代藝術的基地。

「室生山上公園藝術の森」是一座野外美術館，當地雕刻家井上武吉希望賦予室生村落更多文化藝術的色彩，因而設置了這個公園。坦白說，造訪時，我根本不知道，創作公園藝術之森，公園內作品的以色列藝術家卡拉萬（Dani Karavan）是誰，但是室生山上公園藝術之森，卻非常非常有魅力。

那是一種靜謐的美。或許是因為在深山中，人煙稀少，所以這種靜謐靈逸的氣氛，格外強烈。

室生山上公園藝術之森展示的作品並不多，卻非常特別，因為這些作品，就是要擺置在這裡才好看，它與四周的景觀融為一體；後來查了資料才發現，原來卡拉萬是從雕塑藝術涉足於景觀設計的藝術家，無怪乎有此感覺。

卡拉萬一九九八年從整地開始，就親自參與公園的整體設計，到二〇〇六年落成對外開放前，卡拉萬一共跑來十六次，一再親赴基地現場確認各種工事進行，與環境營造的狀況，才成就今天所如此渾然一氣的模樣。去室生寺之餘，強烈推薦散步來此，呼吸另一種截然不同的藝術氣息，這是一個你絕對會喜歡的野外雕塑公園。

室生山上公園藝術之森
官網：http://www.city.uda.nara.jp/sanzyoukouen/index.html
交通：坐近鐵在「室生口大野」換乘奈良交通巴士，在「室生寺」下車，走路約20分鐘
票價：400日圓

「螺旋的竹林」好像會把人吸進去

從不同的角度欣賞現代雕刻，會有不同的視野

「太陽之塔」佇立在水池之中

「螺旋的水路」盡頭是棵樹

關西的日光——談山神社

談山神社有「關西的日光」之稱，因為日光在蓋東照宮時，曾經參考了談山神社的本殿為基準；仔細看看，雖然談山神社朱紅色的本殿，沒有東照宮本殿華麗，但論起建築樣式，倒還真是有些像。

談山神社是奈良縣著名的賞楓名所，每年近鐵推廣奈良的賞楓路線，總愛拿談山神社的楓紅似火的照片來作宣傳，楓葉紅、本殿紅、十三重塔紅，整張照片紅通通的，讓人懷疑人間真有此仙境？

談山神社供奉的是藤原家的始祖藤原謙足，他最出名的事跡，是與中大兄皇子聯手，誅滅了當時專橫跋扈的蘇我氏，並推動「大化革新」，被天皇賜姓「藤原」。藤原家後來成為日本最有權勢的攝關家，把持朝政的情形，其實與蘇我家不遑多讓。

談山神社境內的寶塔非常特別，別的古寺多是五重塔、三重塔，談山神社卻是十三重塔，是日本現存木造寶塔中，層次最多的一座。但要欣賞那楓紅、本殿紅、十三重塔紅的美景，還需要點運氣，談山神社楓紅時間比京都稍晚，十一月底才會紅豔如火，我偏偏就早來了一、二週，滿山楓葉還沒綻放出最豔麗的色彩呢！

十三重塔是現存最多層的木造寶塔

談山神社
官網：http://www.tanzan.or.jp/index.html
交通：從近鐵櫻井駅南口搭奈良交通巴士，在「談山神社」下車，過商店街即達
開放時間：8:30-17:00
拜觀料：500日圓

談山神社的本殿與東照宮本殿，建築樣式是不是有點像？

夢的舞台，夢的鳴門鯛

淡路島、高知

安藤忠雄在演講會上，一邊播放著的投影片，一邊說：「這些樹，剛種下去的時候，是這樣……，一年後，是長這樣……，五年後，變成這樣……」，等待三百萬棵樹長大，淡路島夢舞台，是安藤忠雄發願最深的作品。

A-17

行程重點：

Day1
大阪－淡路島夢舞台－淡路島花座敷－本福寺水御堂－夢舞台The Westin 。宿：The Westin酒店

Day2
夢舞台－鳴門渦之道－エスカヒル鳴門－鳴門觀光港搭遊覽船－德島。宿：東橫Inn德島駅前

Day3
德島－室戶深層海水Spa中心－亂礁步道散步。宿：UTOCO Auberge & Spa。

Day4
室戶－奈半利－高知－坂本龍馬紀念館－桂濱海岸－返回大阪

最適合的季節：

- 春夏淡路島繁花盛開
- 8/12-8/15德島阿波舞祭
- 11/15龍馬誕生祭

M型旅遊：

- 住安藤忠雄設計的「The Westin」酒店，但挑最便宜的住宿方案
- 平衡預算在德島駅住最便宜的「東橫INN」
- 住「UTOCO Auberge & Spa」躺在床上看日出，做深層海洋水Spa

交通：

從大阪（或神戶）坐JR到舞子駅，徒步至「高速舞子」換巴士，直達「夢舞台」

Tips:

在德島駅購買「德島・室戶・高知 きっぷ」二日券，5,500日圓

許多饕客視鳴門鯛為夢幻逸品

百段苑是夢舞台最後完成的作品

開始一趟很夢幻的旅程

這是一趟很夢幻的旅程。

夢幻之一，是要去淡路島夢舞台。

二〇〇八年，安藤忠雄在台中的一場演講會上，一邊播放著投影片，一邊說：「這些樹，剛種下去的時候，是長成這樣……，一年後，是長這樣……，五年後，變成這樣……」面對著台下四千多位觀眾，安藤忠雄正在述說，他是如何改造這片曾經是關西空港的採砂場，成為「夢舞台」。

淡路島夢舞台是安藤忠雄發願最深的作品，在這個案子開始的前五年，他只做一件事：種樹、種樹、種樹；旁人看得心裡焦急，問他：「你怎麼不趕快蓋房子？」安藤忠雄說：「我要先等這些樹長大。」足足等待了五年，等種下的三百萬棵樹開始長高，安藤忠雄才著手蓋房子，國際會議廳、The Westin、百段苑等建築，實現人類與環境和諧共處的「夢舞台」。

夢幻之二，是來到鳴門海峽，吃那位教出三位米其林三星大廚的師傅，小山裕久的料理。

東京「小十」的主廚奧田透，「神田」的主廚神田裕行，與「龍吟」的主廚山本征治，三位已獲得米其林三星肯定的廚師，都曾經是小山裕久的徒弟，小山裕久更是把日本料理推廣到法國的關鍵人物。

即使東京的築地市場，擁有來自日本各地，甚至是世界各地的漁貨，但是出身於德島的小山裕久，始終把大本營「古今青柳」設在德島；他說，德島擁有最棒的食材，例如每日與漩渦搏鬥的鳴門鯛、吃起來有黃瓜味的香魚，所以想吃「日本料理的神髓」，還非得跑來德島一趟不可。

夢幻之三，是去住已併入星野Resort集團，位於高知室戶岬的UTOCO Auberge & Spa。

日本美妝品牌「植村秀」很多人都不陌生，植村秀把高知室戶岬的海洋深層水，奉為保養聖品，位於室戶的UTOCO Auberge & Spa，對於海洋深層水，做了一番更極上的演繹。

這裡不但有海洋深層水Spa中心，讓愛美的女性視為天堂，白色簡約的建築風格，更散發出迷人的南歐風情；我喜歡「玩旅館」，再怎麼棒的旅館住過一次後，多半不希望再重覆，唯獨這裡，第一次讓我產生「住一晚好像不太夠」的念頭，因為它會讓在你不知不覺中，就慵懶了起來。

夢幻之四，是去幕末英雄坂本龍馬的故鄉，高知。

究竟是一個什麼樣的地方，可以孕育出坂本龍馬這樣一個夢幻的傳奇人物？實際走一趟高知，發現這裡充滿了陽光，卻又十分溫煦，難怪會造就坂本龍馬這樣熱情、叛逆，卻又相當溫柔的性格。

這樣的旅程，如何不夢幻？

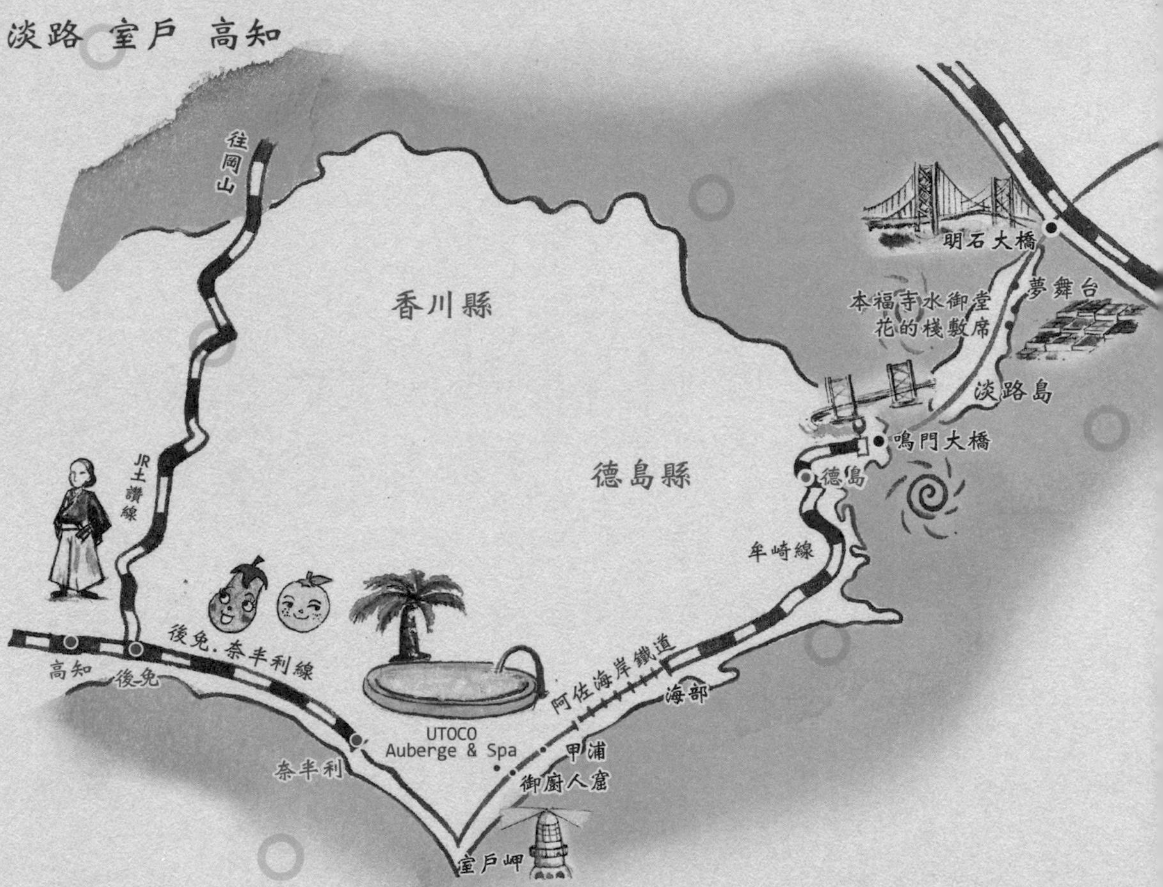

M型小撇步，德島住宿省一下

夢舞台的The Westin飯店、UTOCO Auberge & Spa、小山裕久的「古今青柳」，已經讓這趟旅程奢華度滿點，在M型旅遊的法則下，德島的住宿一定要好好省一下。

吃完「古今青柳」，再回到德島駅，恐怕已是晚上九點半，且造訪時若非德島的阿波舞祭（8/12-8/15），加上隔天要把時間留給UTOCO Auberge & Spa，所以在規劃中只把德島當作過夜點，那就不用考慮太多，住德島駅走路5分鐘、經濟實惠的東橫Inn吧。

Day 1：

坐JR到舞子駅，走5分鐘到「高速舞子」，坐巴士15分鐘直達夢舞台，先把行李放在The Westin酒店，吃過午餐後，不急著遊夢舞台，先坐島上的路線巴士去「淡路島花座敷」與「本福寺水御堂」，再返回夢舞台。宿：The Westin酒店。

Nano，夢舞台唯一有戶外座位的餐廳

夢舞台是淡路島交通的樞紐，越過明石海峽到淡路島，「夢舞台」的巴士站牌就在The Westin酒店的門口。把行李交給The Westin後，肚子已經有點餓了，越過「貝之濱」，往餐廳的方向走去，一排在戶外的座椅吸引了我，在夢舞台，本來就該找個能看得見樹的地方吃午餐，否則怎麼對得起安藤忠雄？

Nano是夢舞台「Restaurant & Shop」中，唯一有戶外座位的餐廳，溫馨優雅的裝潢，非常符合淡路島的氣氛，讓這裡成為人氣頗高的用餐地。

午間的義大利麵套餐，有前菜沙拉、麵包、義大利麵、甜點與咖啡。義大利麵上面鋪滿了許多小貝柱，賣相十分可愛。

但是吃了一口，嗯——，心裡不禁念了一句：「看起來如此清爽的義大利麵，幹嘛要弄得那麼鹹呢？」整體而言，是適合女生的分量，男生吃可能會嫌有點少。

到夢舞台的交通

不管從大阪或神戶，坐JR在舞子駅下車，出車站後依指示牌走去「高速舞子」，要轉搭二次電梯才會到達往淡路島夢舞台的乘車口。乘車處位於明石大橋上，來往車輛雖多，但很安全。往淡路島夢舞台的車次很密集，一下車就是The Westin酒店門口，車程15分鐘，500日圓

Nano

營業時間：11:00-14:30　17:30-21:00，週三休

價格：午間義大利麵套餐1,575日圓

前菜沙拉上的火腿風味十足

看來清爽的義大利麵，口味卻稍鹹

Nano的裝潢非常可愛，也是唯一有戶外座位區的餐廳

霜淇淋竟然是枇杷口味

瞭望台可清楚地看到海

就算是在11月中旬，「淡路島花座敷」還是有花可賞

可以看到海的花田——淡路島花座敷

抵達淡路島，我選擇的第一個景點，不是靠近夢舞台，規模比較大的明石海峽公園，而是離夢舞台有點小距離的「淡路島花座敷」（あわじ花さじき）。

「花座敷」，聽起來就是個很美的名字。彷彿叫人來此靜靜地賞花，不要喧嚷地到處亂跑；實際造訪，確實是一個頗有韻味的花田，因為它位於一個小山丘上，站在這裡，不單看花，也看海，更看海與花交疊在一起，所構成的美麗圖畫。

「淡路島花座敷」在不同區域種植不同的品種，讓遊客不論何時來此，都能賞到花；但造訪的時候畢竟已是十一月中旬了，花田只剩一小塊，如果是春天或是盛夏，想必更美。

遠遠望去，我看到有人在這裡騎馬，也有人在此放牧，讓這片花田，顯得比較純樸，沒那麼商業化。

小小的販賣所，賣著的是一些當地所種植的蔬果，當然，還有令人無法抗拒的霜淇淋。有趣的是，這霜淇淋，竟然是枇杷口味！

淡路島花座敷
官網：http://www.hyogo-park.or.jp/hanasajiki/
交通：沒有公車直接到。所以節省車資的方法，就是先坐一段公車，再坐計程車。在Westin飯店前，坐淡路島內的區域巴士，選「岩屋—洲本」的路線，約30分鐘在「東浦バスターミナル」下車，再坐計程車約10分鐘
開放時間：9:00-17:00
入園料：免費

「水御堂」的屋頂是一個蓮花池

本福寺水御堂的屋頂是個蓮花池

「當我提出，把建築物蓋在蓮花池底下，我問了三十個人，三十個人統統反對！」安藤忠雄在提到本福寺水御堂時，曾經透露這一小段插曲。

距離夢舞台約三十分鐘車程，淡路島上還有另一個安藤忠雄所設計的建築──「本福寺水御堂」；這座寺廟完成於一九九一年，可說是安藤忠雄作品中，把建築物「藏」在地下的先驅。如果安藤忠雄沒有說服眾人接受這個構想，讓世人歎為觀止，也許，後來採用同樣的手法，把整座美術館都藏在地底下的直島地中美術館，或是夢舞台的海教堂，不會興建得如此順利。

從公車站到本福寺水御堂，大約要走十分鐘左右的路程，如果不要太心急，這段路還蠻有趣的，因為所經之處都是民家、菜園、花圃，可以感受淡路島純樸的生活氣息。

本福寺水御堂是平安時代後期真言宗御寺派所創建的寺院，安藤忠雄並非設計整座寺廟，而是位於境內最後方的新本堂「水御堂」。

寺廟規模並不大，在門口迎客的，是一個拿著掃帚的胖嘟嘟小僧石雕。

不用擔心在本福寺中，難以找到水御堂，只要看到安藤忠雄的註冊商標——混凝土清水模，就知道找到了。從清水混凝土的石牆走進去，一邊是圓牆，一邊是方牆，在很多安藤忠雄的作品，都可以看得到他這樣的設計，穿越過去，就是一片豁然開朗。

「水御堂」的屋頂是一個蓮花池。更巧妙的是，從屋頂的正中央，有一條階梯往下走，才會進入內部。從空中看，這個蓮花池，就像是代表日圓的「円」字。

從階梯走下去，發覺安藤忠雄玩了一場光線的遊戲。突然之間，沒有一絲光線，眼睛要適應一下，才可以「看到」室內的景象。如果說，室外的陽光普照是「天堂」，那麼循階梯而下，就來到了「地獄」。而這地獄，竟是一整間的「紅」！從牆壁到窗格，全部是非常刺眼的紅色。

但是不知為何，到這裡，心，就會慢慢地沉靜下來。靜靜地在「藥師如來」前面，坐在幽暗的空間，「藥師如來」背後，像天堂的光芒，不自覺地，就被安藤忠雄引導成像在「朝聖」一般。

要特別介紹的，是這裡的廁所。整間廁所，竟然非常奢華地用檜木打造，所以一進去，就是滿室的檜木香。

所以，就算不上廁所，也一定要來「聞香」一番。

本福寺水御堂
交通：距離「淡路島花座敷」（あわじ花さじき）不遠，坐計程車約10分鐘。如果坐公車，就要在「夢舞台前」搭淡路島路線巴士，在「立石川」下車，走路10分鐘
開放時間：9:00-17:00
拜觀料：400日圓

從階梯往上爬，外面的天光，彷彿帶人走向天堂

藥師如來的背後的光芒，望著它，宛如在「朝聖」一般

五星級的The Westin，高貴不貴

坦白說，夢舞台的The Westin，雖然是五星級酒店，但是價格並沒想像中的貴。

當然，這還是要看你住什麼樣的房間，吃什麼樣的料理而定。晚餐如果選擇吃Buffet，住標準客房（standard room），在官網上預訂，一泊二食一個人一萬四千多日圓，比東京五星級飯店的價格便宜太多，絕對是超值的享受。

更何況，它的標準客房是我所住過空間最大的！床鋪又軟又舒服，躺在床上，根本不想起來。

夢舞台的一切，近在咫尺，出門隨意散散步，走累了，回房再睡一下，這樣的地利之便，又是淡路島巴士的必經之地，所以來淡路島，想不住The Westin，實在很難。

但是和、洋兼具的Buffet，是惡魔，定力稍微不夠的人，絕對很容易吃太多；挺著吃太撐的肚子，躺在床上，我發誓，下次再也不吃Buffet了！

淡路島The Westin
官網：http://www.westin-awaji.com/index.html
價格：一泊二食14,500日圓起

The Westin是遊淡路島最方便的住宿地點

The Wstin酒店最著名的花型椅

standard room房間就已經很大了

Day 2：

早餐後細細品味安藤忠雄的「夢舞台」，返回「高速舞子」坐巴士越過鳴門大橋，抵達「鳴門公園口」，走一回「渦之道」、「鳴門愛素卡坡」，坐遊覽船近看鳴門漩渦後，坐巴士或火車抵達德島駅。宿：東橫Inn。

夢舞台，品味安藤忠雄的心意

淡路島夢舞台，是所有安藤迷必來的朝聖景點，二〇〇〇年完工的夢舞台，或許不應該用「建築」的角度來欣賞，應該看的，是安藤忠雄的心。

一九九二年，擁有這片土地的青木建設與三洋電機，最初的構想，是委託安藤忠雄興建一座高爾夫球場，但是安藤忠雄實地來此勘察後，卻對這裡沒有一棵樹的悲慘景象，烙印在腦海中，揮之不去。

但是當時的兵庫縣知事貝原俊民認為，應該由政府出資買下這塊地，把它變成一座公園，成為花卉博覽會的主要場地，並與園藝學校建教合作，變成花卉產業的基地。此想法與安藤忠雄不謀而合，剛好那段期間，安藤忠雄陸續獲得幾項世界級的建築大獎，世界級建築大師的光環，讓貝原俊民成功地說服兵庫縣議會，把整體的規劃設計大權交給安藤忠雄。

眾所周知，安藤忠雄花了五年的時間，種三百萬棵樹，「等待」樹長高，只用最後二年的時間完成所有的建築，但夢舞台，並不是只

貝之濱由100萬片帆立貝殼鋪成

有「療癒受傷的土地」這樣一個故事而已。

在The Westin飯店旁邊，那一百萬片帆立貝殼構成的「貝之濱」，是安藤忠雄向全日本民眾募集而來，那是多大的一個發願？我相信，當初收集而來的貝殼，絕對是一百萬片的數倍，否則不可能有辦法篩選出大小如此均一的貝殼，還要用人工一片片貼上去，那又是多麼累人的一項工作！

其實，現代建築材料要做出像貝殼的圖飾，一點也不困難，安藤忠雄為何要捨易而求難？他說：「因為我想讓小孩子可以看到真正的東西！」簡簡單單的一句話，道盡安藤忠雄對於日本孩童成長環境深切的反省。

如果說，「貝之濱」，是眾人念力的展現，「百段苑」，則是對於淡路島大地震的悼念。

就在安藤忠雄著手復育夢舞台這片土地期間，一九九五年，又發生了阪神大地震，震央就在淡路島，而且在原先The Westin酒店的預訂地，出現了一道斷層。於是，安藤忠雄變更了原先的設計，利用這道斷層設計了我們今天看到的百段苑，百段苑也成為夢舞台最後的壓軸之作。

一百個花壇沿著階梯而上，看起來像是個墓園，上面種滿了菊科植物，那是安藤忠雄希望撫慰島上飽受驚嚇的居民，同時也有為死傷者悼念的心意。

奇跡之星植物園、明石海峽公園、山迴廊、海迴廊、野外劇場、海教堂、國際會議中心……，夢舞台要慢慢走，才能細細品味安藤忠雄的心意。

夢舞台
官網：http://www.yumebutai.co.jp/
需門票的設施：
1.奇跡之星植物園：10:00-18:00，600日圓
2.明石海峽公園：9:30-16:30（視季節而定，最晚到18:00），400日圓。奇跡之星植物園與明石海峽公園共通券800日圓

夢舞台充滿了安藤忠雄的建築特色

經過精挑細選的貝殼，每片大小都一樣

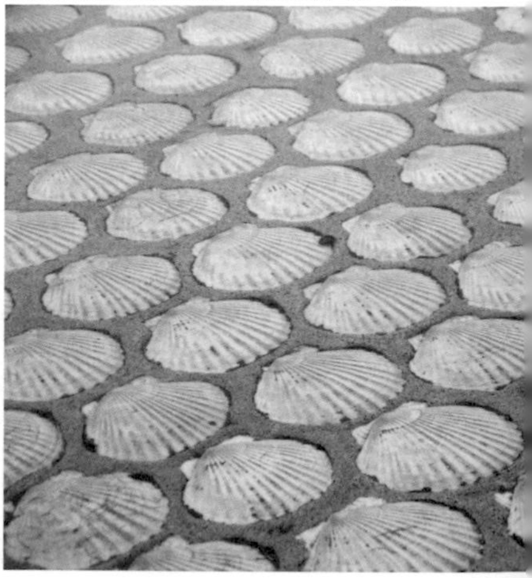

明石與鳴門，像兄弟的兩座橋

淡路島的南北兩端，各有一座長得很像的大橋。北邊的是明石大橋，跨越著明石海峽連結著神戶市，它也是目前世界上跨距最大的懸索橋（一九九一公尺）。

南端的鳴門大橋，連接著四國的德島，使得日本本州、淡路島、四國，經由這兩座橋連成一線，所以這次旅程的安排，就是經由這兩座橋，從本州坐巴士到四國，某種程度而言，算是一趟「跨橋跨海之旅」。

明石大橋與鳴門大橋長得實在很像，說他們是倆兄弟，一點也不為過；兩者長度相差三百六十二公尺，早生十三年的「哥哥」鳴門大橋短一點，不過，就觀光價值來說，鳴門大橋可就高得多了，因為鳴門大橋底下就是世界三大漩渦之一的「鳴門漩渦」，這樣的天然奇景，使得鳴門公園內重要的觀光設施，都是以「看漩渦」為主體。

要特別提醒的是，從The Westin前的「夢舞台」巴士站牌，大多都是淡路島上的路線巴士，跨越鳴門大橋駛往德島的巴士班次很少，所以建議從夢舞台再回到「高速舞子」，一小時有一到二班高速巴士直達「鳴門公園口」，車程約五十五分鐘，到「德島駅」約一小時二十分鐘。

明石大橋（下）與鳴門大橋（上）是不是很像兩兄弟？

算好時間看漩渦

鳴門漩渦號稱擁有全世界最大的漩渦，據說大潮時，直徑最大可達二十公尺，遊客來此，雖然不一定會碰到大潮、看到「世界第一大的漩渦」，但是也不用擔心，即使不是大潮，每天還可以看到無數大小漩渦。

只是要看漩渦，一定要算好時間，每天有兩次機會，分別是漲潮、退潮；一般來說，大潮是前後兩小時內，中潮是前後一點五小時內，小潮是前後一小時內；所以到鳴門，一定要事先查「潮見表」，確定你造訪的那天是何時漲、退潮，再算好交通時間造訪，以免敗興而歸。

之前很擔心帶著行李逛鳴門公園很不方便，但其實是有些多慮了，坐巴士到「鳴門公園口」下車，走到「渦之道」，渦之道服務人員會很熱情地幫你放行李，即使是去坐觀光船，乘船地點也有大型置物櫃，所以不用擔心行李置放的問題。

提到渦之道，不得不佩服日本人的巧思，它其實是架構在鳴門大橋車道下的橋桁內，一條四百五十公尺的步道。走在步道內，風好大，還可以感覺車子行經的「震動感」，在幾個漩渦非常明顯的地方，還特別用強化玻璃鑲嵌在地上，膽子大一點，可以站在玻璃上，體驗騰

特殊的強化玻璃，只能踩，不能跳

遊鳴門，不能錯過坐觀光船

船身從橋下穿過，鳴門大橋更具迫力感

從「エスカヒル鳴門」所眺望的景色

空的感受。

距離渦之道走路約三分鐘，就是「エスカヒル鳴門」（鳴門愛素卡坡），五層樓高的手扶梯直達山頂，三百六十度的展望台，能夠清楚地看到整座鳴門大橋的雄姿。

在「エスカヒル鳴門」從上往下看鳴門大橋，固然很美，但從橋底下往上看鳴門大橋，又是另一番光景。

坐觀潮船，不但可以近看無數的大小漩渦，而且船身從橋下駛過，抬頭一望，更加感受鳴門大橋的迫力！

只不過，搭觀潮船的地方有點遠，最好坐路線巴士，從「鳴門公園口」車程約五分鐘抵達「鳴門觀光港」，這裡有兩種船可以選擇，一種是大型觀光船，船身較穩；另一種則是水中觀潮船，可以在船艙內從水中看漩渦，但缺點是船比較小，所以搖晃得比較厲害，而且要事先上網預約。

還好我選的是大型觀光船，因為大型觀光船也蠻晃的，如果坐水中觀潮船，恐怕得暈船了！

潮見表：http://www.uzusio.com/siomi/siomi.php
渦之道官網：http://www.uzunomichi.jp/
開放時間：3月-9月 9:00-18:00，10月-2月 9:00-17:00，
休館日：3月、6月、9月、12月，第二個週一休館
門票：500日圓，渦之道可與エスカヒル鳴門或觀潮船，合買共通券，便宜200日圓

エスカヒル鳴門
開放時間：8:00-16:45
門票：300日圓
觀潮船：http://www.uzusio.com/
大型觀潮船：一天12班，航行時間30分鐘，票價1,530日圓
水中觀潮船：一天15班，航行時間25分鐘，票價2,200日圓

坐觀光船可以近看無數的大小漩渦

渦之道風好大

在「エスカヒル鳴門」360度看到的景色皆不同

從鳴門公園到德島駅的路線巴士與JR

從「鳴門公園」到坐遊覽船的「鳴門觀光港」，走路約20分鐘，懶得走路的人，可利用每半小時一班路線巴士，車程約5分鐘。

從鳴門公園或鳴門駅，則每小時有一班路線巴士到德島駅，當然也可以坐JR鳴門線到德島駅。巴士時刻表http://www.uzusio.com/map/map-01.html

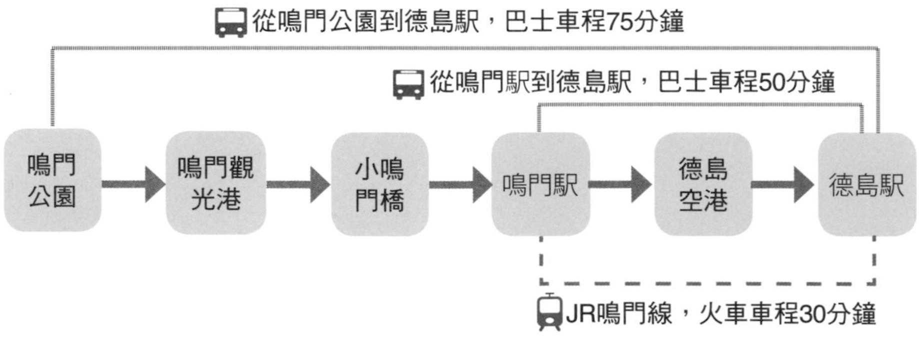

日本料理的神髓——小山裕久的「古今青柳」

把日本料理推廣到法國餐飲界的關鍵人物小山裕久，二〇一〇年曾接受晶華酒店邀請來台，但當時一客晚餐一萬五千元，實在太貴沒去吃，有一回趁著去四國旅行時，專門訂了小山裕久的「古今青柳」。

會特別想吃小山裕久的料理，還有一個重要的原因，是拜讀了他的著作《日本料理的神髓》。第一次看這本書時，我以為他會寫一些做料理的撇步，但一口氣看完，沒看到武功祕笈、沒看到料理食譜，坦白說，當下心裡是有些失望的。

第二次再看這本書，卻有了完全不同的感受。它的內容非常簡單，雖然講的是高湯的準備、菜單的思考、刀工等等，都是很簡單的文字，但細細讀來，又覺得十分雋永。

例如，他說：「日本料理是很簡單的料理，但正因為簡單，所以很難。」所謂的簡單，是因為步驟很單純，例如生魚片，就是「切」而已，但是怎麼切？可以讓魚肉的水分不流失？更增加魚肉的美味？那就不容易了。再例如，高湯的製作，也不過就是把昆布泡水煮沸後，加入柴魚片再瀝出來而已，但他也是花了好大的力氣，才研究出屬於「青柳」的高湯。

這一切，靠的就是不斷地「練習」。

每當我做菜時，覺得自己這次做的菜，怎麼和上次做的菜味道不一樣，就更感覺小山裕久說的真的是太對了！因此這本書，寫的果然是「神髓」。

「古今青柳」本來位於鳴門海峽附近，可惜在二〇一四年閉店了！雖然他一直不願把大本營遷出德島，但禁不住客人的央求，終於搬到東京去；那次在「古今青柳」看到他親自提的「一期一會」，在「會」旁邊還加上了「食」，現在一季要去吃一次，可方便多了。

服務我們的小姐，為了解釋每道菜上的是什麼食材，還準備了一本魚類大全的書，詳細地向我們說明。吃到一半時，小山裕久的女兒（無緣見到小山裕久本尊），特地過來打招呼，

在「會」旁多了一個「食」，就是說一季要來吃一次啦！

在「個室」用餐，價格比較高

聊了一下她和父親一起來台灣的經驗，並且拿出當時台灣媒體的報導，顯示他們非常重視那一次的台灣行。

言歸正傳，小山裕久的料理到底好不好吃呢？它的第一道菜，鮑魚明蝦配上高湯凍，酸甜開胃，馬上就深獲我心。

在這裡，我第一次吃到日本老饕視為夢幻逸品的「鳴門鯛」。鳴門海峽漩渦極強，在這裡生長的鯛魚，為了要對抗湍急的漩渦，每天都要奮力地游泳，因此它的肉質就格外有彈性。

我可以保證，我吃的絕對是野生的鳴門鯛，因為那魚肉的彈性，已經不是用「Q彈」形容，而是「韌勁」十足！但你問我，喜不喜歡吃？答案是，沒那麼喜歡，因為嚼得實在是太累了！

坦白說，青柳的每一道菜，真的都很好吃，以四國名物だだき（烤半熟的鰹魚）來說，在四國吃了三次，其他地方都沒有這裡的好吃，大師調教出來的手藝，果然不凡；所謂的「八寸」各有各的滋味，再以深秋的茅草屋做為盤飾，不只是味覺，也是視覺的饗宴。

小山裕久的料理不新潮不花俏，卻把各種講究的食材處理到極致，直到今天，我還記得它每一道菜的味道……

古今青柳
官網：http://www.tokyo-aoyagi.jp/
地址：東京都港区麻布台2-3-20豊栄ビル1F
電話：03-6435-5776

「八寸」各有各的滋味，且以深秋的茅草屋做為盤飾

「古今青柳」奢華地用鳴門鯛來做茶泡飯

小山裕久展現了日本料裡的神髓

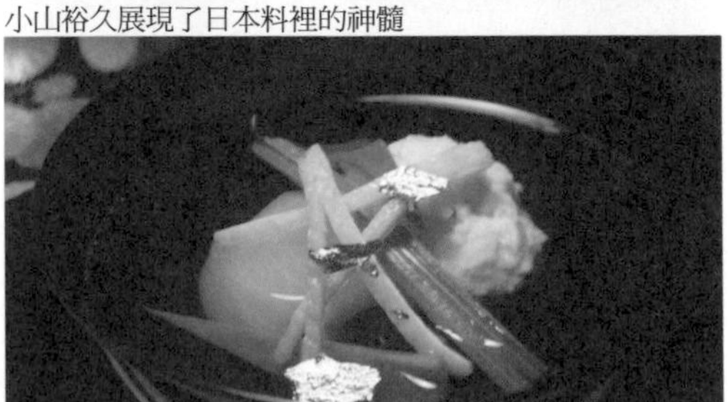

鮑魚明蝦高湯凍，鮑魚上的刀工增加口感

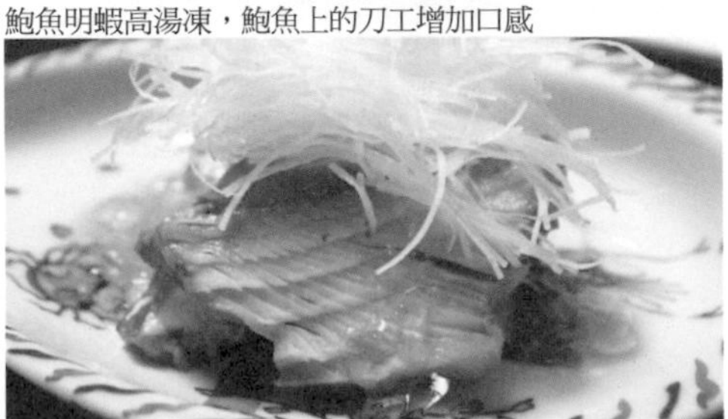

Day 3：

在德島駅購買「德島·室戶·高知　きっぷ」二日券，坐9:51的JR，再換巴士，中午抵達「室戶」的「UTOCO Auberge & Spa」，用完午餐後，可先去Deepsea Therapy做Spa，傍晚沿著海岸線探訪「御廚人窟」、「亂礁步道」、「中岡慎太郎像」，再返回旅館。宿：UTOCO Auberge & Spa。

到「室戶」天涯海角一點也不麻煩

從德島到室戶，一路要換乘四次，規劃時著實把我搞到頭昏；位於四國東部最南端的室戶，確實有一點在「天涯海角」的感覺，但是搞到頭昏的交通方式，其實只花二個半小時就到了！

那年和朋友一起走這條路線，9:51德島駅出發（特急むると號）—11:05牟岐（JR牟岐線）—11:26海部（阿佐海岸鐵道）—11:37甲浦，在甲浦車站等了一會兒，巴士就來了，在開往室戶的車程上，朋友直誇獎我：「妳實在太會規劃了，這樣換來換去，每一班車接得都剛剛剛好！」

這哪裡是我會規劃？是JR四國太厲害，早就算準了旅客的觀光路線；每一段轉乘都是在相同的月台，等車時間也只有五到十分鐘而已。要提醒的是，在德島駅搭車前，先向JR窗口購買「德島・室戶・高知　きっぷ」二日券，五千五百日圓，就可自由搭乘這個區域的JR及巴士。

另一個省錢的方法是，四國各個JR車站都有免費索取的「四国で得するパスポート」，裡面除了景點介紹外，還附上許多優惠券。在高知利用優惠券去「土佐料理司」吃飯時，還免費得到一瓶他們自製的桔醋醬油哩！

高知東部巴士路線及時刻表：
http://tobu.kenkoutsu.net/

德島、高知JR及巴士路線圖

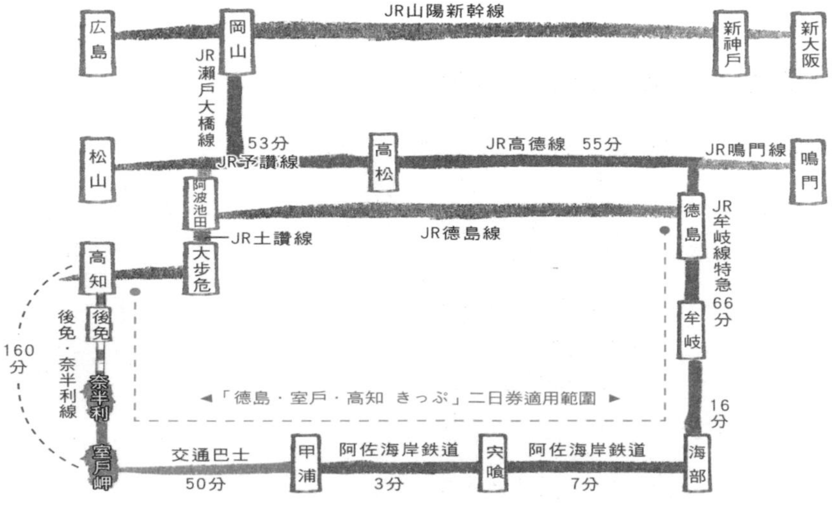

洞窟與亂礁，悟出空海大師

雖說是為了UTOCO Auberge & Spa，大老遠跑來室戶，但是造就這美景的，卻是那一片美麗的亂礁海岸。本來只是想在旅館附近散散步，沒想到，從旅館走到室戶岬的最南端，這一段三十分鐘左右的路程，還挺有趣的。

這一段也是「四國遍路」的重要路線。遊玩四國時，你常會看到有人戴著斗笠、拿著竹竿，一副遠行僧的打扮，不要覺得奇怪，他們是在進行四國遍路之旅。

所謂「四國遍路之旅」，是依循當年弘法大師的足跡，尋訪四國八十八個靈修之所的旅程；從平安時代開始，這種追求信仰與淨化心靈的旅行，已在平民百姓中流行，如今每年約有五十萬人透過四國遍路之旅來脫離日常的繁瑣。四國遍路之旅並不要求要一次走完八十八個寺廟，可以分段完成，也可以半途而廢，只要你覺得心靈有所收穫即可。

最先映入眼簾的，是一座巨大的白色雕像，那是青年時代的弘法大師。弘法大師在日本宗教史上有著不可撼動的地位，非但是第一個通曉梵文的日本人，在奈良時代末期創立了真言宗，還曾隨遣唐使一同來到唐代的長安，把唐代採礦、築路、水利等相關技術引進日本，造福了許多民眾；除此之外，他也是日本有名的書法家，與嵯峨天皇、橘逸勢，一起被稱為「三書聖」。

過了雕像繼續往下走，山壁內有兩個奇怪的洞窟：「御廚人窟」與「神明窟」；弘法大師當年就是在洞窟內修行，站在洞窟內往外看，洞內的黑暗讓洞外的天空與海，顯得格外光亮清明，據說，弘法大師就是看到這樣的風景，而將自己的法名取為「空海」。

通往海邊的唯一路徑，是「亂礁步道」。走在比人還高的嶙峋怪石中，海岸植物從堅硬的岩縫裡鑽出來，生命力之旺盛，無怪乎會吸引弘法大師會在此修行。

弘法大師就是坐在洞內，看到這景像，為自己取名「空海」

御廚人窟是弘法大師的修行地

亂礁步道怪石嶙峋

亂礁步道適合沉思

室戶岬的中岡慎太郎雕像

這也確實是條適合沉思的步道，一對年輕的戀人坐在怪石上，一句話也不說，就這麼一前一後地坐著，一動也不動，害我從旁邊走過，也躡手躡腳地不敢發出聲音。

室戶岬的最南端，除了燈塔之外，還有一座中岡慎太郎的雕像。

中岡慎太郎也是出生於土佐的幕末志士，他不但為促成薩長同盟而積極奔走，還組織了一個陸援隊，與坂本龍馬的海援隊相互支援。坂本龍馬在京都的近江屋遇襲身亡，而那一天與龍馬在近江屋會面的，正是中岡慎太郎。中岡慎太郎只比坂本龍馬多活了二天，在他身負重傷之際，還向旁人叨念著：「我想吃烤飯糰！」由此可見他瀟灑的個性。

目前日本電視劇與小說，多以坂本龍馬為中心描述那一段風起雲湧的歷史，但其實像「薩長聯合」、「大政奉還」、「薩土密約」，這些在倒幕、討幕過程中，具關鍵性的思想與行動，有些歷史學家認為，其實是出自於中岡慎太郎的見解；不管如何，室戶岬這邊的中岡慎太郎雕像，倒是與桂濱的坂本龍馬雕像，遙遙相望。

UTOCO Auberge & Spa充滿南歐風情

純白的房間，每間都可以看到海

白色的建築外觀很低調

讓人慵懶得不想走的UTOCO Auberge & Spa

我只想懶在這裡，一點都不想走……

隔天離開UTOCO Auberge & Spa的時候，心裡萬般不情願，我後悔：這麼棒的地方，怎麼只住了一晚？

中午過後，還沒到check in時間，工作人員很和藹地提早讓我們進房間，打從第一眼看到這白色低調的波浪型建築，整個人只感到「放鬆」。

老實說，只在這裡住一晚，讓我覺得有點忙碌。因為我想要坐在大廳的中庭看海，也想在另一角的屋頂露天座位區呆呆地坐著，更想待在純白的圖書室喝杯膠囊咖啡，還想去室戶岬的亂礁步道散步，當然，我還要去「Deepsea Therapy」好好泡一下。

換上泳衣，走到Deepsea Therapy，已經有兩位美女泡在池子裡。雖然不知道使著浮力棒，這樣或仰或躺，究竟能達到什麼樣的「療效」？但是東泡泡、西搞搞，再去露天池中吹吹海風，望著淺藍的天、深藍的海，也是玩得不亦樂乎。

由於深層海水的鹽分濃度較低，還包含豐富的礦物質，據說與人體的體液接近，泡了半天，指尖的皮膚也沒有泛起任何皺紋。

從房間內到Deepsea Therapy，這裡所有提供客人飲用的水，都是室戶的深層海洋水，賣場裡五顏六色的瓶瓶罐罐，多是「植村秀」各種運用深層海洋水研發出來的保濕聖品。當然，這裡也提供各種護膚療程，無奈的是，每個療程至少得花一至二個小時，再一次感歎，時間真是不夠啊！

已經併入星野Resort集團的UTOCO Auberge & Spa，雖然只有一間餐廳，但是餐點的水準很正，早餐是半自助的方式，主食以外的水果、沙拉、果汁，任君無限享用；至於午餐提供的是簡餐，晚餐則以義大利料理為主。

從鮮魚沙拉、蔬菜魚肉卷、海鮮菠菜麵、烤雉雞，主菜可選牛排或烤龍蝦，搭配橄欖油炒野菇的沾醬。這裡的每一道菜，有著義大利料理對食材原味的堅持，但手法則多了點法式風格的細緻，讓人吃得很滿意。

最讓人感到貼心的，是房間的設計。十七個房間，每

烤龍蝦佐橄欖油炒菇當沾醬

早餐的半自助沙拉吧

晚餐的烤雉雞肉質細嫩

餐廳也是維持一貫的白色基調

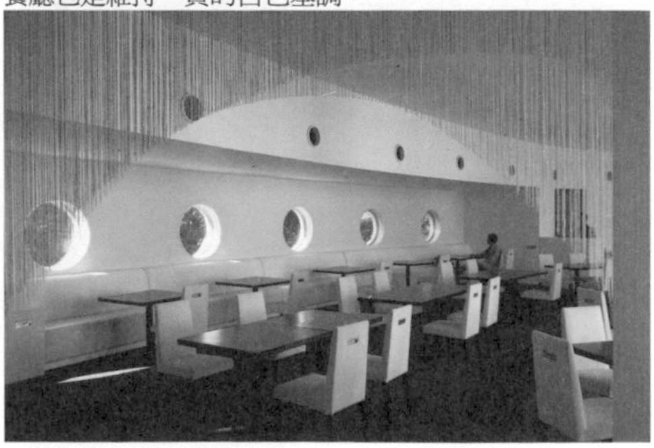

一間都面海，桌上有一張小紙條，提醒你明天日出的時間。

老實說，為了看日出在清晨起床，的確是件痛苦的事，所以旅館想到了這點，就把床鋪的高度，設計成讓你躺在床上，不用起身，張開眼，就可以看到日出。

按照紙條上的時間，我撥了鬧鐘，就這樣沉沉睡去。不知睡了多久，鬧鐘一響，眼睛還很朦朧，就看到初升的太陽，從海面上的雲端一點點露出來，我躺在床上，看完了日出，翻個身，又再沉沉地睡去……

UTOCO Auberge & Spa
官網：http://utocods.co.jp/
交通：
從德島：坐JR到「甲浦」換路線巴士，在「ディープシーワールド」下車
從高知：坐奈半利線在「奈半利」下車，換路線巴士在「ディープシーワールド」下車
旅館接駁：13:00在「高知空港」，14:15在「奈半利駅」有無料送迎巴士，要先預約
價格：一泊二食22,000日圓起

屋頂露天座位有躺椅可做日光浴

非住宿客人也可來Deepsea Therapy

旅館的圖書室，可坐著吹冷氣看海

Day 4：

11:00坐旅館的無料巴士到奈半利駅，搭「後免・奈半利線」電車時，注意每一站不同的吉祥物。抵達高知，先到ひろめ市場午餐，下午去桂濱看「坂本龍馬紀念館」、「坂本龍馬雕像」，返回神戶。

麵包超人為一條鐵道畫了二十個吉祥物

有時候不得不佩服，日本人對於發展觀光的用心，從「後免」到「奈半利」這一條四十公里的鐵路，沿途二十個車站，每一站都有一個屬於自己的吉祥物。

而且，這吉祥物還是出於名家之手——麵包超人的作者柳瀨嵩。

其實柳瀨嵩爺爺會幫「後免・奈半利線」二十個車站設計吉祥物，一點也不奇怪，因為他的家鄉就在高知的香美市，香美市還特地為了柳瀨嵩建了一座紀念館及麵包超人博物館。相較於橫濱、神戶或是仙台的麵包超人博物館，香美市的麵包超人博物館，可愛歸可愛，還多了些「藝文氣」。

柳瀨嵩設計的吉祥物，個個都不馬虎，他事先研究出每一站的地區特性，設計出可以代表當地特色的娃娃。比方說，「夜須」的吉祥物是美人魚，果然夜須就是個海水浴場所在地；「香我美」的吉祥物是個蜜柑，代表這裡是蜜柑盛產地；「立田」是高知龍馬空港的所在地，所以吉祥物就是空中小姐；「穴內」是個茄子，顯然對當地所產的茄子相當自豪；至於「球場前」，聽名字就是個球場，吉祥物當然就是棒球囉！

從奈半利出發，這段一個小時左右的車程，就這樣邊看邊猜，居然一下子就到了。

車站的代言卡通人像

後免・奈半利線，沿途景色優美

後免・奈半利線
官網：http://gomen-nahari.com/
票價：從後免到奈半利，全程票價1,040日圓，使用「德島・室戶・高知 きっぷ」二日券，可自由上下

ひろめ市場不論何時都人氣滿滿

左邊那碗黑黑的，就是炸鯨魚肉

在ひろめ市場吃到鯨魚肉

在高知，解決午餐的最佳地點就是弘人市場（ひろめ市場）。弘人市場這一帶，在土佐人的口中，叫「弘人屋敷」，本來是土佐藩的家老深尾弘人的房產所在地；一九九八年，這裡被開發成弘人市場，成為當地人所喜愛的美食匯聚地。

舉凡你所知道的土佐鄉土料理，這裡全都吃得到。外表炙烤過的鰹魚生魚片（たたき）、平常很少見到的鯨魚料理、高知土雞、各式海鮮丼……，不怕你吃不夠！

轉了一圈，看到一家店菜牌上寫著「鯨」，根本搞不懂那是什麼樣的鯨料理，就大膽地點來吃。結果，黑不溜丟的鯨魚肉，炸得又老又硬，還真是不怎麼好吃哩！

弘人市場從早上八點開張，一直營業到晚上十一點，所以不論何時，這裡都人氣滿滿，即使在下午，用餐的高峰期已經過了，還是看到許多人點杯啤酒，大啖著海鮮。

ひろめ市場
官網：http://www.hirome.co.jp/
交通：坐路面電車在「大通橋」下車，走路1分鐘
營業時間：8:00-23:00（各家店鋪不一樣）
用餐方式：像美食街一樣，到自己喜歡的店鋪前點菜，自己端到用餐區找位子

到桂濱看坂本龍馬壯闊的一生

我發誓，坂本龍馬絕對沒有福山雅治那麼帥！

高知到處都是坂本龍馬，從車站前的雕像、餐廳的門口、向遊客招手的Q版人形立牌……，但是親近龍馬的最佳地點，還是要到距離高知市中心車程三十分鐘的桂濱海岸。

九州的長崎與四國的高知，這兩個地方都喜歡以坂本龍馬為號召，因為這是坂本龍馬留下最多足跡的地方，相較於龍馬在長崎已處於思想的成熟期，做為龍馬的出生地，高知，更可以看得出龍馬性格的養成。

翻開日本維新運動的那一段歷史，舊名「土佐」的高知，有著南國的熱情豪邁，無怪乎，土佐「出產」了為數眾多的維新志士。不過，土佐志士固然人數眾多，但他們並沒有成為檯面上的領導人，或許是太平洋的壯闊，孕育出他們廣闊的胸襟吧！

做為坂本龍馬的出生地，高知縣對於坂本龍馬紀念館的設立，非常重視，一直到坂本

館內重現了龍馬遇刺時的近江屋

坂本龍馬與妻子龍子

坂本龍馬紀念館，詳細介紹了他波瀾壯闊的一生

龍馬誕生後一百五十周年，才整合好眾人的意見，把坂本龍馬紀念館設立在桂濱。又過了六年，直到一九九一年龍馬的誕生日（十一月十五日），才正式開館，這裡不但收錄了坂本龍馬最多文書，還收藏了坂本龍馬在寺田屋遇刺逃脫時，手中用的槍。

館內甚至重現了坂本龍馬與中岡慎太郎，在京都近江屋被暗殺的現場，還把近江屋內的屏風搬來，看到屏風上面還沾有血跡，不免令人感歎。

從紀念館沿著步道走約十分鐘，是擁有白色沙灘的「龍王岬」，浪花把沙拍得好平，讓人不敢踏上去破壞它的平整，加上旁邊小島上的青松，構成一片絕美的風景。

由青銅鍛鑄而成的坂本龍馬雕像，就佇立在這裡。坂本龍馬雕像雖然在高知隨處可見，但刻畫得最細緻的，應該就是高知縣雕刻家山本白雲所鑄的這一座。

銅像安置得非常高，但仔細看，面容還真的與照片上一模一樣，有趣的是，坂本龍馬雖然穿著和服，但腳上踏的可不是木屐，是靴子，據說這也是坂本龍馬的標準裝束。

坂本龍馬紀念館
官網：http://www.ryoma-kinenkan.jp/
交通：坐高知縣交通巴士往「桂濱」方向的巴士，或是My遊巴士，約30分鐘在「坂本龍馬紀念館前」下車
開放時間：9:00-17:00（無休）
門票：500日圓

碧海、青松與白沙，構成龍王岬絕美的景觀

桂濱海岸緊鄰著太平洋

坂本龍馬雕像，刻劃得非常逼真

在藝術與祕湯之間

直島、祖谷

想到直島，就想到安藤忠雄，想到草間彌生的南瓜，想到瀨戶內海藝術季……，差一點要規劃玩遍瀨戶內海藝術小島之旅時，突然想起草間彌生的那句話：「地球，也不過是百萬圓點中的一個。」是啊！旅行的主題，又何嘗只是藝術而已？於是，我把直島藝術與祖谷的深山祕湯放在一起。

行程重點：

Day1
大阪或神戶—大步危遊船—藤蔓橋—小便小僧—祖谷溫泉 **宿：**祖谷溫泉旅館
Day2
大步危—琴平—中野烏龍麵手打體驗—金刀比羅宮—高松港—直島 **宿：**直島貝尼斯旅店
Day3
貝尼斯藝術基地—地中美術館—本村家計劃—宮浦港—返回神戶或大阪

最適合的季節：

- 春、夏、秋的瀨戶內海藝術祭
- 11月祖谷楓紅季節

M型旅遊：

- 住祖谷溫泉旅館，泡需要坐纜車直入谷底的祕湯
- 學手打烏龍麵，以後吃麵不求人
- 住貝尼斯旅店，在Museum房間與藝術品同眠

交通：

從新大阪或三宮駅，坐新幹線到「岡山」，轉特急南風號到「大步危駅」

Tips:

- 購買JR關西廣域四日券，7,000日圓，雖不含四國境內及直島的交通，但光是從新大阪坐新幹線到岡山來回，即已值回票價
- JR關西廣域四日券中文網站http://www.westjr.co.jp/global/tc/travel-information/pass/kansai_wide/

祖谷祕湯要坐纜車才能泡

黃南瓜已成直島地標

海島藝術與深山祕湯湊一起

想到直島，就想到安藤忠雄、想到草間彌生的南瓜、想到瀨戶內海藝術季……

或許是有了巧連智出版集團福武總一郎的支持，直島的藝術改造，顯得與淡路島不太一樣，它更像海浪一樣，一波接著一波。一九九二年完成的「貝尼斯之家」是第一砲，緊接著，又邀請更多藝術家在周圍展開戶外創作，二〇〇四年的「地中美術館」開幕，又再一次震撼世人。這還沒有完，他們又走入直島內的本村地區，展開「家計劃」。

以為這樣就結束了嗎？沒有！二〇一〇年，又進一步往外擴充，把犬島、男木島、女木島、豐島、小豆島、大島等瀨戶內海七座小島串連起來，舉辦「瀨戶內海國際藝術祭」。

老實說，想去直島時，腦袋裡確實曾一度浮現，「要不要來個瀨戶內海藝術小島之旅」？這時候，腦袋裡突然浮現出草間彌生的那句話：「地球，也不過是百萬個圓點中的一個。」藝術，又何嘗不是旅行中的一個主題而已？

逛美術館，很好，但只有美術館的行程，是不是有些太單調？看絕美的風景，很好，但只有絕美風景的旅程是不是太無聊？就像歷史文化之旅，很好，但只有歷史文化的旅程，是不是有些沉重？

猶豫過後，擔心一趟旅程塞滿了藝術，恐怕難以消化，所以還是以被國際權威旅遊雜誌《Condé Nast Traveler》評選為「世界上最值得旅遊的七個文化名勝之一」的直島為重點。

現代美術館是安藤忠雄親自操刀設計

那麼，除了直島之外，旅程的另外一種滋味，要選什麼？

我選擇一個距離直島不算太遠，卻截然不同的風格——祖谷溫泉。

那是絕對的深山祕境！連泡個溫泉都要坐纜車，直入溪畔的祖谷溫泉旅館。祖谷溫泉旅館也是日本祕湯守護協會（日本祕湯を守る会）的會員，這個組織一開始由三十三家深山裡的溫泉宿所組成，如今已擴大至一百八十五家；他們的共通點是：房間少、交通不便、自然環境圍繞、溫泉不加一滴水。

祖谷溫泉旅館並沒有想像中的難以到達，從大阪坐新幹線，經岡山轉JR特急南風號，到德島的「大步危」，也只要二個半小時左右，在旅館派車來接之前，還可以遊覽大步危祕境風光。

直島祖谷

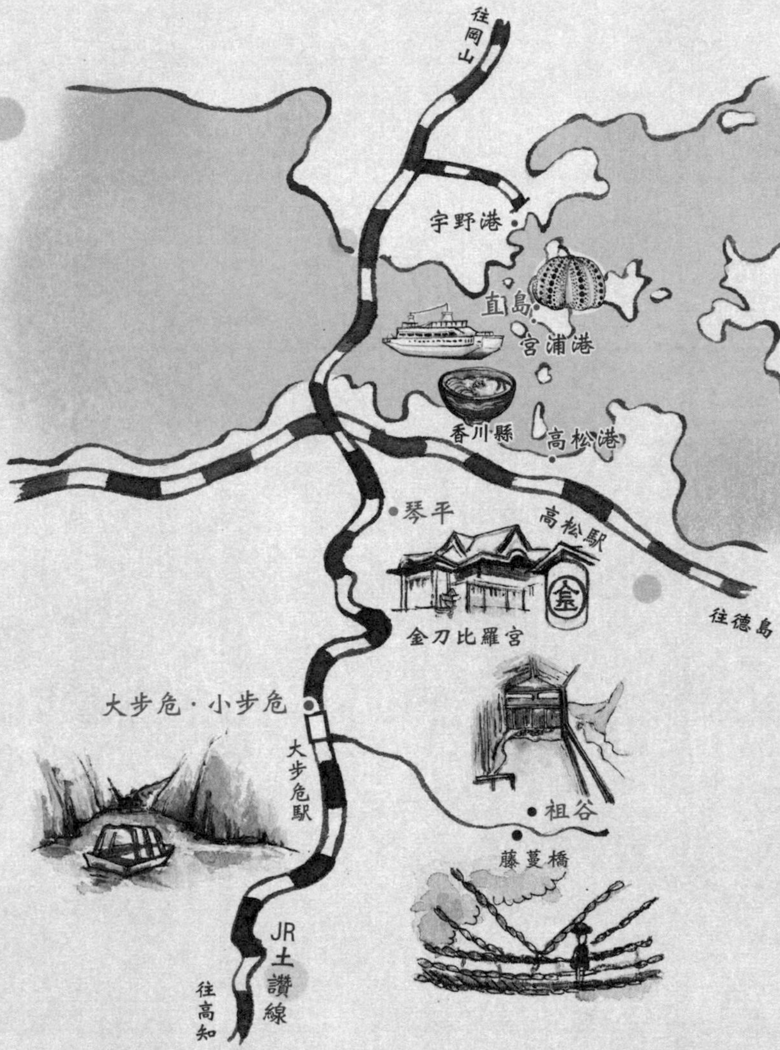

3天或7天？任君選擇

如果你的假期很短，這是一條你可以單獨來走的3天2夜行程。

如果你的假期比較長，你也可以接續前面一個「夢的舞台，夢的深層海」的行程，從淡路島一路玩到高知以後，從高知坐JR土讚線到「大步危」，車程只要50分鐘，如果時間夠的話，這樣7天6夜的旅程，應該會很滿足。

Day 1：

在新大阪或三宮坐新幹線到「岡山」，轉JR特急南風號到「大步危駅」，可坐巴士或步行去搭遊覽船，接著坐巴士前往藤蔓橋，在琵琶瀑布旁的「滝美小吃」吃點東西，走完藤蔓橋後，返回「大步危駅」，搭16:10祖谷溫泉旅館送迎巴士到旅館，泡溫泉前先步行去看「小便小僧」。宿：祖谷溫泉旅館。

大步危不只危險，還有妖怪

聽「大步危」這個名字就知道，這個位於德島西部吉野川上游的溪谷，自古以來就是個危險的地方，大步危的前一站是「小步危」，換句話說，就是走一大步危險，走一小步也危險，可見得這個峽谷是多麼峻峭。

在「大步危駅」下車，迎面而來的，就是一個笑得很詭異的「兒啼爺」。兒啼爺是四國深山裡的妖怪，據說這裡的深山中，常有一個穿著肚兜被遺棄的嬰兒，在路邊啼哭，好心人經過把嬰兒抱起來帶下山，愈走會愈覺得不對勁，因為此時嬰兒會愈來愈重，最後重到把好心人給壓死了。

哈，原來大步危不只懸崖峭壁危險，還是個妖怪村！只是現在，妖怪也變成了觀光資產，在大步危駅到大步危峽搭遊覽船之間，會經過「石頭博物館」與「妖怪屋敷」，妖怪屋敷就收攏著各種四國深山裡的妖怪。

比起妖怪，我還是喜歡遊船多一點。不同於其他地方的搭船經驗，這裡的遊覽船上鋪了草席，所以要脫鞋才能坐。

三十分鐘的船程，涼風徐徐吹來，水是碧綠的，兩岸的砂質片岩在陽光下顯得堅硬雪白，坐在船上，可看到它風化後的刻痕。

大步危觀光遊覽船
官網：http://www.mannaka.co.jp/
交通：從大步危駅走路25分鐘，或坐巴士在「大步危峽」下車
營業時間：9:00-17:00，無休
搭船料：1,050日圓，隨時可搭，航行約30分鐘

大步危駅前有妖怪「兒啼爺」

坐船，是觀賞吉野川碧綠的溪水與雪白的峭壁，最佳的方式

平家遺族為防敵人攻來而搭建了藤蔓橋

藤蔓橋邊不起眼的小店，吃到超水的蒟蒻

坐巴士來到藤蔓橋，還沒看到藤蔓橋，就先被一個小瀑布吸引，這個瀑布叫「琵琶の滝」，很美的名字，卻有個哀傷的故事。

平安時代末期，集權勢與財富於一身的平家，在平清盛過世之後，由極盛走向了極衰；源平大戰中的壇之浦戰役，平氏幾乎慘遭滅族的命運，為了躲避源氏的追殺，殘存的平家遺族逃到了祖谷的深山之中，祖谷深山原就僻靜，平家遺族忍不住懷念起以前在京都的美好，就在這瀑布旁邊彈奏起琵琶緬懷，瀑布因此得名為「琵琶の滝」。

琵琶の滝環境清幽，旁邊還有兩家小食堂，門口的炭爐，就插著香噴噴的烤魚，颼颼涼意讓人想吃點熱的，進了「滝美小吃」，點了隻烤魚，看到炭爐上還烤了由馬鈴薯、豆腐、蒟蒻串成的田樂，也點了一份來吃，這一吃，不得了，竟是不平凡的鄉野美味。

這串燒叫「祖谷木偶迴轉燒」（祖谷だんご），意指祖谷人家坐在地爐旁邊，轉動著燒

琵琶の滝有段哀傷的故事

滝美小吃外觀不起眼，東西卻很美味

藤蔓橋縫隙很大，走起來步步驚心

烤，馬鈴薯串在最上面，看起來就像木偶的頭，所以就叫「木偶迴轉燒」。比較特別的是豆腐，不同於其他地區的柔軟雅緻，這個豆腐口感較硬但味道濃厚，那是因為這裡地形的關係，運送時走在顛簸崎嶇的山路，還要經過晃來晃去的藤蔓橋，如果做得太軟容易損壞，於是就做成這種比較硬的「岩豆腐」。

但是令我震驚的是那蒟蒻，從來沒有吃過水分如此飽滿、口感如此Q彈的蒟蒻！抹上味噌炭烤過後，成了最樸實的調味，讓從來不愛吃蒟蒻的我，第一次覺得蒟蒻竟如此好吃。

走幾步到藤蔓橋（かずら橋），這一條用藤蔓編織而成的吊橋，是平氏遺族當年為躲避追殺而編織的，如果敵人一來，因為是藤蔓所編，只要大刀一砍，藤斷橋毀，敵人就過不來了。

藤蔓橋現在已經是國家指定的文化財，為了顧及遊客安全，每三年會重新檢查或架設一次，不過，走在藤蔓橋上，還是步步驚心，因為它的洞真的很大。

從大步危到藤蔓橋，巴士怎麼搭？

坦白說，遊祖谷祕境，巴士班次真的不多，如果想要掌握時間效率玩祖谷祕境，最方便的方式，是到「四國交通株式會社」網站，預約定期觀光巴士，11:40從阿波池田駅出發，大步危遊船、石頭博物館、平家屋敷、藤蔓橋、小便小僧，最後再返回阿波池田駅，所有西祖谷的重要景點都一網打盡，每人5,200日圓。

如果時間上沒有辦法配合定期觀光巴士的時間，4月到11月間，也有四國交通的接駁車可坐，一天有8班，每小時一班車。

定期觀光巴士的車型很復古

藤蔓橋（かずら橋）
交通：從大步危駅坐四國交通巴士，約20分鐘在「かずら橋」下車
門票：500日圓

四國交通株式會社：http://www.yonkoh.co.jp/

JR與祖谷地區巴士路線

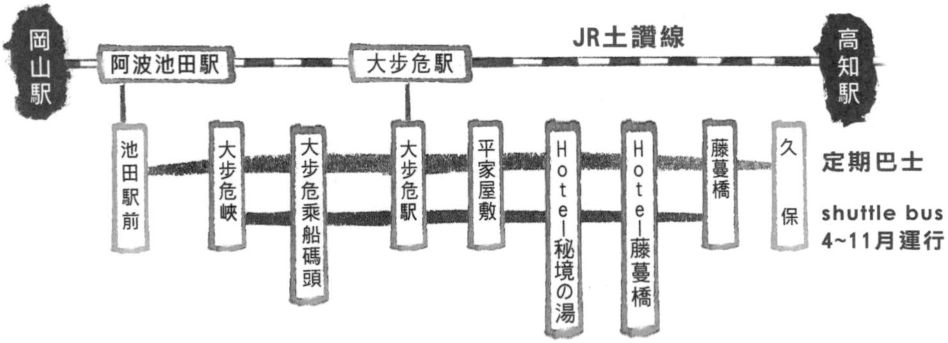

只有他敢對著萬丈深淵灑一泡尿

祖谷被稱為日本三大祕境之一，專門研究日本文化的美國作家科爾（Alex Kerr）在他的《美麗的日本印象》曾經這樣描述祖谷：「祖谷峽是日本最深的峽谷，是日本的自然景觀中最為奇幻的，讓我想起了小時候憧憬的中國高山。河流映襯出綠寶石的色彩，高高聳立的岸壁如碧玉一般，峽谷對面高山上的瀑布，如畫筆所繪，飛流直下……」

造訪祖谷時，我沒注意到峽谷對面是否有瀑布飛洩而下，卻被一個「幻想中的飛瀑」所吸引。

就在「祖谷溫泉旅館」步行五分鐘的距離，一塊突出的岩石上，站著一個可愛的小童，大膽地對著萬丈深淵灑一泡尿；對，它就是祖谷川中最著名的一座雕像——小便小僧。

傳說這塊突出的岩石，以前常有小孩或是旅人經過時，喜歡在這裡灑尿比較膽量，所以一九六八年德島雕刻家河崎良行，就根據這樣的趣聞逸事，在這裡製作了這座小便小僧，頗有與比利時的「尿尿小童」一較高下的味道。

但可惜的是，這個小便小僧，並沒有灑尿裝置。有人說，就算真的放水灑尿，因為山谷太深，到達谷底前，也會變成霧；至於是不是真的？我想沒人這麼大膽，真的敢在這裡灑尿吧！

小便小僧
交通：從大步危駅坐計程車約30分鐘，距「祖谷溫泉旅館」走路5分鐘

篪庵
官網：http://www.chiiori.org/stay/stay.html
交通：從大步危駅坐計程車約40分鐘
價格：一人素泊20,000日圓，二人素泊一人14,000日圓，人愈多每人單價逐漸下降，晚餐另計，每人3,000日圓

想當平家落人？到篪屋住一晚！

科爾在祖谷地區頗富盛名，不只因為他是外國人的身分，還因為他在1973年，以38萬日圓買下一棟具有三百年歷史的古茅屋，取名「篪庵」後，開始在這裡定居；沒想到，在後來的日子裡，卻花了數千萬日圓來修繕茅草屋頂。科爾在當地一面推動旅遊業，一面保留當地的傳統文化，因此，他還被封為「祖谷地區的文化親善大使」。

2012年，「篪庵」在重新更換屋頂的茅草後，再次開放給遊客住宿。在篪庵，圍在傳統的地爐邊，體驗山中生活，吸引不少外國遊客，但是篪庵住宿價格並不便宜，現代人要體驗古代平家落人的生活，還挺貴的。

小便小僧沒有真的尿尿喔

坐纜車直下溪畔泡祕湯

想想看，要坐一個單軌纜車，直下一百七十公尺的溪谷去泡湯，是件多麼有趣的事？祖谷處處皆祕湯，唯獨「祖谷溫泉旅館」（祖谷溫泉ホテル）為了要讓客人享受溪畔的美景，特地打造了一座纜車，以四十二度的斜角，把客人送到山谷裡。

望向纜車窗外，十一月中旬，山谷的楓葉已有一些染了紅，心裡還是忍不住想：「再晚一、二週，想必更美吧？」但是這點小小的遺憾，在泡進淡藍色的溫泉裡，完全煙消雲散。

完全沒有加一滴水的單純硫磺泉，味道並不重，但泉質非常柔軟，皮膚上還冒著小氣泡，實在是太舒服了！旅館特別提醒客人，要泡二十分鐘以上才有美肌之效，因此把溫度調得剛剛好。

雖然身處於深山祕境，但祖谷溫泉旅館所提供的服務一點也沒打折，從大步危駅坐上旅館的送迎巴士，途經祖谷川大轉彎的美景時，司機還特別停下來讓客人拍照；榻榻米的客房，不論房型，每個房間都備有按摩椅，讓客人在

這裡的硫磺泉泡起來，皮膚上還會有小氣泡

泡完湯後，再好好地鬆弛一下，算是相當貼心的設計。

餐點以山裡的自然味為訴求，祖谷川清澈的溪水，是川魚的寶庫，香魚、鮎魚、あめご，依季節不同，隨時都可以吃到肉質細緻的烤魚。

我在訂房時，看到「美肌鍋」的住宿方案，立刻被吸引。那是一種豬肉火鍋，湯底以當地的日本酒、味噌、醬油調製而成，淡淡的酒香，吃完鍋內的豬肉與山菜後，再以高湯煮成稀飯，打上蛋汁與青蔥，真是完美的句點。

美肌鍋非常豐盛

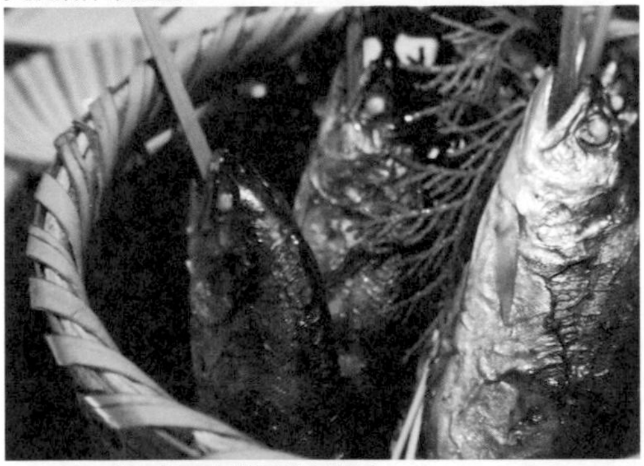
あめご一人一條，肉質細緻無腥味

祖谷溫泉旅館
官網：http://iyaonsen.co.jp/
交通：大步危駅車程30分鐘，16:10旅館有送迎巴士，要提前預約
價格：一泊二食12,270日圓起

坐旅館送迎車，經過祖谷美景，司機還特地停下來讓客人拍照

Day 2：

9:50坐旅館的無料巴士到「大步危駅」，坐JR特急南風號到「琴平」，到「中野烏龍麵學校」體驗手打烏龍麵課程。吃完烏龍麵，爬上「金刀比羅宮」，遊完「琴平」坐JR到高松，可在高松車站旁吃完晚餐，或在超市買一些熟食，步行至高松港坐18:05的渡輪到直島。宿：貝尼斯旅店。

要做烏龍麵？先來跳支舞！

就算沒到過日本的人，也聽過「讚岐烏龍麵」的大名；讚岐國，就是現在的香川縣，從祖谷祕境要到直島，途經香川縣，想到那柔中帶勁的烏龍麵，口水都流下來了。

香川縣烏龍麵店何其多！但是饕客所追尋的烏龍麵，不是一般的餐廳，而是「製麵所」，也就是製麵工廠。

他們通常是在工廠中的一角，基於「服務」的精神，現場煮些自製的烏龍麵讓客人品嚐，由於「附帶」的性質很強，人手也不足，所以像「中浦製麵所」、「松下製麵所」、「日の出製麵所」，這些有名的製麵所，不但開業時間短，即便千算萬算喬好交通時間特地跑去，也常常遇到大排長龍的隊伍，在時間有限的情況下，想吃「製麵所」等級的烏龍麵，恐怕就得放棄玩的時間，考慮半天，還是決定放棄「製麵所」。

為了彌補放棄製麵所的缺憾，我決定找一個更好玩的方法，自己來做烏龍麵吧！剛好以金刀比羅宮聞名的「琴平」，就有「中野烏龍麵學校」，所以我立刻發e-mail向中野烏龍麵學校預約手打烏龍麵

做完烏龍麵，自己吃掉它

自己做的烏龍麵，誰會說不好吃？

中野烏龍麵學校的手打烏龍麵課程，對外國人也能輕易上手

的體驗課程。

或許是太多人都想來體驗手打烏龍麵，中野烏龍麵學校對於服務像我這樣的外國觀光客，已經很有經驗，只要在e-mail註明抵達琴平駅的時間，他們還會派車來接。當我在琴平車站左看右看，沒看到「中野烏龍麵學校」的車輛，就自己走過去（其實步行只要十分鐘），我拿著先前預約的e-mail向樓下土產店的櫃台人員報到時，她還驚呼說：「好厲害！你們自己走來了？」立刻打電話把還在車站等待接我們的人叫回來。

雖然授課程老師說的是日文，但是白板上，漢字與英文夾雜的食譜，很容易理解；其實烏龍麵製作過程也很簡單，就算聽不懂日文，看老師的動作，加水、和麵粉、揉、跳舞、切麵，就知道怎麼做。

跳舞？對！做烏龍麵要跳舞！

當我們把和好的麵糰壓平，老師叫大家把包著塑膠袋的麵糰，放在草蓆上，所有人一字排開，把鞋子脫掉，隔著塑膠袋踩在麵糰上，老師此時下達口令：「music!」

振耳欲聾的音樂一下，老師帶領著大家跟著音樂，大跳烏龍麵舞！每個人又笑又跳、又蹦又踩，就在一曲烏龍麵舞中，麵糰被踩踏得Q實無比。

不過，麵糰需要時間「醒」，所以接下來，我們的麵糰就被「掉包」了，換了上一批學員留下來的麵糰，大家切成麵條的粗細後，最期待的時間到了！

水煮開、下麵、煮沸、撈起，加點青蔥、拌點芥茉，倒入鰹魚醬汁……

嗯——自己做的，怎麼會不好吃？

跳完舞，烏龍麵也做好了

老師帶著大家跳「烏龍麵舞」

中野烏龍麵學校
官網：http://www.nakanoya.net/school/index.html
交通：JR琴平駅走路10分鐘
營業時間：9:00-15:00，完全預約制
費用：手打烏龍麵課程＋自己吃掉＋授業掛軸90分鐘，1,575日圓

有雙鐵腿，才能參拜金刀比羅宮

「不要啦！很累耶！」、「爬完就變鐵腿了……」聽到我想要爬七百八十五段階梯的金刀比羅宮，老公就開始在我耳邊碎碎念，拚命勸我放棄……

四國地區許多賣紀念品的地方，常常出現兩組漢字，一組是「龍馬」，指的當然就是坂本龍馬，另外一個就是「金」，代表的就是金刀比羅宮。

金刀比羅宮在日本人心目中有多重要？江戶時代，人們把長途跋涉到琴平的金刀比羅宮參拜，視為是一生信仰中的宏願，加上德川幕府向來對於人民的行動管制得非常嚴格，不許人民隨意出遠門，只有要參拜伊勢神宮或金刀比羅宮，才會允許，從這裡即可知，金刀比羅宮在日本宗教中的地位非同凡響。

位於香川縣琴平市的金刀比羅宮，是日本各地六百多座金刀比羅宮的總本宮，供奉的金毘羅大權現，是海上交通的守護神；但是位於象頭山上的金刀比羅宮，可不是那麼好參拜，要爬七百八十五個階梯才能到達本宮。

許多人爬金刀比羅宮，除了祈願之外，更視為一種對於自己體力、耐力的挑戰，如果你夠虔誠、對自己的腳力充滿自信，後面還有「奧宮」等著你，爬到「奧宮」總共是一千三百六十八級的階梯，爬完之後，保證你帶著一雙鐵腿回家！

不過，如果擔心腳力不好，可以坐「石段籠」讓轎夫扛著上山，只

怕爬階梯，可以坐「石段籠」

「喫茶 おみこし坂」氣氛不錯

金刀比羅宮的階梯好像爬不完

咖啡與蛋糕都很美味

四國隨處可看到這個「金」字，即是金刀比羅宮的象徵

不過，參拜講究虔誠，坐「石段籠」只能到三百六十五階的大門口，其餘的階梯，還是得一步一腳印地爬上去。所以參拜金刀比羅宮，最常見到的風景是，人手一枝竹子做的枴杖（參道旁的土產店都有賣）一步步賣力地往上爬。

穿過大門後，可以看到五個攤販，是著名的「五人百姓」，傳說這五個攤販的先祖，對於金比羅刀宮有著巨大的貢獻，所以特別允許他們可以在神社境內做生意，所賣的糖果「加美代飴」是此地名產。

爬到這裡還沒完，穿過鳥居，得再繼續往上爬，才會到達「本宮」；就在此時，耳邊再度響起：

「可以了，到這裡就好了！」

「爬完之後你下山時，腳一定會發抖喔！」

「下山吧！我們去喝咖啡吧！」

咦，喝咖啡這念頭不錯，在老公鍥而不捨地碎碎念下，我終於放棄了爬上本宮的壯舉。

坐在山下表參道旁的「喫茶 おみこし坂」，一家充滿沉穩氣質的咖啡館，當我喝著香醇的咖啡，吃到很鬆軟、很好吃的手工蛋糕，嗯——這個決定，果然是正確的。

金刀比羅宮
交通：JR琴平駅走路10分鐘，琴電琴平駅走路8分鐘
石段籠：上行5,300日圓，下行3,200日圓，往返6,800日圓

喫茶 おみこし坂
交通：琴平町716-1，就在表參道中央位置
營業時間：9:00-18:00，不定休

住Museum最大的好處是，彷彿奢侈地把整座現代美術館包下來任你逛

參觀時不自覺地往圓頂天光走

現代美術館內充滿安藤的元素

住Museum，晚上拍到爽、逛到爽

從高松港坐渡輪到直島，一下船就登上貝尼斯旅店（Benesse House）的接駁車，這間由安藤忠雄親自操刀設計的旅館，住宿價格並不便宜！

依據所在區域，分為一九九五年開幕的Museum、Oval，以及二〇〇六年啟用的Park、Beach，四棟建築各有特色：Museum是與現代美術館同一棟建築物，三、四樓是房間；Oval則由美術館後方的山坡，要乘坐纜車蜿蜒而上，這兩個區域為維持環境的清幽，不歡迎學齡前的兒童入住；Park則位於露天開放的藝術公園前，Beach則是最靠近沙灘的一棟建築。

李清志在《安藤忠雄的建築迷宮》中，形容Oval是「安藤忠雄潛意識中，萬神殿經驗的呈現。旅館建築呈圓環造型，外框以方形圍牆圍閉，內院中心是滿溢的水池，映照著藍天白雲，形成水天一色的特殊景觀。」

但是我沒有選擇住進Oval，反而選擇住進價格稍低的Museum，因為想參觀美術館，步下樓梯就到了！利用晚上觀光客離開後的時間參觀，彷彿奢侈地包下整座美術館，隨你逛、隨你拍，保證讓你逛到爽、拍到爽。

我最喜歡的一個空間，是其中一個有著圓頂天光的展廳，延牆而建的環形階梯，把人引導到圓頂天光之下，四周的清水混凝土石牆，時而黑、時而亮、時而紅、時而藍，既充滿安藤忠雄的特色，又奇幻異常。

旅館每個房間都掛著不同藝術家的作品，所以若與朋友同行，記得要去參觀一下別人的房間，也是個有趣的體驗。

由於旅館採取的是泊、食分離的住宿方式，四間餐廳只設在Park及Museum兩個區域，由於從高松港坐晚上六點零五分的渡輪，所以乾脆就在高松車站附近吃完晚飯再過來；另一個省錢的方式，則是高松車站旁邊有一家很大的超市，裡面販賣各式各樣的熟食，我買了一堆熟食與飲料帶進房間，逛完美術館就和朋友開起一個熟食Party，不但熱鬧，也是一種聰明的微奢華旅遊法。

貝尼斯之家

官網：http://www.benesse-artsite.jp/

交通：從高松駅走路5分鐘，到高松港搭開往直島的渡輪，約50分鐘，在直島「宮浦港」下船後，坐接駁車在「貝尼斯美術館」下車

價格：貝尼斯旅店採泊食分離的住宿方式，住Museum 35,000日圓起，Oval 40,000日圓起，Park 30,000日圓起，Beach 62,000日圓起，餐飲價格另計

Museum的房間外面是很寬敞的陽台，可看到海景

穿過清幽的長廊，盡頭才是現代美術館Benesse Museum

Day 3：

享受直島藝術氣息，上午尋訪戶外雕塑品，利用旅館的巴士前往「地中美術館」，返回museum拿行李，坐旅館的巴士到「農協前」，在「本村L&A」寄放行李後，先在附近吃午餐，再逛「家計劃」七棟建築物，返回「本村L&A」拿行李，坐巴士到「宮浦港」，搭16:40的渡輪到「宇野港」，返回大阪或神戶。

一轉身，怎麼又是一件藝術品！

「建築是把精神性的東西，形象化的過程」，在一次訪問中，安藤忠雄談到他對建築的概念，他說：「透過建築使人和自然有所對話」一直是他的信念；在直島的貝尼斯藝術基地，他帶領著一群藝術家，在現代美術館的四周，隨意安置著作品。

建築物本身是藝術品，建築物內有藝術品，建築物外還有藝術品；只要待在直島，隨便一轉身，就會撞見一件藝術品。

認真查找，貝尼斯藝術基地的區域內，一共有二十件戶外藝術品，它們主要集中在兩個區域：一個靠近「專用棧橋」，另一個則在Park前的露天廣場。

比較起來，Park前的露天廣場顯得童趣十足，彩色的大象、駱駝、貓，把這片草地妝點得像個動物園，五彩的動物感覺很熟悉，特地看了一下作者，原來是法國著名的女雕刻家妮基・桑法勒（Niki de Saint Phalle）的作品，這就難怪了，還記得雕刻之森那個穿了件白底黑格彩色衣服的巨大女人像嗎？就是出自同一個

露天廣場上有許多妮基・桑法勒色彩斑斕的動物作品

妮基・桑法勒的「凳子」

大竹朗伸的「船尾與穴」

直島的專用棧橋

Park的住宿空間也像是一座美術館，可以充分玩味光影變化

作者的作品。

靠近「專用棧橋」這一區的作品顯得冷調許多，或許是因為雕塑品的材質，採用的都是金屬質感的關係吧！

要提醒的是，蔡國強的「文化大混浴」與草間彌生的「黃南瓜」，都不在這兩個作品較為集中的區域，要多走幾步路才找得到。

蔡國強的「文化大混浴」

遊逛直島，貝尼斯接駁巴士無料送迎

藍線為「貝尼斯藝術基地」免費接駁巴士的路線圖

地中美術館就埋在地中

直島上最有人氣的美術館，非「地中美術館」莫屬。即使它門票很貴（二千日圓）、即使它的規矩很多（要脫鞋、不能拍照、手機要關掉），每年仍然吸引無數遊客前來朝聖；人多的時候，館方還會限制進場人數，所以在門口排隊等候入場，是常有的事。顧名思義，地中美術館，就是埋在地中。安藤忠雄把山頭挖開，整幢建築物就塞在地底下，又巧妙地利用各種自然光，創造出各種變化。

進入地中美術館，馬上就被它給震懾住，我總覺得，對於光線與空間這兩個元素的運用，是安藤忠雄最厲害的地方，在一次訪問中，安藤忠雄不諱言：「建築實際上就是向空間導入光線的工作，所以如何用光，在一開始就是一個重要的課題。」

他甚至舉例說明，當人們進入某一個空間時，如果對面有光照來，這時候的心境，是最為放鬆的，「因此我在設計時，腦海會一直考慮光線和空間容量的因素。」

整座「地中美術館」，其實只有三位藝術家的作品，但每一個空間，都可以明顯感受到他對於光線的巧妙安排，在莫內的「睡蓮」展示廳裡，高聳廣闊的空間，純淨的白牆，把「睡蓮」襯托得多了一股聖潔的氣息。

在與華特・瑪莉亞（Walter De Maria）合作的空間中，階梯上放著一顆黑色大理石球，顯得氣魄異常弘大；在詹姆斯・特瑞爾（James Turrell）的光影作品中，又顯得奇幻有趣；也許就是因為不能拍照，逼人得好好欣賞，所以至今印象還非常深刻。

地中美術館
交通：坐貝尼斯送迎巴士在「地中美術館」下車
開放時間：3月-9月 10:00-18:00，10月-2月 10:00-17:00，週一休
門票：2,000日圓

不能拍照的地中美術館，只好拍門口留個念想

本村七顆珍珠串成一個家計劃

曾經有人批評貝尼斯藝術基地，雖然吸引遊客蜂擁而來直島，但是遊客們逛美術館、看藝術品、住旅館、吃飯，全在貝尼斯藝術基地內，貝尼斯藝術基地彷彿是直島的劃外之區，與島上的村民，沒有發生任何關係。

不知道是不是聽到了這樣的批評聲浪，直島的藝術改造，在一九九八年走入直島東北邊的本村地區，開始了「家計劃」。如今，本村內，已有「角屋」、「南寺」、「きんざ」、「護王神社」、「石橋」、「碁會所」、「はいしゃ」七棟老舊建築物經過藝術家的改造，變成融合古今、前衛與傳統的藝術建築。

其中最具人氣的，當然是由安藤忠雄與詹姆斯・特瑞爾聯手打造的「南寺」；除此之外，要提醒的是，「きんざ」為了讓遊客在極度澄明的心境下參觀，所以採取完全預約制的參觀方式，一次一個人，一人十五分鐘，入住貝尼斯旅館者可以先上網預約參觀時間，算是對宿泊者的一種特權。

「家計劃」也是直島眾作品中，我最喜歡一部分，據說，當時這些藝術家與村民溝通時，村民根本不知道藝術是什麼？所以從另一個角度看「家計劃」，其實是一種社區營造，也把遊客帶入了直島村民的生活中；正因為進入了本村地區，才赫然發現，不只那七棟經過藝術家改造的建築值得一看，連一般的人家的房子，也都風情十足，在本村的巷弄間散步，就好像尋寶一樣，十分有趣。

家計畫
交通：坐貝尼斯送迎巴士，往「農協前」下車
購票：先到「本村Lounge & Archive」購買共通券1,000日圓（週一休），可參觀6座建築，「きんざ」需另外購票，500日圓

衫本博司為護王神社架了一道「冰梯」

本村街道十分具有風情

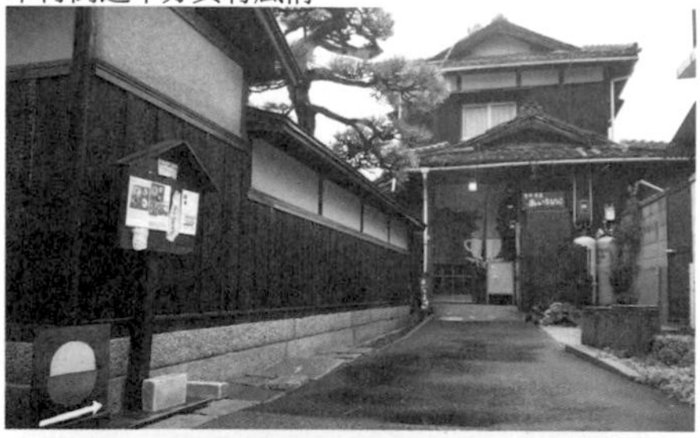

きんざ讓人沉靜在黑暗與微光中

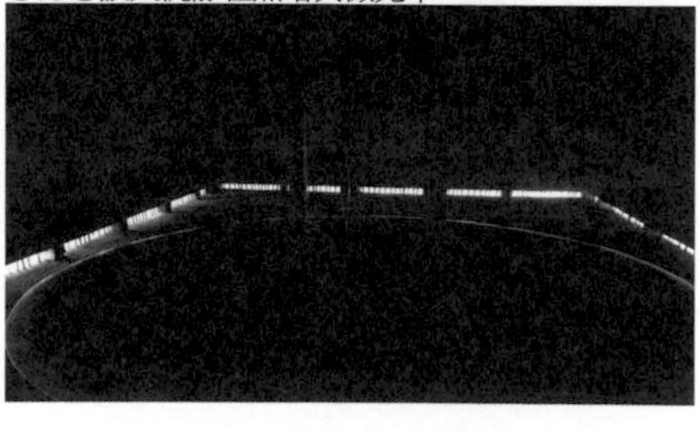

再也吃不到「CAFÉ まるや」美味的蛋糕了！

本村的飲食氣質

遊逛本村地區，不用擔心肚子餓，在本村Loung & Archive四周，有一些民家改建，提供自製手作料理、不做晚餐的餐廳。

「玄米心食　あいすなお」，用的是自家種無農藥的玄米，以壓力鍋炊煮，搭配季節野菜、豆腐料理、吳汁（豆類做的湯），一向不愛素食的我，也不得不為用心烹調的手藝而折服。

逛完「家計劃」的角屋，突然想喝杯咖啡，「CAFÉ まるや」的招牌慵懶地放在自行車上，鑽進去，沒想到，竟吃到驚為天人的起士蛋糕！原來這是直島人氣第一的咖啡館。但可惜的是，二〇一二年夏天，CAFÉ まるや發出給客人的一封信，大意是：感謝在直島生活的美好時光，但看著在直島出生的兒子慢慢長大，我們決定離開直島，CAFÉ まるや關門了！

我為無法再吃到美味的蛋糕而感到可惜，但也忍不住想，那一間間為了夢想而開的氣質食堂，還會再營業多久呢？

「玄米心食 あいすなお」美味蔬食料理

玄米心食　あいすなお
官網：http://aisunao.jp/
交通：「農協前」巴士站下車，走路2分鐘，就在「家計劃」的「きんざ」旁邊
價格：午餐簡餐600日圓

再會直島，再會紅南瓜

從宮浦港坐渡輪離開直島，宮浦港的碼頭，有草間彌生的紅南瓜在向你揮手。

比較起在貝尼斯藝術基地的黃南瓜，空心的紅南瓜有著草間彌生的註冊商標——圓點，草間彌生曾經自述，她對斑點的迷戀，來自於童年患的神經性視聽障礙，這場疾病，使得她看到的世界，彷彿是隔著一層斑點的網，於是，她開始畫這些斑點。

只不過，這個紅南瓜的斑點，顯得比較親切，因為紅南瓜是空心的，有的斑點變成洞，總是惹人忍不住鑽進去，從洞內望向天空。

除了紅南瓜之外，在宮浦碼頭的另一側，過了馬路，就是直島居民最喜歡的作品，大竹伸朗的直島錢湯「I❤湯」。

不知怎麼的，看著這座拼貼風格的「I❤湯」，我總是想起電影「羅馬浴湯」，不知道阿部寬會不會突然從浴池裡冒出來？

草間彌生的紅南瓜

大竹伸朗的直島錢湯「I❤湯」

直島錢湯「I♥湯」
交通：在宮浦碼頭走路3分鐘
營業時間：平日14:00-21:00，週六、日及假日10:00-21:00
入浴料：500日圓

楊柳青青江水平

倉敷、湯原溫泉

唐代詩人劉禹錫曾經寫道：「楊柳青青江水平，聞郎江上唱歌聲，東邊日出西邊雨，道是無晴還有晴。」一直難以想像什麼樣的景色，可以稱作「楊柳青青江水平」？不在杭州西湖，不在台灣的日月潭，卻在倉敷的美觀地區，見到了這樣如詩的美景。

倉敷

行程重點：

Day1

大阪或神戶—倉敷—大原美術館—「鶴形」鯛魚茶泡飯—倉敷川散步—倉敷咖啡館。宿：國民宿舍サンロード吉備路

Day2

鶴形山公園—本町東町—長春藤廣場—中國勝山暖帘街道—湯原溫泉。宿：湯原溫泉米屋

Day3

湯原溫泉—中國勝山Caféうえのだん—岡山後樂園—姬路城—返回大阪或神戶

最適合的季節：

- 4月初姬路城賞櫻
- 7月下旬倉敷夏季天領祭
- 11月倉敷紅葉柳樹搖曳

M型旅遊：

- 在料理旅館「鶴形」吃著名的鯛魚茶泡飯
- 住榮獲日本國民宿舍排名第二的「サンロード吉備路」
- 在大壩下泡無料的混浴野天風呂「砂湯」

交通：

- 坐新幹線到「岡山」，轉JR山陽本線或JR快速サンライナー到「倉敷」，約1小時20分鐘
- 「岡山」為主要的轉運中心，往中國勝山亦在此轉車

Tips:

購買JR西日本關西廣域周遊券，四日7,000日圓，雖然岡山至湯原溫泉並不在此周遊券適用範圍，但從大阪至倉敷並返回大阪，搭乘新幹線來回已值回票價。

湯原溫泉是男女混浴的祕湯

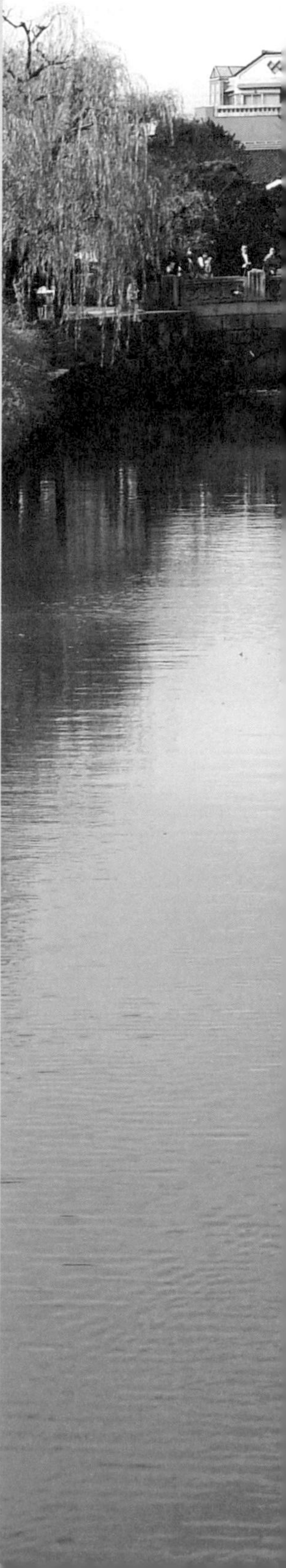

倉敷川上，新人泛舟

倉敷川轉角處的西式木造建築「倉敷館」，現為遊客服務中心

美觀地區真美觀

「楊柳青青江水平，聞郎江上唱歌聲，東邊日出西邊雨，道是無晴還有晴。」這是世人對唐代詩人劉禹錫許多《竹枝詞》中，最熟悉的一首，由景入情，把少女對於情感上的忐忑，描寫得絲絲入扣，每回讀來，腦袋裡就一直在想，這樣的一幅美麗的畫面，會出現在什麼地方？

不在杭州的西湖邊，不在台灣的日月潭，竟然在日本倉敷的美觀地區，看到宛如這首《竹枝詞》中所描述的景色！

也許就是要像倉敷川這樣一條小小的運河，才能如此平靜無波，兩旁又剛好種了柳樹，才能隨風搖曳，還要觀光產業發達，才會有船家搖櫓擺渡。更湊巧的是，碰上日本新嫁娘在此拍照，顯然少女情懷已不再忐忑，邁向了另一階段的人生。

倉敷，從名字即知，這裡原是商家的倉庫，從江戶時代開始，因成為德川幕府的直轄領地，靠著運河的船運集散備中地區的物資，因此，商家豪宅與海鼠壁的倉庫櫛比鱗次，如今更發展為民藝商鋪、創意小店，增添不少散步的樂趣。

正因為富商聚集，倉敷還出現了日本第一座私人美術館，使得倉敷在日本傳統文化中，還摻入了西洋藝術，有趣的是，希臘神殿式建築的大原美術館，佇立在江戶風格的街道中，竟一點也不覺得怪，形成美觀地區和、洋融合的獨特風格。

倉敷的美觀地區真的很美觀，日本幾個重要的觀光元素，歷史、文化、購物、藝術、美食，它統統都有，惟獨少了一項——溫泉，但是這麼完美的假期，怎能少了溫泉呢？在尋找溫泉時，有兩個地方吸引了我的注意。

第一個是距倉敷車程約二十分鐘的吉備路溫泉，那一年去倉敷時，居然在「國民宿舍サンロード吉備路」的網站上，看到它大剌剌地標榜是「全日本排名第二的國民宿舍」！全日本有數百間公、民營的國民宿舍，以提供國民溫泉保養為訴求，多位於風光明媚的地區，且價格便宜，能在物美價廉的國民宿舍中，連續九年拿下宿泊使用率第二名，如此地高人氣，實在很好奇，這究竟是間怎樣的國民宿舍？因此專程跑去住看看。一住之下，果然沒失望！

第二個則是充滿震撼感的湯原溫泉。湯原溫泉有「西日本橫綱溫泉」之稱，也就是西日本最大的溫泉，但最吸引人的是其中的「砂湯」，砂湯不但與河川只有「一石之隔」，還因為它就在高六十四公尺的湯原水庫大壩之下，除了野趣橫生之外，還顯得震撼力十足。

不過，泡這砂湯得有勇氣，它可是標準的混浴野天風呂，所以不管男女，大多赤身裸體下去泡湯，絲毫不在意旁人的眼光。但可別因此而想入非非，因為大部分下去泡的人，都是日本歐吉桑。

倉敷 湯原溫泉

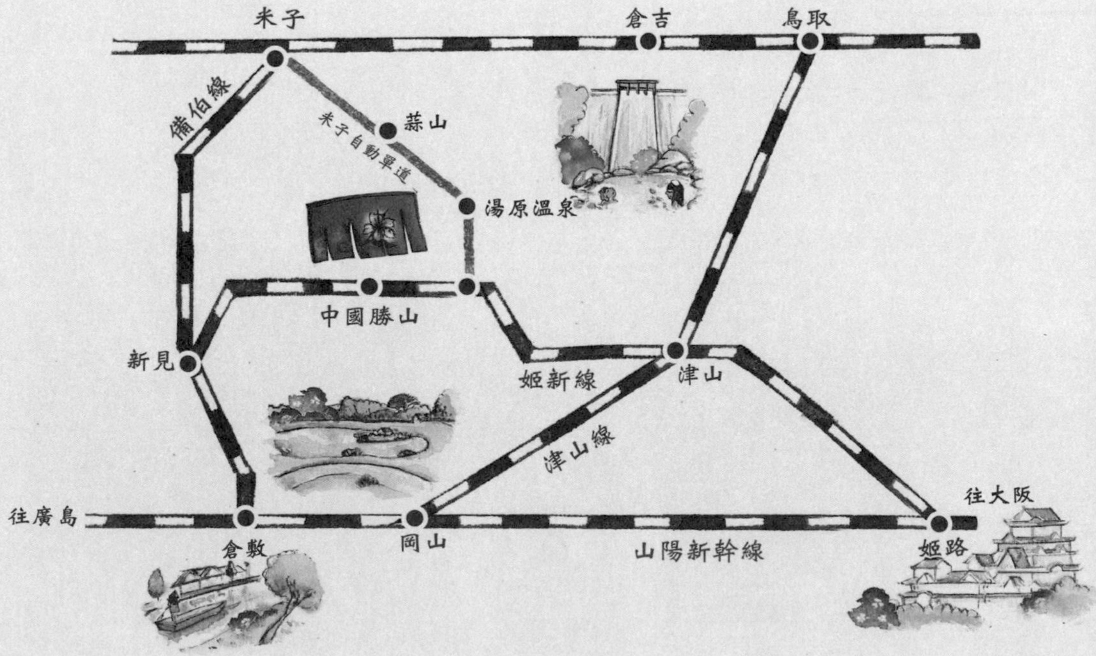

Day 1：

搭新幹線到「岡山」轉JR快速サンライナー到「倉敷」，把行李放在車站後，步行到美觀地區，先參觀「大原美術館」，中午在「料理旅館鶴形」吃鯛魚茶泡飯，可至「倉敷咖啡館」喝杯咖啡，坐計程車去住排名第二的國民宿舍。宿：國民宿舍サンロード吉備路。

大原孫三郎留給世人的瑰寶——大原美術館

作家城山三郎曾經以「我的眼睛，可以看見未來十年沒有的光景」一語，來為明治時代的日本實業家大原孫三郎的一生，下了這樣的註解。

出生於倉敷的富貴之家，大原孫三郎曾經年少輕狂，在東京念書時每天蹺課、欠下高達一億日圓的欠債，最後被父親拖回家。他痛下決心改過，繼承了倉敷紡織之後，不但大力改善工人的勞動條件、建設醫院、研究改善農業的方法，還捐出數百億元資產，救濟因日俄戰爭失去家園的孤兒，可說是「具有社會主義思想的資本家」。

大原孫三郎對於日本社會貢獻不在話下，但對於像我們這樣的外國人來說，能夠享受到大原孫三郎澤蔭的，卻是造訪他所留下來的珍貴遺產——大原美術館。

大原美術館，是日本第一座私人所設立的美術館，如果不是大原孫三郎開風氣之先，現今日本不會有這麼多的企業紛紛設立美術館，收藏世界的文化資產並開放給大眾參觀，光憑這一點，就值得為大原孫三郎按下一百個「讚」。

佇立在倉敷川旁的大原美術館，是美觀地區無法錯過的亮點，奇怪的是，這樣一棟希臘神殿式的建築，在美觀地區這樣富有江戶風情的街道上，竟一點也不突兀，且館內收藏之豐，從在大門口羅丹的兩件作品「受洗者約翰」與「加萊的

新溪園是大原孫三郎為父親所建的別墅

大原美術館希臘式的建築

草坪上有許多現代雕塑

從大原家與有鄰莊的巷子看大原美術館

主館旁的走道，格外富有情調

市民」就可以看出。

館內名畫雲集，埃爾・葛雷柯的「受胎告知」、米勒的「格雷威爾的斷崖」、畢卡索的「鳥籠」、雷諾瓦「泉邊的少女」、莫內的「睡蓮」……，會收藏這麼多名畫，還拜長期受到大原孫三郎所資助的畫家——兒島虎次郎，走訪世界各地盡心蒐集所致。

兒島虎次郎在蒐集這些名畫時，也有許多有趣的故事，例如「睡蓮」，是兒島虎次郎親自拜訪莫內，拜託他所繪製的，館外小水池中種植的睡蓮，是移植自莫內花園的蓮花；最湊巧的是「受胎告知」這幅畫，竟然是在一場拍賣會上，被眼光獨到的兒島虎次郎發現而購買下來，成為大原美術館的鎮館之寶。

現在大原美術館的本館，所展示的就是兒島虎次郎所蒐羅的一百多幅西洋繪畫，另外又增設了東洋館、工藝館、分館等。除此之外，分館前的草坪，還擺放了許多現代雕塑，更值得一提的是，在本館與分館中間，竟然還有一個日式庭園「新溪園」，那是大原孫三郎為父親大原孝四郎所建的別墅，在深秋時分被楓紅妝點得格外美麗。

大原孫三郎的眼光，所看到的不僅是十年後的光景，大原美術館開幕已逾七十多年，已成為大原孫三郎留給世人最珍貴的瑰寶。

大原美術館
官網：http://www.ohara.or.jp/
交通：從倉敷駅，往美觀地區步行15分鐘
開放時間：9:00-19:00，週一休
門票：與兒島虎次郎紀念館共通票1,300日圓

黃色的有鄰莊是大原孫三郎為愛妻所建

逛最美的石板路，買古樸的備前燒

日本有許多風情十足的石板路，但我心目中第一名的石板路，非倉敷莫屬。

十一月的倉敷，美得令人屏息！本來以為秋天賞楓，總要一大片楓紅才美，但倉敷就那麼幾棵楓樹，在陽光映照下紅得發亮，第一次覺得，不是一大片、留下空間的楓紅，別有一番用心，因為倉敷還有其他的元素，老松、石橋、白牆、楊柳、擺渡人，與楓紅相互輝映，總要留些空間讓其他元素表現，才能構成這麼一幅雅緻的圖畫。

從美觀地區的入口往倉敷川走，馬上就能感受到大原家的顯赫。大原美術館在左邊，隔著倉敷川，對面是舊大原邸與黃色的有鄰莊，有鄰莊是大原孫三郎為愛妻所建的別墅，黃、咖啡色相間的圍牆與綠瓦的屋頂，在黑、灰、白的街道上，格外受人矚目，但可惜的是，有鄰莊並沒有對外開放，無法一窺其堂奧。

就在運河轉彎處，是西式的木造建築倉敷館，現在成了觀光案內所，裡面可以免費拿到美觀地區的地圖、餐廳、商店、旅館的資訊，所以建議進來拿些資料，避免漏掉你會有興趣的地方，省得留下遺憾。

海鼠壁的倉庫與日式木屋，現在變成了頗具規模的老字號旅館、咖啡館、餐廳、個性小鋪。

倉敷位處於岡山縣，古代稱為吉備國，後來被分為「備前、備中、備後、美作」四國，直到明治時代，備前、備中、美作，又再度被合併為岡山縣，在日本各地眾多的陶瓷中，「備前燒」已有一千多年的歷史，不但是日本六大古窯之一，且堅持不上任何釉彩的備前燒，帶有一份古樸沉靜之美，好不容易來到倉敷，心裡早已下定決心，一定要帶些備前燒回台灣。

逛了好幾家店，一直在尋訪價格、造型、色彩都能接受的茶具，在倉敷川沿岸的一家民藝店中，當我拿起一個單柄茶壺仔細端詳時，老闆娘推銷式地說了一句：「おいし喔！」嘿！馬上打動了我的心，本來嘛，買茶具的目的就是要泡茶喝，不管什麼花色的茶壺，泡出來的茶湯好喝最重要，衝著這句話，我立刻掏錢、付款、打包。

美觀地區
交通：從倉敷駅走路約10分鐘

舊大原邸前石橋上的花紋是兒島虎次郎所繪

美觀的夜間照明是國際知名的燈光師石井幹子所設計

把易碎品完整帶回台灣的小撇步

根據我多年在國外買這種「易碎品」的經驗，想要把它們完整地帶回台灣，有兩件事要特別注意：

・一定要靠訴店家，你要坐飛機，請店家在包裝時，在盒子裡塞滿報紙或泡泡紙，固定它的位置。

・盒子放在行李箱時，一定要把行李箱塞得又滿又緊實，讓盒子沒有空間亂動。

只要做到這兩點，不管是玻璃或陶瓷，都能完整無缺地跟你一起回台灣。

別被料理旅館的大名嚇到

擁有二百多年歷史的「料理旅館　鶴形」，午餐的鯛魚茶泡飯遠近馳名，沒有選擇住在老鋪旅館，當然不能錯過它的鯛魚茶泡飯。為了品嚐兩種不同的口味，我點鯛魚茶泡飯，老公就點炸天婦羅烏龍麵。

即使是簡單的午餐，料理旅館還是有它的講究，餐點端上來後，女侍特別教導食用方法（當然是用日文）。

女侍：「鯛魚茶泡飯，在茶湯沖下去之後，蓋上碗蓋只要悶十五秒就可以吃了；至於烏龍麵，在吃之前，請先加入碗裡的醬汁。」女侍比手畫腳講了半天，確定我們都聽懂了才離開。

我如法炮製，十五秒過後，碗蓋掀開，鯛魚已被茶湯燙得半熟，淋上特製芝麻醬的鯛魚，加上海苔的香氣，好吃得不得了。

我：「這鯛魚茶泡飯好好吃喔！」（不可思議的讚美聲）

我：「怎樣？你的烏龍麵好不好吃？」（猴急的語氣）

老公：「好吃！」他點點頭。

我：「怎麼個好吃法？」我通常不滿意這種簡單的回答，要他說詳細點。

老公：「嗯……，很Q！」他想了半天，認真地擠出一句。

我滿意地點點頭，繼續吃我的鯛魚茶泡飯，吃到一半，開始我們慣常的「交換吃」。

我：「這烏龍麵……怎麼沒味道？！」（訝異聲）

我：「你沒加醬汁嗎？」我看了一眼桌上的醬汁，狐疑地問。

老公：「沒有啊，要加醬汁嗎？」

我：「什麼？你沒聽到剛剛女侍說，要自己加醬汁啊！」

老公：「我沒聽懂她在說什麼。」（很心虛的聲音）

我：「我剛剛問你，烏龍麵好不好吃時，你還說好吃？」

老公：「因為這裡是料理旅館嘛——」

厚，真是敗給他了！

沾上祕製芝麻醬的鯛魚茶泡飯

炸天婦羅烏龍麵要記得加醬汁

料理旅館　鶴形
交通：從倉敷駅走到美觀地區，倉敷川岸左側
價格：鯛魚茶泡飯1,550日圓

招牌創意咖啡「琥珀的女王」

從紅色的鐵門，走進鎌倉珈琲館

盼望被充分萃取的咖啡豆——鎌倉珈琲館

「咖啡豆，盼望著自己的味道被充分地萃取，跟隨著一年四季唱著歌，春天發芽，夏天綠葉，秋天果實，忍耐著寒冷的冬天，再一次呼吸春天的氣息，唱著歌——」這是「鎌倉珈琲館」的咖啡贊歌。

座落在美觀地區的白壁之町中的一角，鎌倉珈琲館自一九七一年開業以來，就以培煎出風味極佳的咖啡為職志，從嚴選咖啡豆開始，小心地挑出未成熟的豆、發酵豆、死豆、黑豆，他們深知，再好的培煎咖啡的技術，碰上不好的豆子，也是枉然。

鎌倉珈琲館對於沖泡咖啡的方式，也極其講究，還開辦咖啡教室，教導大家如何沖泡出一杯美味的咖啡：從煮沸後的水壺先暫時離開火爐，讓水溫降至八十七度左右，到咖啡豆磨製成粉的顆粒要略大於砂糖……，小心翼翼得宛如對待初生的嬰兒，在倉敷這樣一個充滿風格咖啡館的地方，鎌倉珈琲館能屹立不搖，始終維持著高人氣，顯然並不單純只是因為地理位置太好的關係（就在運河左岸）。

點了一杯店家自創的招牌咖啡「琥珀的女王」，用甜酒與咖啡製成的冰塊，飄浮在溢滿牛奶的咖啡杯上，不用攪拌，直接啜飲，酒香、咖啡香、牛奶的醇厚與蜂蜜的甜，伴隨著原來的苦味，形成一種複雜的味道，這是一杯需要花心思，細細品味的咖啡！

坐在這赤紅色磚牆的沉靜空間裡，時間，彷彿在這一刻，靜止了……

倉敷珈琲館
官網：http://www.kurashiki-coffeekan.com/
交通：從倉敷駅走路15分鐘（倉敷川畔，觀光案內所斜對面）
營業時間：10:00-17:00，無休

連續九年排名第二，國民宿舍サンロード吉備路

一九九九年，在日本的書店，我買了兩本《公共の溫泉宿》——東日本編、西日本編，介紹全國各地四百八十八家附有溫泉設施的人氣「公共の宿」，那時，我第一次知道，日本還有所謂的國民宿舍。

是嘛！日本的國民所得就算比台灣高，也不可能每個人度假時，都選擇去住那些迷死人，卻貴到不行的溫泉旅館，小康之家國民旅遊時會住哪裡？原來還有物美價廉的「國民宿舍」。

所謂的國民宿舍，是昭和三十一年日本國民旅遊風氣開始盛行時，日本各地的道都府縣或是市町村，以國民年金或是厚生年金保險，融資所建；雖然分成公營或民營兩種，但都標榜物美價廉，所供應的餐食，也以當地風味的食材為主。

雖然知道有所謂的「國民宿舍休暇村」之類的住宿設施，但我卻很少嘗試，一來它們所設立的地點，距離重點觀光地區總有段距離，特地跑去住一晚，覺得有點浪費時間；二來，在一次去新穗高溫泉的旅途中，看到一家掛著「國民宿舍」大字的旅館，一付年久失修的樣子，擔心被書中的照片給騙了，所以老是與國民宿舍失之交臂。

一直到二〇一〇年去倉敷，無意中發現了這家「國民宿舍サンロード吉備路」，官網上公然宣稱，是全日本排名第二的國民宿舍，讓我甘願捨棄倉敷車站與美觀地區附近一堆旅館，願意花錢坐二十分鐘的計程車，特地去滿足對國民宿舍的好奇。

果然，第二名的國民宿舍，完全沒有徒具虛名！

房間的設備看起來還很新

露天風呂雖然沒view，但勝在寬敞舒適

國民宿舍サンロード吉備路，連續九年拿下宿泊使用率第二名

國民宿舍サンロード吉備路緊鄰著「吉備鶴之里」

旅館附近走走可以看到培孕的鶴

如果你曾經在日本各地住過像Prince Hotel那樣的大型觀光旅館，那麼，國民宿舍サンロード吉備路，在設施、服務、房間舒適度、餐點的美味度等，與Prince Hotel其實差不多！但是它的價格，一泊二食一個人一萬日圓出頭，幾乎是Prince Hotel的三分之二。

「國民宿舍サンロード吉備路」另一個吸引人的地方，是它還有露天溫泉可泡，雖然景緻被竹籬擋了起來，但是勝在寬闊，也算相當舒適。

依據不同的晚餐方案，在訂房時可以選擇要訂會席料理、義大利料理、近江牛壽喜燒或是岡山牛排，也可以只選多達二十種和、洋料理的Buffet，我選的是近江牛壽喜燒，除了前菜、主菜、松茸土瓶蒸、松茸炊飯由侍者單獨拿上來之外，也可以享用吧台Buffet的各式菜色，真是吃得不亦樂乎。

岡山縣是個農漁產品非常豐富的地區，自助式早餐中的湯豆腐，大豆味很濃郁，牛奶也很香醇，一點也不比北海道的牛奶差。

「國民宿舍サンロード吉備路」與「吉備鶴之里」（きびじつるの里）比鄰而居，在旅館附近隨意散散步，還可以看到好幾隻鶴呢！

國民宿舍サンロード吉備路
官網：http://www.sunroad-kibiji.com/
交通：從倉敷坐JR備伯線二站到「總社」，坐計程車約10分鐘。若從倉敷直接坐計程車，約20分鐘
價格：一泊二食9,075日圓起

Day 2：

上午遊逛鶴形山公園、長春藤廣場，返回倉敷駅坐12:16的JR特急，到「新見」轉JR姬新線14:29到「中國勝山」，遊逛「暖帘街道」；坐16:30的中鐵巴士，約35分鐘抵達「湯原溫泉」。宿：米屋。

鶴形山公園，遠眺白壁之町灰瓦成群

雖說旅行這件事，在一個地方要停留多久隨個人喜好，但自由行最大的好處，就是發現一個地方好玩，可以待久一點，像倉敷這麼好玩的地方，走馬看花只玩一天實在很可惜，認真說來，至少得花一天半的時間，才能把幾個重點區域：大原美術館、倉敷川沿岸、鶴形山公園、本町及東町、長春藤廣場，好好地走一遍。

前一天參觀大原美術館花不少時間，加上乍見深秋的倉敷川，美得扣人心弦，以致來不及逛完美觀地區，所以從國民宿舍サンロード吉備路離開，又回到倉敷車站，把行李丟在車站的置物櫃後，繼續昨日未完的行程。

很少人來倉敷會走到鶴形山公園，山上有間小小的阿智神社，清靜幽雅，後方有一株紫藤「阿知の藤」爬滿了棚架，根據調查，這株紫藤至少有三百年到五百年之久，其間曾經一度差點枯死，讓村民非常緊張，請來樹醫積極診治，終於讓它恢復了生氣。每年四月下旬到五月五日，這裡會舉辦「藤祭」，藤棚之下有和樂演奏、還設置茶席，顯得相當風雅。

鶴形山是一個眺望美觀白壁之町的好地方，從山上往下看，倉庫建築成群，自有另外一番風景。

阿智神社
官網：http://achi.fem.jp/
交通：從倉敷駅往美觀地區步行約20分鐘

阿智神社雖小，但純樸雅緻

從鶴形山公園往下看，美觀地區白壁之町盡收眼底

森田酒造仍維持明治時期酒鋪的模樣

買個金賞可樂餅，在本町散步邊走邊吃

金獎萬年雪與可樂餅，本町東町好好逛

喜歡日本酒的人，看到山腳下一間古民房式的建築，牆壁上畫了個富士山，寫了三個漢字「萬年雪」，引人格外好奇，一進去，屋簷下高掛著歷年來得到的各種受賞狀，「森田酒造」果然來頭不小。

已有百年歷史的森田酒造，秉持著「如果造的酒不能被稱讚好喝，造也沒有意義！」的精神，所釀造的日本酒歷年來獲獎無數，每年十二月下旬才開始發售的「荒走り」更是享譽全國，許多日本人來倉敷，不忘帶一瓶「荒走り」回家。我不懂酒，當然沒買，但是店內維持著明治時期的模樣，這裡看看那裡摸摸，還是覺得很有趣。

阿智神社山腳下的本町與東町，一樣是古民房式的街道，但是比起倉敷川沿岸，氣氛顯得比較「日常」，這裡也有不少民藝品店、咖啡館、畫廊，就在「森田酒造」附近，看到一間小鋪子，高舉著「金賞可樂餅　倉敷店」的旗幟，即使早餐已經吃得很飽，還是忍不住買一個。

這可樂餅外皮炸得酥脆，絞肉與馬鈴薯泥混合起來濃郁有滋味，且調味得恰到好處，無怪乎在全國可樂餅大賽中得到金賞，買一個邊走邊吃，是在本町散步時的最佳良伴。

森田酒造
官網：http://www.moritasyuzou.co.jp/index.html
交通：倉敷市本町8-8，從倉敷駅走路約15分鐘
酒藏見學：一人500日圓，要先寫e-mail預約

金賞可樂餅 倉敷店
交通：倉敷市本町3-15，從倉敷駅走路約15分鐘
價格：可樂餅一個150日圓

爬滿紅磚牆的長春藤廣場

長春藤的花語是忠實，它是一種神奇的植物，只要給它一面牆，它就歡樂無比地拚命往上爬，把生命蔓延得更長、更寬廣。鋪滿整片長春藤的房子，春天神清氣爽，夏天為房子的主人遮陽納涼，到了秋天，葉子開始染紅，慢慢枯黃，最終變成咖啡色，度過了寒冷的冬天，隔年春天一到，又換上新綠的外衣。

長春藤廣場，原本是大原家的倉敷紡織工廠，明治時期興建成紅磚倉庫群的廠房，現在爬滿了長春藤，造訪時已值深秋，整棟建築被纏繞在已經枯萎的葉子中，還摻著幾葉金黃，雖然有些寂寥的感覺，仍然吸引倉敷的新娘穿著白紗來拍結婚照。

不同於倉敷川、本町、東町的江戶風格，長春藤廣場充滿了西洋的浪漫情調，紅磚倉庫群現在已經變成氣派的「長春藤廣場酒店」，住宿價格還算合理，下一次來倉敷，可以考慮住在這裡。

長春藤廣場有好幾個文化設施，有一座八音盒音樂廳（Music Box Concert Hall），每個小時都有音樂演奏，吸引不少遊客來聆聽。

除此之外，幫大原孫三郎赴歐蒐集西洋繪畫的畫家兒島虎次郎，他的紀念館就在這裡，裡面主要展示他的畫作，也有一部分是他從歐洲購買回來的繪畫；兒島虎次郎紀念館的對面，就

秋天的長春藤雖已枯黃，仍吸引新娘來拍結婚照

長春藤廣場酒店大廳仍然很氣派

還好是白天，晚上看到枯黃的長春藤，可能會有恐怖的感覺

長春藤廣場隨時可買到紀念小物

長春藤酒店中庭依稀可見倉庫群的模樣

是「倉敷紡織紀念館」，可以快速了解從明治時期至今倉敷紡織工廠的演變歷程。美觀地區的前頭是大原美術館，美觀地區的後方是長春藤廣場，這兩個重點地區都是大原家的產業，可見如果不是大原家鼎力相助，倉敷恐怕無法發展成為如此受人喜愛的觀光文化城市。

但是長春藤廣場裡，最有人氣的地方，則是那成排的工藝工房，陶藝、和紙、藍染、木工、玻璃，既可參觀製作過程，也可以購買紀念小物，完全是個謀殺荷包的地方。

在日本，每次看到他們將具有歷史意義的老街、倉庫、工廠，保存下來，在傳統之中每每注入新的生命，又發展得如此容易親近，就更覺得，台灣要好好加油了！

長春藤廣場
官網：http://www.ivysquare.co.jp/
交通：從倉敷駅走路約15分鐘
酒店住宿價格：素泊一人5,250日圓

倉敷紡織記念館
官網：http://www.kurabo.co.jp/kurabo_kinenkan/
開放時間：9:00-17:00
門票：350日圓

兒島虎次郎紀念館
開放時間：9:00-17:00
門票：與大原美術館共通券1,300日圓

音樂盒音樂廳
開放時間：10:00-17:30，週二休
門票：500日圓

中國勝山有條暖帘街道

暖帘，原本是商家為防冬天嚴寒，在門口裝上的一面布帘，但似乎在日本女作家山崎豐子的心目中，已將暖帘視為該商家做生意的手腕、人品與精神，無怪乎，她會寫下：「當掀開暖帘，就是奉上無比的誠信與堅持」。

不同的暖帘，代表著不同的商家，在中國勝山，就有著一條「暖帘街道」，沉靜中帶著活潑。

如果不是因為要到湯原溫泉，得從倉敷先坐JR特急，一點零九分到「新見」，轉JR姬新線，抵達「中國勝山」，在「中國勝山」要坐中鐵巴士到湯原溫泉，但距離發車時間，整整有二個小時的空檔，怎麼也不會想到，要逛逛中國勝山，這個不受世俗打擾的深山小鎮，更不會發現這條已成為日本歷史街道百選之一的暖帘街道。

走在「暖帘街道」上，仔細欣賞著每一戶商家的暖帘，是最大的樂趣，草木染的暖帘，上面的花色顯示著店家的品味，有的商家比較具象，例如賣民藝品的，就在暖帘上畫了個陀螺，腳踏車店就畫了個腳踏車，最好笑的是，一間民宅的車庫內，停了輛老爺車，竟然也在車庫門上掛了暖帘，畫起老爺車的圖案。

更多商家採取「意象」的手法，幾何式的圖形、店徽式的圖形、從大自然擷取靈感繪製成的山川楓葉……，我一個個拍照下來，細細品味商家所要傳達的意念。

中國勝山的暖帘街道，是一條日本商家的美學街道。

暖帘街道
交通：從中國勝山駅走路5分鐘

中國勝山的暖帘街景

每一幅暖帘，都代表著商家的精神

震撼力十足的混浴野天風呂——砂湯

巴士在山林中一路駛進有西部橫綱之稱的「湯原溫泉」，趕快向預約的旅館「米屋」報到後，穿著旅館的浴衣，一路趿著木屐，嘎吱嘎吱地往河岸邊衝，自從看到網路上，湯原溫泉「砂湯」的照片，我就下定決心，一定要來泡一回！

那真是震撼力十足的野天風呂啊！

是因為它就在河岸邊，與溪水只是一石之隔嗎？不是！

是因為它是會讓女生不好意思下去泡的混浴嗎？不是！

這兩項條件雖然都很吸引人，但老實說，日本深山中很多祕湯都擁有這樣的條件，但「砂湯」有一項別的祕湯沒有的條件——在高聳的水庫大壩底下泡湯。這樣的情景夠酷吧？

很多女生看到混浴祕湯，總是望之卻步，但應付這種祕湯，我早有經驗。

在浴衣裡，我已事先穿上那件對付混浴的法寶——那是一條大毛巾，但是在兩頭的接合處縫上暗扣，只要套上毛巾，壓下暗扣，我就可以快快樂樂，不用擔心「走光」地和那群日本歐吉桑一起，享受大壩下的河邊野天風呂。

會泡這種混浴祕湯的，以日本歐吉桑居多，女生很少，偶爾也會看到一、二位歐巴桑來泡混浴，那些歐巴桑可沒有像我如此「裝備齊全」，裸身泡湯也無懼旁人眼光，其實會來泡混浴的人，都是經驗老道的湯客，大多「謹守分際」，眼睛不會亂飄亂看，所以真想一試的話，眼睛閉上，大膽地泡下去，就行了！

在水庫大壩下泡湯，真是震撼力十足啊！

湯原溫泉的「砂湯」是河邊的混浴露天風呂

砂湯
交通：從「中國勝山」坐中鐵巴士，約30分鐘到「湯原溫泉」，下車後，走路5分鐘即達

米屋
官網：http://www.komeya.co.jp/
交通：從「湯原溫泉」巴士站牌走路10分鐘，可預約旅館的送迎巴士接送
價格：一泊二食12,800日圓起

「米屋」一般的晚餐就已經很豐盛

「米屋」位於美作街道上，白壁的町家之宿

米屋的米飯果然好吃

在考慮要在湯原溫泉要投宿於哪家旅館時，我一度猶豫半天，要住在一眼就可以看到砂湯的觀光旅館「八景」嗎？還是可愛的洋風小民宿「Petiet Hotel Yubara Resort」？或者是頗富歷史驛站情緒的「元祿旅籠　油屋」？

最後我選擇的，卻是距離巴士站比較遠，大約要走十分鐘的「米屋」。

米屋位在美作街道上，白壁的町家之宿，讓它洋溢著江戶時期的宿場風格。湯原溫泉的旅館的名字很有趣，又是「米屋」又是「油屋」，似乎在告訴旅人，除了好好地休息之外，絕對能提供令人滿意的一餐，只是米屋看起來比油屋現代化一點，我又自以為是地猜測：會用「米」來命名，想必是間非常重視米飯的旅館，應該可以吃到很好吃的料理吧？

米屋的晚餐確實很豐盛，牛肉用的是日本最古老的黑毛和牛「千屋牛」，產量非常稀少，這樣的晚餐本該很滿意了，但造訪時正值十一月，是松葉蟹的產季，我還多訂了一隻從日本海直送的松葉蟹，大快朵頤一番。

米飯令人滿意嗎？當然！晚餐的山菜炊飯，與早餐的白米飯，米粒圓潤飽滿，晶瑩透亮，投宿米屋，果然是個正確的決定。

米屋也很用心打造自家的半露天風呂，與「砂湯」來自相同的泉源，所以不敢泡混浴「砂湯」的人，可以好好利用。

Day 3 :

從湯原溫泉坐巴士返回中國勝山，拜訪「caféうえのだん」，搭JR經「津山」，到「岡山」，去「後樂園」逛逛，轉新幹線到「姬路」，參觀世界遺產「姬路城」，返回大阪或神戶。

喝Café うえのだん的第一杯咖啡

從湯原溫泉返回「中國勝山」，趁著等待JR火車的空檔，再一次回味勝山的「町並み保存區」，沒有前一天猛拍暖帘的罣礙，更可以好好看看這歷史街道。

經過「武家屋敷」，張望了一下，沒有想進去的衝動，但是旁邊一間房子吸引了我的注意，嘿！竟然在中國勝山這樣一個沒有大批觀光客的地方，發現了一家非常有情調的咖啡館。

早上十點多，Café うえのだん才剛剛開張，女主人還在整理院子，我禮貌地問：「是否已經開始營業了？」女主人笑著歡迎，兩個混血兒的小孩在庭院玩耍，好奇地看著客人進來，一點也不害羞，看起來女主人似乎嫁了個外國人。

點了一杯咖啡，但目的其實不是想喝咖啡，而是想享受一下店內的氛圍；灰泥的地板，木頭的天花板與柱子，書架上還有幾本介紹居家生活、料理、花卉園藝，以及介紹中國勝山一帶的觀光雜誌。

留下一半的咖啡，趕緊返回中國勝山駅去搭車，一路上心裡感歎著，昨天有那麼多時間在這兒晃悠，怎麼就沒發現這家氣質咖啡館呢？

本日開張的第一杯咖啡

很有氣質的空間

Café うえのだん的指示牌在路口告訴你，爬上階梯就到了

後樂園仍在，烏城不可尋

在兩岸之間有著相當兩極評價的中國學者郭沫若，一九一五年曾在日本岡山留學，把日本視為第二故鄉的郭沫若，曾經在他的回憶錄中，提及他對岡山的回憶，他說：「那兒有我時常去登臨的操山，那兒有我時常弄過舟的旭川，那兒有我每朝清晨上學、每晚放學回家必然通過的清麗的後樂園。」

四十年後，郭沫若重訪岡山，再度來到後樂園，寫下《游岡山後樂園》：「後樂園仍在，烏城不可尋，願將丹頂鶴，作對樹梅林」，這詩句如今已被刻成歌碑，豎立在後樂園的鶴鳴館前。

後樂園與金澤的「兼六園」、水戶的「偕樂園」，並列為日本三大名園，是三百年前岡山藩的第二代藩主池田綱政所建的私人庭園，歷時十四年才完成。郭沫若詩中的「烏城」指的是岡山城，岡山城因其外表漆黑而有此別名，在後樂園中，恰好能看到岡山烏城，所以很多人來岡山，只來後樂園，省下去烏城的時間。乍來後樂園，會很訝異於它怎麼會有這麼一

從後樂園可以看到烏城

丹頂鶴也是後樂園中重要的一景

延養亭是藩主的居間

後樂園深秋時可以賞楓

大片寬廣的草皮！這種風格與常常營造自然景緻或是饒富禪意的日式庭園，迥然不同，更令人訝異的是，它還有一片仿效中國周代田租法的「井田」，以及種植茶葉的「茶畑」，顯然江戶時代的諸侯藩主，心理上也嚮往著田園之樂。

為了讓諸侯藩主們，一年四季都能在園中享樂，後樂園不同的角落，也隨著四季變化種植著不同的花草，春天有櫻花、夏天有菖蒲、秋天有紅葉，冬天有梅林，造訪時正值深秋，楓葉轉紅，煞是美麗。

茂松庵顯得很清幽

岡山後樂園
官網：http://www.okayama-korakuen.jp/
交通：從JR岡山駅走路25分鐘
開放時間：3/20-9/30 7:30-18:00，10/1-3/19 8:00-17:00，無休
門票：400日圓

姬路城是現今日本保存最完整的天守

天空的白鷺——姬路城

如果你到日本，只想看一座天守閣，那麼請你務必選擇姬路城。

從戰國以來，做為防御工事所興建的天守閣，在江戶時期達到最高峰，日本全國各地曾經出現一百七十多座的天守閣，但經過戰爭、火災、地震，至今仍然保存下來的，只有十二座，像著名的大阪城，雖然富麗堂皇，但已是昭和年間以鋼筋水泥所建，少了歷史古蹟的味道。

造訪姬路城時，正值十一月，但買票進來之後，看到空地四周種著整片櫻花樹，立刻就發現自己來錯了季節，姬路城是關西著名的賞櫻名所，如果是四月初造訪，想必更加迷人。

不過，姬路城還是非常令人歎為觀止，它之所以與奈良的法隆寺，在一九九二年一起登上世界遺產之列，正是因為它是日本現存十二座天守閣中，保存得最完整的一座，白色的外觀宛如振翅的白鷺，讓它有另一個名稱：「白鷺城」。

如果你以為它是孤伶伶的一座天守閣，那就錯了，眼看著大天守閣就近在眼前，但是怎麼爬了半天，一路彎彎曲曲，又寬又窄，像個迷宮般地一直爬不完？這才發現它是除了大天守、小天守之外，八十三座建築群以屋頂相連而形成的城廓，顯然為了防禦敵人，在建造時花了不少心思，所以遊逛姬路城，遠比你想像來得久，最少也要大半天的時間。

大天守外表看是五層，其實有七層

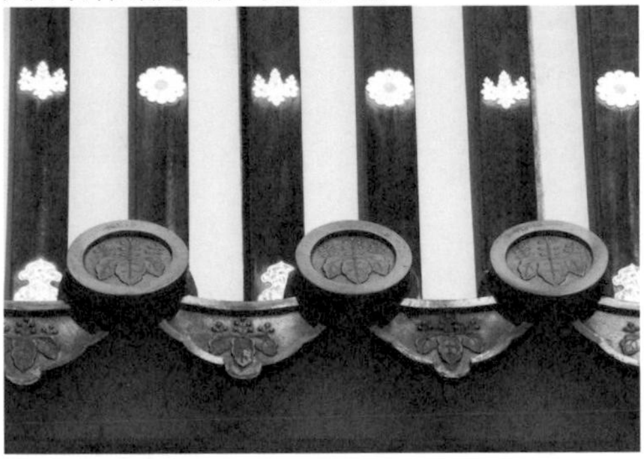

細看屋頂上的家徽

各時代城主的家徽

姬路城整修見學

姬路城在昭和年間大修過後，經過45年，於2009年秋天開始，再度進行為期五年的「平成大修」，目前大天守整個被包了起來，要到2014年3月底，才得以重建天日。

不過，從2011年開始，特地增設了見學設施「天空的白鷺」，開放民眾參觀，從壁漆喰、屋根修復到屋頂的瓦片，整個大天守的修復過程，都有詳盡的解說，吸引不少古城迷前來參觀，但想要參觀修葺工事，得先上網預約。

姬路城交通：從姬路駅步行約15分鐘
門票：400日圓，「天空的白鷺」見學設施則需另付200日圓
天空的白鷺預約網址：http://www.himejijo-syuri.jp/home.html

當然，也比你想像來得累。因為姬路城是沿山而建，看到「姬」這個字，以為姬路城是哪個公主的城堡，後來才知道，姬路城雖然曾經有位鼎鼎大名的公主千姬（德川家康的孫女），但此姬非彼姬，日文的姬路是蠶繭之意，此城因夾在姬山與鷺山之間，亦如同「蠶繭」，才因此得名。

好不容易爬上了大天守閣，這座從外觀看是五層的建築，其實是七層（地下一層，地上六層），分別由東大柱與西大柱，支撐著整個結構，同時還陳列了火槍、盔甲等文物，登高望遠，甚至可以看到一路走過來的姬路駅。

與姬路城相伴的傳說也不少，在豐臣秀吉統治時期，雖然曾將姬路城增建為三層的天守，但擴建至今日規模的，則是德川家康的女婿池田輝政的時代。仔細看姬路城，會發現它有點斜，傳說當時負責築城的櫻井源兵衛，在建好了城之後，驕傲地帶著老婆來欣賞，但眼尖的老婆發現：「怎麼蓋得有點斜斜的？」當場潑了老公一盆冷水，櫻井源兵衛後來發現老婆說得沒錯，竟然羞愧地從天守閣跳下去自殺了！後來建築師們考證發現，姬路城確實在東南側有些傾斜，但傾斜之因，是東西兩側奠基的石垣下沉所致。

從天守閣下來，會走到西之丸，那是前面提到的德川家康的孫女千姬居住的地方，說起來。千姬也是個命苦之人，她小時候先被德川家康嫁給豐臣秀吉的兒子秀賴，住在大阪城，但在德川家康攻打秀賴，火攻大阪城之時，千姬被救出來，後來又被安排嫁給本多忠刻，住在西之丸，但本多忠刻才三十歲就死了，看盡人世悲歡的千姬，後來便出家為尼，直至七十歲過世。

爬上天守之前，彎彎曲曲的道路像迷宮

從天守閣俯視西之丸

【附錄】Step by Step規劃完美旅行

步驟1：先決定要去哪裡？

在規劃一趟旅程之前，心裡都會有些粗淺的想法，或許是曾經看過某一張照片，或許是聽朋友說過某個地方，例如：想去看直島看草間彌生的南瓜、想去奈良公園和鹿玩，或是想去伊豆泡溫泉，總之，決定了要去哪個區域之後，先從網路上蒐尋該地區相關的景點，看看有哪些景點最吸引自己。

從該地區觀光協會相關網站入手
ex.想去伊豆，先找伊豆地區的相關觀光網站

↓

利用二天時間，瀏覽該地區景點
ex.發現有熱海、伊東、伊豆高原、下田等景點

↓

挑出最吸引自己的二至三個地區。
ex.想去下田走培利路、想去伊豆高原泡溫泉

步驟2：給自己訂一個旅行的主題

再小的地方，都不可能在一次旅行中，把這個地方玩遍，那麼該如何「捨」呢？不妨給自己訂一個主題，以此為重點，再去搭配其他行程。

EX: 以想去伊豆為例，挑出心目中想要滿足的三個「渴望」

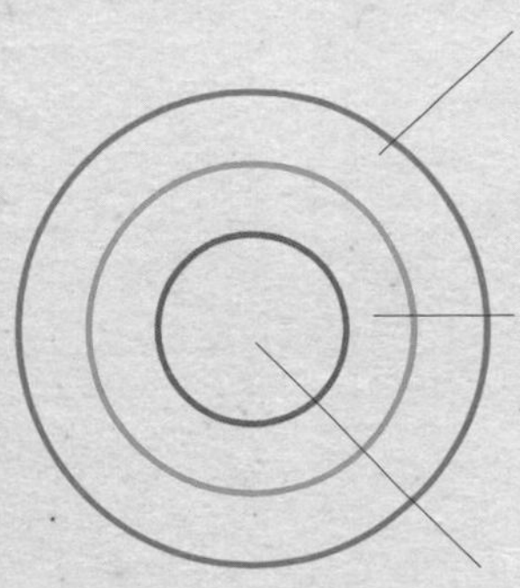
Third：
見證日本開國史
Second：
在大自然中輕鬆散步、賞花
First：
享受高級溫泉旅館

如果發現時間不夠，無法去那麼多地方，則從最外圍、渴望程度最低的開始刪起。

步驟3：開始找尋想要住的旅館

完美的旅行，旅館是一個重要的元素，日本有太多不論是在設計、服務、餐食與景觀上，有著無窮魅力的旅館（特別是溫泉旅館），愈來愈多的日本自助遊愛好者，把享受旅館的寵愛，視為旅途中一道主菜，成為「旅館控」中的一員。

但就像大餐一樣，天天吃就沒味了，再加上日本有不少設計風旅宿、溫馨可愛的小民宿，或是經濟型的商務旅館，因此，如何找到在心情、預算、舒適度、交通都符合理想的旅館，是

旅行規劃中，不可忽略的課題。

我的步驟通常如下：

先看
一休.com
- 可快速找到該區的夢幻頂級之宿

↓

再找
Jalan.net
- Jalan匯集較多中價到低價的民宿、度假型旅館、商務旅館
- 偶有高檔旅館，但不如一休完整

↓

從當地觀光協會找遺珠
- 有些特色旅宿並沒有和旅館網站合作，看一下觀光協會的宿泊介紹，避免遺珠之憾

*透過這三個步驟，通常已經出現幾家「目標旅宿」。

*「一休.com」之前曾推出中文界面，但二〇一〇年已關閉。

*「jalan.net」目前雖已推出中文界面，但中文界面所提供的旅館非常少，價格也比較貴，所以還是建議從日文界面來找旅館，會有較豐富的選擇。

*每間旅館都有不同的房型，值得注意的是，除非是外資旅館，否則一般雙人床都很小：

シングル（single）：單人房，一張單人床。

セミダポル（semi-double）：一張床，寬一四〇×長二〇〇公分，雖然可以兩個人住，但兩個人擠在一張小床，睡起來很不舒服。

ダポル（double）：一張床，寬一六〇×長二〇五公分，適合兩個身材較小的人睡。

ツイン（twin）：兩張單人床，寬一二〇×長二〇〇公分，適合朋友同行或想睡得舒服一點的人。

步驟4：目標旅宿比價（不急在此時訂房）

雖然「一休.com」及「jalan.net」有時會推出特價方案，但近年發現，jalan.net已常常不是「最低價格」的首選，所以「比價」是非常重要的一環，通常也是節省旅費的方法。

目標旅宿
- 以相同的條件為比較基礎
- 不同房型價格也不同
- 「一泊二食」需注意晚餐內容，晚餐的差異通常會造成價差

↓

先查官網
- 官網對於房間的設施、旅館能提供的服務，說明得較清楚
- 通常早鳥方案為最低價

↓

再查比價網
- Yahoo Japan（日文）
- HotelsCombined（有中文界面）
- BIGLOBE旅行（日文）

*Yahoo Japan：包含JTB、一休、Jalan、るるぶトラベル、ベストリザーブ五個網站，這五個網站已是日本相當具有代表性的訂房網站，

界面設計採每個網站的住宿方案，均個別條列出來，所以常看得眼花瞭亂，所幸在價格欄中會標示出「安」，為最便宜的方案，頗為貼心。

加入Yahoo Japan的會員，可以直接用Yahoo Japan的ID來訂房，不用再到個別網站去加入會員訂房，所以點數累積得較快。

*HotelCombined：以國際性的旅館網站為主，台灣旅客常用的Hotels.com、Agoda皆包含在內，這些網站以都會區的旅館為主，非都會區的旅館數量很少，適合東京、大阪、京都這種大城市的旅館比價。

*BIGLOBE旅行：除了Yahoo Japan所囊括的五個網站外，另包含樂天、日本旅行、近畿日本、名鐵觀光、阪急交通等，優點是在頁面上，會同時秀出其他日期的價格及有無空房的資訊。

步驟5：查出點對點所需要的交通時間，排定「日」行程

許多人排行程常犯的錯誤是，以為一天可以跑好多個點，疏忽了扣掉交通時間，根本沒有多少時間可以玩，一般來說，一天排兩個重要的景點，就已經很足夠，建議一天花在交通上的時間，最好也不要超過三小時，因為三小時以內的車程，可以適度休息，太長的車程，反而會坐得很累。

- 透過右列的兩種方法
- 了解點與點之間的車次密集程度
- 了解點與點之間的交通時間

↓

- 參考之前觀光協會對於該區域細部景點的介紹，估計在每個區域要待半天、一天，還是一天半

↓

- 排定「日行程」（區域間的移動），決定哪一天要住哪間旅館

旅館的官網通常有完整的交通資訊

- 官網中的「アクセス」（acess）常會有地圖、從各大城市出發時要坐什麼交通工具、所需要的時間
- 也會連結交通工具的官網，方便你查詢私鐵、地方線、巴士班次及時刻表

善用Yahoo Japan「路線情報」查詢車次

- 以中文輸入「出發地」及「目的地」，及「出發時刻」，即會跳出相關的車次、車資及所需時間
- 大多時候以中文輸入漢字即可，但有時候，例如「姬路」，明明漢字看來相同，但中文輸入法無法辨識，此時需用日文輸入，或去日本網頁複製「姬路」，網站才會辨識得出來

步驟6：開始訂旅館

櫻花季、黃金周、楓葉季時，日本的旅館特別搶手，所以如果你剛好是在些季節前往，要特別注意你的「目標旅館」開放訂房的時間（通常是三個月內），其中有兩種旅館特別難訂：

一、交通方便的平價商務旅館：例如京都的東橫Inn，雖然京都有四家東橫Inn，開放會員在六個月內訂房（非會員是三個月內），但四月初櫻花季，特別是twin的房型，簡直是一房難求。

二、房間數很少的頂級之宿：例如箱根的「箱根吟遊」，這個世界上願意花大錢，住口碑極好的頂級之宿的人太多了，「箱根吟遊」沒有和任何訂房網站合作，但空房率極少，要住這種超人氣頂級之宿，只有打電話去問：「哪一天有空房？」趕快預約，再配合預約日期排行程。

一般來說，訂旅館最好採取下列原則：

- 關於頂級之宿

↓

- 最好避開週五、週六，因為週五、週六比平日價格高10%至20%，頂級之宿的一泊二食，一個人動輒三、四萬日幣以上，因此週末與平日價差，常高達近萬日幣

- 集中使用1至2個訂房網站

↓

- 幾乎所有訂房網站都有點數回饋機制（房價的1%至2%，Jalan偶爾會有4%至10%），在check out之後，點數才會生效，下次訂房時，可利用點數折抵最高10%的房價，所以集中使用1至2個網站訂房，比較能累積點數

我最常使用的訂房網站：

一、Yahoo Japan：過去最常使用的是「一休.com」及「Jalan.net」，但「Yahoo Japan」已包括上述兩個網站，且有比價之效，還可集中累積點數，所以改用Yahoo Japan訂房的次數增加不少。

二、Hotels.com：Hotels.com在日本僅都會區的旅館較多，雖然價格並非最便宜，但它有訂十晚送一晚的優惠（其實也是百分之十），若碰到限時優惠房價，偶爾也會以Hotels.com來訂房，以搭配其他國家的旅行來累積優惠。

步驟7：碰到沒有與訂房網合作的旅館，怎麼辦？

透過訂房網站訂房，最大的優點是，訂房確認信以e-mail立刻自動回覆，即完成訂房手續，check in時只要拿著e-mail給櫃台，連話都不用多說，且無論是一休.com、jalan.net、Yahoo Japan大多可選擇現金支付，不用預先付款。（Hotels.com及Agoda都要在網上先以信用卡付款）

但是日本還是有部分旅館並沒有與訂房網站合作，例如本書提及在鎌倉的Hotel New kamakura，就需要打越洋電話、發e-mail或是傳真訂房。

訂房信函可以這樣寫：

- 予約單
- お名前（姓名）：
- 國籍：
- 宿泊人數：男性__，女性__，子供__
- 室數：__室
- 部屋タイプ：（ツイン__室，ダブル__室，シングル__室，和室__室）
- 宿泊期間：__年__月__日～__年__月__日（__泊）
- チェックイン予定時間：__年__月__日__時
- （一般是15:00以後，若特別晚特別需註明）
- メールアドレス（mail）：
- 電話番號：
- Fax番號：
- 住所：
- お支 方法：現金／カード

PS：一、訂房時請注意「取消條款」，如果臨時要改變行程，請務必提前取消訂房，一般商務旅館在住宿前一天前取消，不會另收費用，如果是住宿當天才取消，仍要付全額費用，高級旅館則在住宿前一到二週內取消，仍有可能要付取消料金。

二、若行程改變，決定不入住時，請務必通知旅館取消，以免旅館以後不再接受台灣自助旅行者的預約，影響台灣名聲。

步驟8：排定細部行程

細部行程不只是想去的景點，想去的餐廳、咖啡館、伴手商店、甜點屋，皆可包含在內，日本的地址概念與台灣略有不同，所以除了地址之外，最好能找到相關地圖，以地圖上的地標來尋找，比較容易找得到；抵達時亦可先到當地的遊客服務中心索取免費的地圖。

排定想要造訪的優先順序，盡量找出相關地圖

＋

抓出前後三個車次的時間，以便臨時調整行程

＝

行程只要排八分滿，保留彈性的餘裕

自助旅行常常會有「意外」，例如在某一個景點玩太久的意外、坐錯車下錯站的意外，所以行程不要排得太緊，排「八分滿」就好，保留一點可彈性運用的餘裕。

通常我排行程的時候，會利用前述Yahoo Japan的路線情報，抓三個車次的時間，例如原本打算坐早上九點半的JR特急，除了這個車次之外，前、後的兩班車次時間也會抓出來，以便自己想提早離開或想玩久一點時，避免在車站浪費時間枯等。

步驟9：需要旅館接送服務，需提前預約

排定細部行程後，大勢已底定，日本許多溫泉旅館在最近的車站，大多都有免費的接送服務，一來可以省去找旅館的時間，二來也可節省車資，建議善加利用此一服務。

大部分有接送服務的旅館，都會要求要事先預約，一般來說，在住宿前三天內通知旅館即可。大部分旅館會視預約接送服務的人數多寡，決定派不同大小的交通車，萬一沒預約，就有可能搭不上交通車了。第二天離開時，若需要旅館派車送到車站，也要在前一天晚上就告知旅館。

步驟10：計算交通費

眾所周知，日本的交通費很貴，計程車跳錶的速度就和心臟跳動的頻率一樣快，即使坐火車、巴士、地鐵電車，車資也不便宜，當然，車程快慢與車資多寡成正比，如果想要有個基本概念：

巴士
1000日幣/小時

JR特急
3000日幣/小時

新幹線
5000日幣/50分鐘

計程車
10000日幣/小時

上述只是針對懶人所歸納出來的交通費基本概念，想要仔細地精算交通費，還是可以在前面所提及的Yahoo Japan路線情報中，查到從出發地到目的地之間，包含轉乘的班次及車資。網頁中「運貸」所顯示的是「自由席」的車資，若要劃位，則需另加指定席的費用。

步驟11：尋找適合的交通周遊券

很多人到日本自助旅行，第一個問題就是：「要不要買JR Pass？」畢竟這種針對外國旅客所發行的JR國鐵票券，可在一定時間內無限搭乘，又能坐新幹線，非常划算。

但要回答這個問題，得先了解JR Pass的適用範圍及價格：

一、全國性的JR Pass：適用於JR集團所有路線（新幹線、特急及各快、慢車）及JR巴士，但東海道、山陽、九州新幹線的Nozomi號、Mizuho號不適用。

類型	綠証（頭等席）		普通証	
有效期	成人	兒童	成人	兒童
7天	37,800日圓	18,900日圓	28,300日圓	14,150日圓
14天	61,200日圓	30,600日圓	45,100日圓	22,550日圓
21天	79,600日圓	39,800日圓	57,700日圓	28,850日圓

即使不坐Green Car（頭等席），七天效期的JR Pass要兩萬八千三百日圓，也不便宜，因此，JR Pass比較適合：

大範圍區域間移動的旅程，例如從東京到京都
會坐新幹線四小時以上的旅程
適合全國性的JR Pass

以本書所列舉的路線，都是小範圍區域間的移動，加總車資不到兩萬日圓，故不需購買全國性的JR Pass。

二、地區性的JR Pass：JR集團分為JR北海道、JR東日本、JR西日本、JR九州、JR四國，各個集團都有發行自己區域內的周遊券。

以本書所涵蓋的範圍，主要屬於JR東日本及JR西日本的經營範圍，這兩個集團針對外國旅客，各自發行不同範圍的周遊券。

JR東日本發行的周遊票券

名稱	JR東日本通票	JR關東地區通票
適用範圍	JR東日本全線、東京單軌電車、伊豆急行全線、北越急行全線、青之森鐵路、IGR岩手銀河鐵路、仙台機場鐵道線、東京臨海高鐵道全線、JR東日本與東武鐵道相互過軌之鐵道	JR東日本全線、東京單軌電車、伊豆急全線、富士急全線、上信電鐵全線、琦玉新都市交通
使用效期及價格	從發票日起14天內，任選5天使用，22,000日圓（兒童半價）	連續3天使用，8,000日圓（兒童半價）
購買及兌換方式	• 需事先在台灣向指定旅行社購買，或是透過JR東日本網站線上購買，但抵達日本後，需於JR東日本旅行服務中心兌換票券後，方可使用 • 兌換點：羽田機場、成田機場或東京、品川、新宿等各大車站，均設有JR東日本旅行服務中心	不需在台灣購買，可直接於成田機場、羽田機場、東京、品川、新宿等各大車站之JR東日本旅行服務中心，出示護照購買

以本書所述的東伊豆路線為例，可適用於JR東日本的關東地區三日通票，

那我們就運用Yahoo Japan來計算一下，購買這張票券是否划算：

Day1 東京—伊豆急熱川，坐JR特急踊子號四八八〇日圓

伊豆急熱川—伊豆急下田，坐伊豆急行線八八〇日圓

伊豆急下田—河津，坐伊豆急行線四八〇日圓

河津—伊豆高原，坐伊豆急行線八〇〇日圓

Day2 伊豆高原—城崎海岸，伊豆急行一六〇日圓

伊豆四季花公園，坐東海巴士，二四〇日圓（不適用JR關東地區通票）

伊豆高原—川奈，坐伊豆急行，四〇〇日圓

Day3 川奈—伊東，坐伊豆急行三二〇日圓

伊東—大室山，坐東海巴士六九〇日圓×來回二（不適用JR關東地區通票）

伊東—東京，坐JR伊東線到「熱海」，轉新幹線返回東京，三八九〇日圓

交通費總計：一三四三〇日圓，若扣掉不適用周遊券的東海巴士車資是一一八一〇日圓，如果購買關東地區三日通票八〇〇〇日圓，則可節省三八一〇日圓。

JR西日本發行的周遊票

發售者及名稱	JR西日本 關西周遊券	JR西日本 關西廣域周遊券	JR西日本 山陽周遊券
適用範圍	關西機場、大阪、京都、神戶、奈良、姬路	關西機場、大阪、京都、神戶、奈良、姬路、滋賀、敦賀、南紀、岡山、城崎溫泉	關西機場、大阪、京都、奈良、岡山、廣島、博多
使用效期及價格	一天2,000日圓 二天4,000日圓 三天5,000日圓 四天6,000日圓 （兒童半價）	四天7,000日圓 （兒童半價）	四天20,000日圓 八天30,000日圓 （兒童半價）
購買及兌換方式	• 需事先在台灣向指定旅行社購買，或是透過JR西日本網站線上購買交換券，但抵達日本後，需持護照及回程機票於JR西日本旅行服務中心兌換票券後，方可使用 • 兌換點：關西機場、京都、大阪、新大阪等各大車站，均設有JR西日本旅行服務中心（山陽周遊券另可在博多兌換）		

但日本有很多地區，是屬於私鐵路線（例如關西的近鐵，關東的小田急），並非JR國鐵的經營範圍，許多地區巴士亦非JR巴士，所以，對照你所要前往地區的主要交通工具為何，才能得知是否適用JR地區性的周遊券。

Ex：以本書所列的「飛鳥、吉野」路線來看：

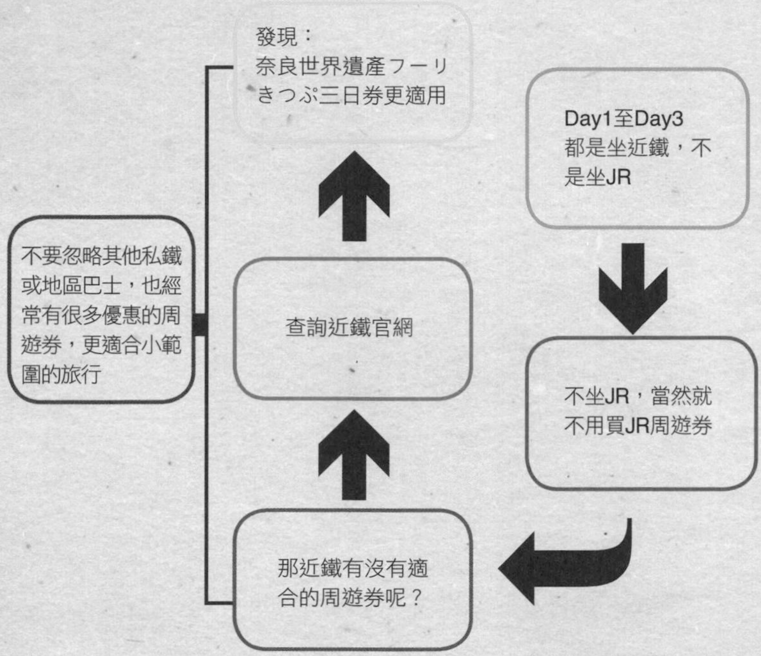
Day1至Day3
都是坐近鐵，不
是坐JR
不坐JR，當然就
不用買JR周遊券
那近鐵有沒有適
合的周遊券呢？
查詢近鐵官網
發現：
奈良世界遺產フーリ
きっぷ三日券更適用
不要忽略其他私鐵
或地區巴士，也經
常有很多優惠的周
遊券，更適合小範
圍的旅行

結論：功課做得愈足，就會玩得愈滿足

自助旅行，從規劃開始，就已經開始在旅行了。

因為在做功課的過程，要找很多資料，透過看資料、照片，想像著即將看到的情景、閱讀著屬於這個地方的故事，腦袋就已開始神遊，那不也是一種旅行嗎？

做功課，沒有那麼複雜，以現在資訊的發達，規劃自助旅行遠比你想像中的容易，網路上一堆懶人包、攻略、遊記、書店裡旅遊書、餐廳裡的雜誌、電視節目……，旅行的資料，只要稍加留心，根本是無所不在。

當然，沒有人規定自助旅行一定要做很多功課，但是「功課做得愈足，一定會玩得愈滿足」是不變的定律。

專屬於你的、擁有各種你所喜愛元素的旅行，是什麼樣子呢？

別等了，開始動手打造吧！

國家圖書館出版品預行編目資料

愛日本！此生必玩的10條微奢華路線／吳燕玲著；初版. --
臺北市
商周出版：城邦文化發行，2013.12
面； 公分

ISBN 978-986-272-508-5（平裝）

1.旅遊 2.日本
731.9 102025459

商周其他系列 BO0203

愛日本！此生必玩的10條微奢華路線

作者／吳燕玲
企劃選書／簡翊茹
責任編輯／簡翊茹
版權／黃淑敏
行銷業務／周佑潔、張倚禎

總編輯 陳美靜
總經理 彭之琬
發行人 何飛鵬
法律顧問 台英國際商務法律事務所
出版 商周出版 臺北市中山區民生東路二段141號9樓
電話：(02)2500-7008 傳真：(02)2500-7759
E-mail：bwp.service@cite.com.tw
發行 英屬蓋曼群島商家庭傳媒股份有限公司 城邦分公司
台北市104民生東路二段141號2樓
電話：(02)2500-0888 傳真：(02)2500-1938
讀者服務專線：0800-020-299 24小時傳真服務：(02)2517-0999
讀者服務信箱：service@readingclub.com.tw
劃撥帳號：19833503
戶名：英屬蓋曼群島商家庭傳媒股份有限公司城邦分公司
香港發行所 城邦(香港)出版集團有限公司
香港灣仔駱克道193號東超商業中心1樓
電話：(825)2508-6231 傳真：(852)2578-9337
E-mail：hkcite@biznetvigator.com
馬新發行所 城邦(馬新)出版集團
Cite (M) Sdn Bhd
41, Jalan Radin Anum, Bandar Baru Sri Petaling,
57000 Kuala Lumpur, Malaysia.
電話：(603)9057-8822 傳真：(603)9057-6622 email: cite@cite.com.

封面設計、內頁排版／吳怡嫻
印刷／鴻霖印刷傳媒股份有限公司
總經銷／聯合發行股份有限公司 地址：新北市231新店區寶橋路235巷6弄6號2樓
電話：(02) 2917-8022 傳真：(02) 2911-0053
行政院新聞局北市業字第913號

2013年12月26日初版1刷
2016年2月25日二版8.5刷

Printed in Taiwan

城邦讀書花園
www.cite.com.tw

定價／350元

ISBN 978-986-272-508-5

商周出版

廣	告	回	函
北區郵政管理登記證			
台北廣字第000791號			
郵資已付，免貼郵票			

104 台北市民生東路二段141號2樓

英屬蓋曼群島商家庭傳媒股份有限公司

城邦分公司　收

請沿虛線對摺，謝謝！

商周出版

書號：BO0203　書名：愛日本！此生必玩的10條微奢華路線　編碼：

請於此處用膠水黏貼

商周出版

讀者回函卡

謝謝您購買我們出版的書籍！請費心填寫此回函卡，我們將不定期寄上城邦集團最新的出版訊息。

姓名：＿＿＿＿＿＿＿＿＿＿＿＿＿＿ 性別：□男 □女

生日：西元＿＿＿＿＿＿年＿＿＿＿＿＿月＿＿＿＿＿＿日

地址：＿＿＿＿＿＿＿＿＿＿＿＿＿＿＿＿＿＿＿＿

聯絡電話：＿＿＿＿＿＿＿＿＿＿ 傳真：＿＿＿＿＿＿＿＿＿＿

E-mail：＿＿＿＿＿＿＿＿＿＿＿＿＿＿＿＿＿＿＿＿

學歷：□1.小學 □2.國中 □3.高中 □4.大專 □5.研究所以上

職業：□1.學生 □2.軍公教 □3.服務 □4.金融 □5.製造 □6.資訊
□7.傳播 □8.自由業 □9.農漁牧 □10.家管 □11.退休
□12.其他＿＿＿＿＿＿＿＿＿＿＿＿＿＿

您從何種方式得知本書消息？

□1.書店 □2.網路 □3.報紙 □4.雜誌 □5.廣播 □6.電視
□7.親友推薦 □8.其他＿＿＿＿＿＿＿＿＿＿

您通常以何種方式購書？

□1.書店 □2.網路 □3.傳真訂購 □4.郵局劃撥 □5.其他＿＿＿＿

您喜歡閱讀哪些類別的書籍？

□1.財經商業 □2.自然科學 □3.歷史 □4.法律 □5.文學
□6.休閒旅遊 □7.小說 □8.人物傳記 □9.生活、勵志 □10.其他

對我們的建議：＿＿＿＿＿＿＿＿＿＿＿＿＿＿＿＿＿＿＿＿

＿＿＿＿＿＿＿＿＿＿＿＿＿＿＿＿＿＿＿＿

請於此處用膠水黏貼